南海Ⅰ号沉船考古报告之二

——2014~2015年发掘

（上）

国家文物局水下文化遗产保护中心
广 东 省 文 物 考 古 研 究 所
中 国 文 化 遗 产 研 究 院 编著
广 东 省 博 物 馆
广 东 海 上 丝 绸 之 路 博 物 馆

文物出版社

图书在版编目（CIP）数据

　　南海Ⅰ号沉船考古报告之二：2014~2015年发掘 ／
国家文物局水下文化遗产保护中心等编著. —— 北京 ：文
物出版社，2018.5
　　ISBN 978-7-5010-5458-9

　　Ⅰ．①南… Ⅱ．①国… Ⅲ．①沉船－考古发掘－调查
报告－阳江－宋代 Ⅳ．①K875.3

　　中国版本图书馆CIP数据核字(2017)第276087号

南海Ⅰ号沉船考古报告之二——2014~2015年发掘

编　　著：国家文物局水下文化遗产保护中心
　　　　　广东省文物考古研究所
　　　　　中国文化遗产研究院
　　　　　广东省博物馆
　　　　　广东海上丝绸之路博物馆

责任编辑：张若衡
责任印制：梁秋卉

出版发行：文物出版社
社　　址：北京市东直门内北小街2号楼
邮　　编：100007
网　　址：http://www.wenwu.com
邮　　箱：web@wenwu.com
经　　销：新华书店
制版印刷：北京图文天地制版印刷有限公司
开　　本：889×1194　1/16
印　　张：42.5　插页：1
版　　次：2018年5月第1版
印　　次：2018年5月第1次印刷
书　　号：ISBN 978-7-5010-5458-9
定　　价：880.00元

Archaeological Report on Nanhai Ⅰ Shipwreck Series Ⅱ: Excavation of 2014-2015 (Ⅰ)

by

National Center of Underwater Cultural Heritage
Guangdong Provincial Institute of Cultural Relics and Archaeology
Chinese Academy of Cultural Heritage
Guangdong Museum
Maritime Silk Road Museum of Guangdong

Cultural Relics Press

前　言

　　"南海I号"第一阶段考古发掘报告即将出版，这标志着"南海I号"沉船发掘工作已经取得阶段性成果。将这个成果正式向社会公布，无疑是一件值得高兴和赞赏的事情。"南海I号"发现于1987年，可以说，"南海I号"的发现和考古工作的开展见证了中国水下考古从萌生到成长的历史。今年恰是这条沉船发现30周年，在这样一个时间节点完成这部报告，既是对"南海I号"沉船既往工作的交代和总结，也是对中国水下考古工作开展30周年的一个纪念。

　　国家文物局始终高度重视水下文化遗产保护、水下考古事业的健康发展，近年来，随着"一带一路"倡议和"海洋强国"战略的深入实施，支持力度还在逐年不断加大。现在，水下文化遗产保护事业已经成为文博事业发展的新增长点和亮点，而"南海I号"考古工作的持续性开展无疑是其中的重要内容。

　　"南海I号"沉船是我国主动开展水下考古工作以来实施的第一个项目，并一直延续至今。从沉船的发现、调查、整体打捞到今天的整体发掘、整体保护，依靠国家文物局在政策、资金、人力、物力等方面的坚决支持，"南海I号"项目工作克服了诸多困难和挑战，确保沉船得到科学、妥善的处置。这不仅体现了我国高度重视水下文化遗产的鲜明态度，也体现了我国在保护水下文化遗产方面的坚定决心。

　　"南海I号"是一条满载各类货物的南宋沉船，出土、出水器物包括大宗精美瓷器、体量巨大的铁器、美轮美奂的金器，此外还有漆木器、铅锡器、玻璃器、人类遗骸以及动植物遗存等多种类型文物。"南海I号"是我国迄今为止发现的年代较早、体量巨大、保存相对完整的沉船，蕴含着极为丰富的历史信息，提供了许多前所未见、史所未载的新材料，对研究我国乃至整个东亚、东南亚的古代造船史、陶瓷史、航运史、贸易史等有着特殊重要意义，同时也为海上丝绸之路的千年传承提供了坚实论据。

　　近年来，"南海I号"沉船考古已经成为我国在国际上享有盛誉的重要考古工作之一，其"整体打捞、整体发掘、整体保护、整体展示"的理念和实践是我国对国际水下文化遗产保护事业的重要启示和独特贡献，不仅体现了我国在方法论上的进步，也体现了我国水下文化遗产保护事业在综合实力、实施能力、多学科协同能力等方面的进一步成熟。与此同时，集测绘系统、考古发掘系统、照明通风系统、保护监测系统、保护实验室于一身的考古工场的搭建和有序运行，更为高效、完整地保存了遗址、遗物信息，这一针对"南海 I 号"沉船量身打造的考古工场，也生动体现了我国专业人员在考古发掘技术上的孜孜追求。

　　"南海 I 号"沉船的全面考古发掘于 2013 年 11 月 28 日正式启动，这部报告的内容，是对从上述时间截至 2016 年 1 月考古工作所见文化遗物的整理和公布。这部报告凝聚了参与发掘"南海 I 号"考古工作者的心血，秉持了科学、客观的考古报告编纂态度，体现了我国考古工作的较高水平。这部报告只是"南海 I 号"系列考古报告之一，我们希望考古工作者们再接再厉，继续保持科学、严谨的工作作风和求真务实的学风，做好"南海 I 号"接下来的考古工作，以更优异的学术成果回馈社会，为中国水下考古、水下文化遗产保护事业贡献更大力量！

宋新潮

2017 年 9 月 1 日

目　录

插表目录

插图目录

南海Ⅰ号
沉船考古报告之二
2014~2015年发掘

第一章

绪论

第一节　历史背景

1987年8月，英国海洋探测打捞公司（项目负责人马丁 Mr. Martin）向中国政府主管部门提出搜寻、打捞申请，提出在广东南海川山群岛附近搜寻、打捞一艘沉没于下川岛附近海域的荷兰东印度公司商船"林斯堡"号（Rimsberg）。根据荷兰古籍图书馆和航海图书馆文献记录，这条沉船船长42米，装有385.5吨锡锭、6箱白银、136吨胡椒以及可可、棉布、毛皮等货物，于1772年沉没。经有关部门批准，中方决定采取合作形式，指定交通部广州救助打捞局参与。当年8月，打捞工作正式开始在川山群岛海域进行。中英两国的打捞人员在预设海域用声呐仪器探测海底，发现疑似目标后，由于海底淤泥深厚，英国人采用了大型海底抓斗进行探挖作业，意外捞出大量器物，包括陶瓷器、铜器、锡器、鎏金器、铁器等，中方工作人员初步判断，这并不是要找的荷兰商船，而是一艘中国的古代沉船。当

时打捞出水的文物计有瓷器、铜器、锡器、鎏金器、铁器、银锭等共247件（图1-1），其中陶瓷器以宋元时期中国生产的瓷器为主，据此推测沉船的年代当属宋元。现场的中方人员及时采取了保护措施，并上报广东省文物主管部门，把文物移交给广东省博物馆。

沉船应与中国古代的"海上丝绸之路"有关，对它进行水下考古勘察和发掘，将为研究海上丝绸之路的历史、中国航海史、造船史、陶瓷史提供极为难得的实物资料，甚至很可能获得一些文献和陆地考古无法提供的信息；同时也为世界各国人民了解古代中国对外交往和贸易提供翔实生动的材料。

经过近30年的科学水下考古工作，这艘以"南海I号"命名的宋代沉船逐渐揭开了它神秘的面纱，展现在公众面前，并由此翻开了我国水下考古崭新的一页。

图1-1　1987年"南海I号"出水文物

第二节 自然地理

一 地理环境

沉船的海域位于广东省西部近海，东距珠江口约 188.9 千米，属南海北部大陆架。沉船海域在近海 30 米等深线之内，深度在 24~26 米。沉船点周围岛礁较多，大、小帆石最近，直线距离约 1500 米，远处较大岛屿有涠洲岛、上川岛、下川岛、海陵岛等。（图 1-2）

沉船海域的海底地形平坦，海底为泥质杂有少量细沙，主要由珠江等河流带来的陆源沉积物堆积形成。海泥呈灰色至深灰色，饱和，流塑，含有小贝壳。海底表层为灰色的含小型贝壳的饱和状淤泥，平均厚度在 1.5 米左右；掩埋沉船的海泥为浅灰色的含沙淤泥土质，相互胶结具有一定的强度。（图 1-3）

沉船所处的位置处北回归线以南，终年无冬，属亚热带季风气候。冬季盛行东北季风，夏季盛行西南季风，春秋季节风向多变，因此沉船海域每年 9 月至次年 3 月为东北风季节，风力一般为 4~5 级，最大达 9 级。4 月以后风力减弱，转入西南风季节。夏季台风频繁。台风是南海的主要灾害性天气系统。

图 1-2 "南海I号"位置示意图

图1-3 工作现场海域（远处为大、小帆石）

二 海洋环境

海水盐度：由于沉船海域在沿岸近海浅水区，海水属于南海沿岸水团，盐度较低。表面盐度30‰～32‰。

海水的pH值：现场海水的pH值为8.9，总碱度p（CaCO₃）为138.86毫克/升，总硬度p（CaCO₃）为5357.78毫克/升。

海水含沙量：

表层：0.0204千克/立方米。

中层：0.0427千克/立方米。

底层：0.0637千克/立方米。

垂直平均：0.0423千克/立方米。

海水透明度：随水深变化，水深10米以内5米，海底几乎为零。

潮汐和海流：沉船水域属于不规则半日潮海区，潮流指数为0.66~1.94；潮流旋转率是0.02~0.14，属带旋转流的往复流；流速16~106厘米/秒，表面流速大于底层流速，春季余流流速0.1~31厘米/秒；涨潮平均5小时，落潮平均5.3小时；最大潮差3~4米（珠江基准面）；潮时30分钟。

水温：现场水深约为24米（未计潮差），水温分三层，表层约为22℃，中层约为19℃~20℃，底层约为16℃~18℃，潜水员下潜时，可明显地感觉到温度的变化。

风浪：风浪频率为86.4%、涌浪频率13.6%；波浪平均周期1.55秒、最大周期5.4秒；海上平均波高21厘米、最大波高150厘米。

三 自然气候

风向风速：全年常风为东北，频率为20.3%；次常风东南东，频率为14.3%；风向西北西，频率为0.3%。6~11月为台风季节，受热带风暴、强热带风暴和台风影响。冬季盛行东北季风，各向风频率的分布呈双峰型，第一峰以NNE—NE为主，峰值出现在NNE向，1月、2月、12月，NNE—NE向风的分布频率在20%～30%之间。第二峰出现在ENE—SE向，峰值分别出现在E向和SSE向。

春季为季风更替季节，风向向东偏转，风向频率出现双峰型，三月，第一峰在NNE向，第二峰在ESE向。四月，第一峰在ESE向，第二峰在NNE向。夏季各向风频率的分布受季风影响以ESE—S向频率较大，5~7月其频率分布变化于9.8%～11%之间，峰值在南方，频率为11%。秋季各向风频率的分布与冬季风频率的分布相似，不同之处在双峰型没有冬季那样明显。

冬季是四季中平均风速最大季节，其中又以NNW—E向的平均风速较大，平均风速在3.4米/秒~5.9米/秒。S—NW向平均风速较小，平均风速大多在1米/秒~2米/秒。最大风速以NNW—ENE向的为大，最大风速为17米/秒。春季的平均风速以NNE—SE向为大，平均风速大多在4米/秒~5.5米/秒。SW—NW向平均风速最小，平均风速大多在1米/秒~2米/秒。最大风速以NNW—NE向为大，最大风速为15米/秒。各向平均风速差别较少，呈ENE、WSW轴向椭圆形，长轴ENE向平均风速在4.1米/秒~6.9米/秒，WSW向平均风速在3.9~5米/秒。最大风速由于受热带气旋影响，其分布无规律，最大风速为25.7米/秒。秋季各向平均风速的分布呈三峰形，其中又以 SSE—NNW 向的平均风速为大。最大风速以 ENE—NNW 向的为大，最大风速为 21 米/秒。根据有关统计，在台风季节中，影响该区域的热带风暴、强热带风暴一般每年有 4~7 个。现场风向无明显规律，以东北、东南为主。

气温：根据有关统计资料，多年来平均气温约 23℃，极端最低气温约 1.5℃。7~8 月份气温最高，1 月份气温最低。

降水：年降水量一般为 1000~2000 毫米，多集中在 5~10 月。

每年 12 月至翌年 4 月，易出现海雾，对海上能见度有显著影响。

"南海 I 号"沉船位于广东省台山、阳江交界海域。台山在春秋战国时期属瓯越地，汉时属南海郡，至晋改新会郡，宋属广南东路广州新会县；阳江最早属秦南海郡，汉武帝元鼎六年（前

111 年）属合浦郡高凉县，为粤西地区最古的县治，唐太宗贞观二十三年（649 年）从高州分出，建为恩州，属广州都督府管辖，自贞观年间建恩州起至洪武元年（1368 年）撤除恩州建制，阳江单独设县，期间 720 年均属恩州辖制。

目前尚未有发现"南海 I 号"沉船在两地停靠的直接证据，最大的可能是从我国东南沿海港口启航前往东南亚、西亚途中因为自然、人为等尚不知晓的原因而罹难沉没的。沉船所在川山群岛海域自古以来属于航道海区，是海上航线的要冲。川山群岛由上川岛、下川岛两个大岛以及其他一些小岛组成，海域地处广东中部通往西部海上交通的主航道上，是古代中国通往西方世界的"海上丝绸之路"必经之地，被称为"放洋之地"，也是自然和人为灾害频发海域，"南海 I 号"之所以在该海域沉没并不是偶然的。（图 1-4）

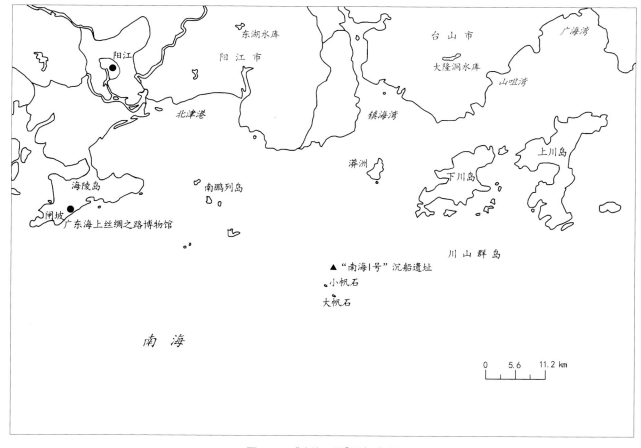

图 1-4 "南海 I 号"沉船位置

宋代在经济、科技、文化、艺术等方面，都达到了中国封建社会的顶峰，是中国历代封建王朝中最开放的朝代，拥有庞大的帆船商队，频繁远航至东南亚、印度、阿拉伯、东非，以及朝鲜与日本，并设立了专门负责对外贸易管理机构——市舶司。宋代的工商业税收已远远超过农业，资本主义的萌芽已经显现。中国历史上的重要发明，一半以上都出现在这一时期，而活字印刷、指南针和火药的发明和应用，更是对人类社会的发展做出了重大贡献。所有这些都为通过大海沟通不同文明的海上丝绸之路提供了必要条件，也为稍后的大航海时代奠定了基础。为此，马克思曾充满激情地称赞道"这是预告资产阶级社会到来的三项伟大发明"[①]，而英国历史学家约翰·霍布森则是毫不讳言地称"正是宋朝中国许多技术和思想上的重大成就的传播，才极大地促进了西方的兴起"[②]。

更为重要的是，沉船海域自古以来就是海上交通的必经之路，是连接中国与外部世界的要冲。台山地处南海之滨（旧称新宁），所辖的溽州为南疆海防重钥，府治内的上、下川岛和广海是海舶入华（广州）的第一站。民间传说早在梁武帝天监元年（502 年），天竺（印度）智药三藏携两棵菩提树坐船来华传教，途中遇上了风浪就驾船抵广海登岸，到鸟洞种菩提树一棵，并建了"阿兰若"（茅屋）居住。至今在广海的象山脚下、"龙祠"之侧留有菩提树。和传说相较，史书文献则更为可靠翔实地记录了古代历史。北宋时期，台山就是通海夷道上的"放洋之地"，是海外贸易、朝贡船只停靠之地，在南海中外贸易航线上，具有相当重要的地位。按成书于北宋的《萍洲可谈》所载："广州自小海至溽洲七百里，溽州有望舶巡检司，谓之一望。稍北又有第二、第三望，过溽洲则沧溟矣。商船去时，至溽洲少需以诀，然后解去，谓之'放洋'。还至溽洲，则相庆贺，寨兵有酒肉之馈，并防护赴广州。"[③]溽洲，就是现在的台山广海镇。类似的描述不仅存于文献，在福建九日山石刻、漳浦等题记中亦多有表述，很显然无论是从中国出发抑或是到华的船舶多经由该海域且数量较大，政府部门才会设置专职机构进行管理并提供服务保护。由于地理位置的特殊性，这种举措也被后世所沿用，明代明确规定广海地区是供海舶停靠接受管束的"澳"（泊口），外国贡船来华或赴他也或进入广东，要按规定停泊在沿海各"澳"。雍正五年（1727 年）后，洋禁废弛，嗣后通市不绝，其职能更进一步扩展，兼具海上交通安全的内容，可以救助华夷商舶之海上遇难者。甚至到晚清光绪年间，《新宁县志·建置略》仍有"广海卫城，赤西协镇右营都司驻扎所，即前阳江镇中军游击守备移驻处也，原隶新会，宋置巡检司于此。是为古溽州"[④]的记载。相似的内容在《读史方舆纪要》等文献中也有记载。

① 刘英：《1861~1863 年经济学手稿》，中央编译出版社，2013 年。
② 约翰·霍布森著、孙建党译：《西方文明的东方起源》，山东画报出版社，2009 年。
③ （宋）朱彧撰、李伟国点校：《萍洲可谈》卷二，中华书局，2007 年，第 132 页。
④ 林国赓：《新宁县志·卷十·建置略》，1893 年刻本。

第三节 历史工作

一 水下调查

由于当时我国的水下考古事业刚刚起步，无论是专业能力还是技术手段都不具备进行大规模水下考古作业的能力。1989年8月，由原中国历史博物馆与日本水中考古学研究所签订了合作进行南海沉船水下考古调查的意向书，成立"中日联合中国南海沉船调查学术委员会"，中国考古学会理事长苏秉琦先生担任主任委员，日本考古学会会长江上波夫担任副主任委员（图1-5）。1989年11月，组成了由中国历史博物馆馆长俞伟超先生为队长，日本水中考古学研究所所长田边昭三为副队长的"中日联合南海沉船水下考古

调查队"，并将该沉船命名为"南海I号"（1-6）。因调查时间选择在东北季风期，海面现场风浪大，水下能见度极差，仅发现瓷器残片。经与1987年出水文物相对比，可以肯定是"南海I号"沉船上的遗物，由此确定沉船遗址的大致方位。其后由于种种原因，中日合作未能继续进行。

1999年，陈来发等一批香港潜水人士，对国家水下考古事业非常关注，成立了"香港中国水下考古研究探索会"，并以研究会的名义赞助中国历史博物馆考古部水下考古中心"南海I号"考古调查工作经费、潜水装备及潜水工作船"印洲塘"号等，中断多年的"南海I号"沉船发掘工作重新得以继续开展。（图1-7）

图1-5 "中日联合中国南海沉船调查学术委员会"成员合影

图 1-6 俞伟超先生（右）、田边昭三先生（左）

图 1-7 "印洲塘"号工作船

图1-8 2004年"南海I号"调查物探定位

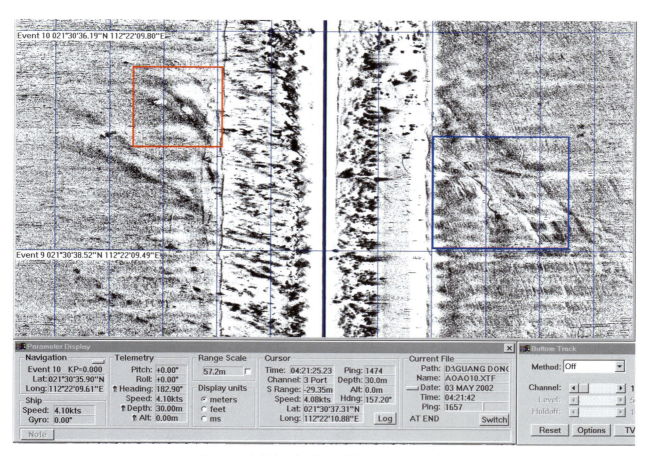

图1-9 旁侧声呐扫测图（蓝色框内为沉船点）

2001年4月，经国家文物局批准，由中国历史博物馆水下考古学研究中心牵头组成"南海I号"沉船水下考古队。在调查中使用了旁侧声呐、浅地层剖面仪、差分GPS等先进科技手段，水下考古专业人员首次在水下探摸到了沉船遗址上散落的凝结物与文物标本，并对其做了精确的定位（图1-8~1-10）。同年10月，考古队对"南海I号"的位置进行了复查，再次探摸到大量瓷片，本次工作获得的"南海I号"调查定位坐标为：大地坐标（北京54坐标系）

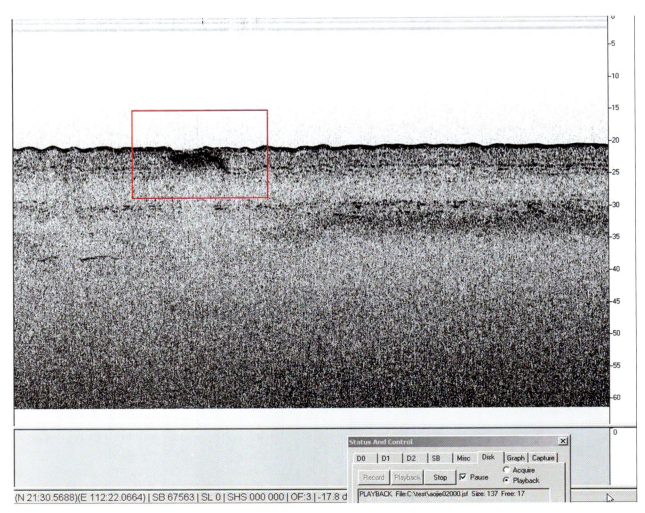

图 1-10 浅地层剖面图（红框内为沉船遗址）

X=2380241、Y=641902，换算经纬度为：北纬21°30'38″123、东经112°22'09″187，该点为沉船上最大凝结物的精确坐标。遗址的重新发现得到了确认。

水下考古队于 2002 年 3~5 月、6~7 月，2003年 4~6 月，2004 年 4~6 月进行了 4 次大规模水下探摸和局部试掘工作。按照国家文物局的要求，探摸工作的重点是全面了解和掌握沉船的规模、堆积情况和保存状况，为下一步编制发掘、打捞和保护方案提供科学依据。在水下工程和职业潜水技术人员的协作下，进行了清淤抽泥、水下测量、记录、水下摄像、采集散落文物、小面积试掘等多项工作，获得了宝贵的原始资料和文物标

本。2002 年的试掘工作中出水的完整和可复原器物总计 6000 余件，主要以瓷器为主，此外还包含有金器、银器、锡器、铁器、铜钱、漆器、动物骨骼、植物果实等丰富品种。（图 1-11~1-14）

二　整体打捞

2005 年，在"抢救为主，保护第一"的原则指导下，通过总结发掘经验和多方位、多角度、多层次的细致研究论证，确立了"整体发掘、异地保护"的发掘方案并上报国家文物局进行专家论证。2006 年，"南海 I 号"沉船整体打捞方案获得国家文物局批准。

图 1-11　2004 年水面现场

图 1-12　2004 年"南海Ⅰ号"水下调查

图 1-13　"南海Ⅰ号"出水文物

图1-14 2004年"南海Ⅰ号"出水文物清理

图1-15 整体打捞沉箱功能区示意图

2007年4月9日,"南海Ⅰ号"整体打捞工作正式启动,"南天柱"船组进场进行施工,拉开了"南海Ⅰ号"整体打捞的序幕。整体打捞沉箱坐标为北纬21°30.618′,东经112°22.176′。2007年12月22日,"南海Ⅰ号"整体出水;12月28日,"南海Ⅰ号"进入"水晶宫",这标志着"南海Ⅰ号"整体打捞工作的圆满完成。(图1-15~1-20)

整个打捞工程的施工共历时264天,先后投入了包括亚洲最大的起重船"华天龙"号(4000t)和"重任1601"(16000t)半潜驳等大型船舶设备共21艘。潜水员下水3016班次,潜水作业时间共195000分钟。"南海Ⅰ号"整体考古打捞史无前例,没有任何经验可以借鉴、参考。这项工程涉及多学科和多专业领域,其难度之高、技术之精、工艺之尖均前所未有。由于"南海Ⅰ号"

整体打捞取得成功，在航海领域和考古领域都取得了巨大的成就。2009年"南海Ⅰ号"先后获中国航海协会"科技进步一等奖"和文化部"创新奖"，2010年获国家文物局"文物科技保护一等奖"。"南海Ⅰ号"整体打捞和保护是拥有自主知识产权的创新项目，其核心技术均具有自主专利或者自主设计，创新性技术在项目中的占比超过80%。共获"钢沉井底托梁的穿引方法""在水下进行钢沉井的定位和下沉方法""钢沉箱"三项发明专利和"钢沉井底托梁""钢沉井底托梁穿引架""钢沉箱""底托盘"等四项实用新型专利。

三 试掘工作

2009年"南海Ⅰ号"试掘工作：

2008年广东省文物考古研究所向国家文物局提交了《"南海Ⅰ号"考古试掘方案》，并获国家文物局批准。2009年8月至9月，广东省文物考古研究所集合广东省内的水下考古队员组成发掘队伍完成了"南海Ⅰ号"第一次试掘工作，并获取了沉船左右船舷板在沉箱中的具体位置、船舱位置和舱内文物保存情况等信息。

试掘工作第一阶段采用传统的水下考古发掘方法，不降低水位。水下考古队员利用潜水技术和设备对沉船本体及船载文物进行发掘，并在水下完成测绘和资料采集工作。实践证明，在封闭水域用传统的水下考古发掘方法发掘"南海Ⅰ号"弊大于利。虽然水中发掘有利于发掘过程中的文物保护，也具有一定的观赏性（实际效果并不好），但弊端更明显，不仅无法完成测量、照相等资料

图1-16 沉箱内部构造

图 1-17 整体打捞现场

图 1-18　海上拖曳沉箱

采集工作，且工作效率极低，发掘周期漫长，在沉箱内潜水作业风险无法避免。

2011 年"南海 I 号"试掘工作：

在第一次试掘经验积累的基础上，2010 年广东省文物考古研究所又向国家文物局提出"南海 I 号"第二次试掘申请并获批准。2011 年 3 月~5 月广东省考古研究所组织本省水下考古队员、文物保护人员和田野考古专家共同组成发掘队伍，完成了"南海 I 号"第二次试掘工作。此次试掘在很大程度上是 2009 年试掘第一阶段的延续。

试掘工作将整个沉箱表面分割成 396 个 1 米 ×1 米的方格探方，编号从西南角的 TN1E1 到东北角的 TN33E12。

首先在 TN3E9 探方进行发掘，深度 1 米，未发现木质船体。后于沉箱南部选择 TN3E9、TN7E9、TN4E7，沉箱北部 TN31E9、TN23E8、

TN28E8 共六个探方进行清理。

沉箱南部的 TN3E9、TN7E9、TN4E7 三个探方中，TN3E9 只发现有碎瓷器层，未发现有船体；TN7E9 发现船舷板和瓷器，器形有盘、碗、罐等；TN4E7 探方的西北角有一块比较大的凝结物。

沉箱北部的 TN31E9、TN23E8、TN28E8 三个探方中，TN31E9 发现有碎瓷器层，探方深度 1.5 米，未发现船体；TN23E8 中部发现有隔舱板，厚 20 厘米，中部有长方形凹槽，隔舱板北部发现碗、盘等瓷器，南部则没有任何文物；TN28E8 发现有碎瓷器层，发掘深度 1.2 米，未发现有船体。

2009 年度、2011 年度的两次试掘工作，为"南海 I 号"保护发掘方案的全面提出积累了可贵的经验。（图 1-21）

图 1-19 "南海 I 号"沉箱进馆

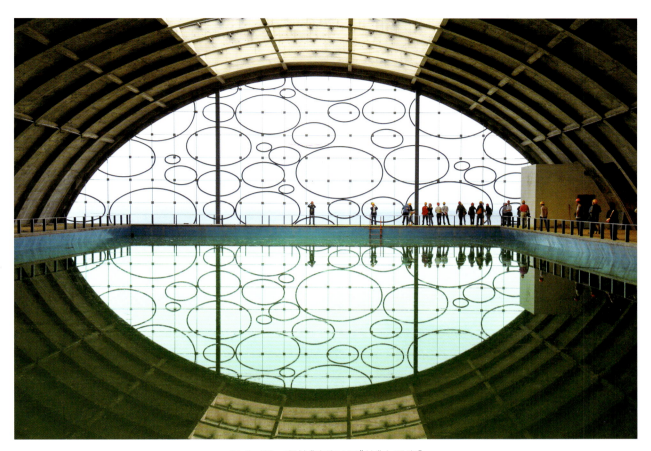

图1-20 存放"南海I号"的"水晶宫"

图1-21 存放"南海I号"的广东海上丝绸之路博物馆

第四节 全面发掘

2007年"南海I号"移入馆内后，海上丝绸之路博物馆在保护与展陈方面做了大量实验与改造。其主要工作有：天窗遮蔽、水体过滤、水环境改造等。由于"水晶宫"采用了外采光形式，玻璃屋顶在阳光直射下使得馆内温度过高而导致海藻等水生物大量滋生，加速了水质腐败。被迫通过张贴遮光膜有限度地改善馆内沉船的环境温度。保存沉船的"水晶宫"内海水为直接抽入，未经灭活处理，携带着大量海洋生物，馆内水体富营养化后极不利于沉船的保护，在投放絮凝聚沉淀剂后反而污染了水质，又迫使我们于11月排空海水清理池底。随着金属沉箱在海水浸泡时间加长，金属锈蚀日趋严重，为此馆内于2012年初安装了大型海水循环系统。该系统初期效果较为明显，但由于抽水系统和水循环系统的处理能力有限，效果并不理想。整体发掘打捞后"南海I号"沉船一直存放于广东省海上丝绸之路博物馆"水晶宫"内的钢制沉箱内，受条件所限，长时间的存放中沉船环境已不断改变，对"南海I号"沉船的保护极为不利。目前沉箱内部的海泥呈弱碱性，含有浓度达到6.88mg/kg高量的

硫化物，并含有腐殖酸。"水晶宫"的海水为pH8.2左右的高盐溶液。在这种碱性的海泥和海水环境中，碳钢制成的沉箱持续遭受腐蚀。腐蚀后沉箱力学性能也发生变化，主要表现为变薄、变形及断裂，尤其发生点蚀及晶间腐蚀，将对钢铁构件内部强度造成极大影响。同时，海水中牡蛎、藤壶、石灰虫、海藻等污损生物也引起局部腐蚀。沉箱表面的腐蚀已经相当严重，并且还在进一步的加剧，影响沉箱的承重能力。沉箱一旦失去对"南海I号"沉船的包裹保护功能，那会将整个沉船暴露出来，"水晶宫"的水环境将直接影响"南海I号"沉船，将对沉船的保护带来更大的困难。检测表明，沉箱的腐蚀产物Fe^{2+}的渗透扩散已经接近船体，将严重威胁"南海I号"沉船中的文物，因此必须尽快进行考古发掘，然后对发掘文物、"南海I号"船体采取综合整体保护措施，使这一珍贵的水下文化遗产能够传之长久并共享于社会。因此，针对"南海I号"沉船遗址的考古发掘工作需要尽快开展（图1-22）。

由于"南海I号"是一条沉没于水下多年满载货物的古代沉船，文物的品种繁杂，无论是沉船本体还是船内文物在考古发掘工作中的保护工作都极为重要。由于沉船被包裹于巨大的钢质沉箱，在博物馆内施工非常困难。国家文物局极为重视"南海I号"项目，为慎重对待这一珍贵的文化遗产，科学地开展考古工作，不仅组织相关单位先期开展了《"南海I号"沉船现状评估与发掘保护预研究》专项课题研究，还要求各单位密切合作，征求多方意见。为此提出了部分发掘、拆除沉箱、保留沉箱等几种发掘方案。这几种方案均有各自的利弊。

在经过多次认真细致的探讨和论证后，确定

图1-22 进入"水晶宫"后的沉箱

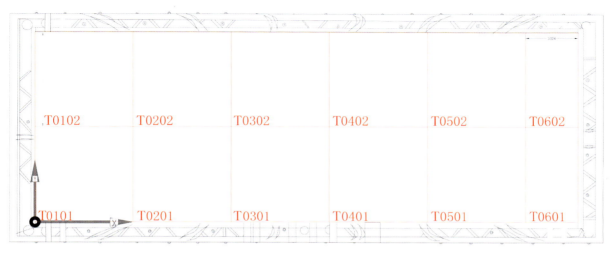

图 1-23　"南海 I 号"保护发掘探方分布示意图

了广东省文物考古研究所提出的，在保留沉箱情况下实施沉箱内考古发掘的方案。如此，作为整体打捞成功标志的沉箱可以完整保留并与发掘后的沉船共同展示于博物馆内。

全面保护发掘工作于 2013 年 11 月 28 日正式启动。该工作既不同于水下考古作业，也有异于传统的陆地考古，所有的发掘工作需要在沉箱内进行，要根据项目需要随时调整发掘方法，以获得最大效果和效率。在发掘工作中，考古队采取了先内后外的次序，即先清理船内文物，再从内外两侧对船本体进行加固后，依次清理发掘船舷外侧。由于"南海 I 号"属于沉船考古，作为最大单体文物的沉船本体其两端起弧上翘悬空，船木腐朽后极易发生断裂，故此需首先将沉船中的货物清理、提取，减轻船体内部承重压力。同时，沉船内各舱室间相互关联成为有机的整体，发掘时要统一进行。因此在进入船体内部发掘后，考古队采取了整体按区域下降的方式进行。也就是按照船舱为单位各自发掘、编号。首先从船体后部的 7 个舱室开始，在船货提取到一定水平位置后，再开始前部的舱室发掘，这样可以合理把握沉船的整体布局和关系。在对沉船发掘状态综合判断并做好保护方案后，再逐渐开展下部船体和外部发掘，最终将沉船与沉箱分离。目前，对沉箱外部的海水利用水循环系统对"水晶宫"内的水位进行控制，尽量保持循环换水，控制沉箱外水面与发掘面的合理高差，逐步降低水位，使沉船环境不发生剧烈变化，满足湿度、温度的需要，减少文物损毁（图 1-23）。

随着文化遗产保护理念的发展，本次考古发掘现场的文物保护工作也日益受到重视。由于"南海 I 号"考古发掘工作是一项需要较长时间的任务，如何处理好沉船与文物的安全保护是考古队面临的一项艰巨任务。木质船体的保护是整个保护项目的重点及核心工作，也是保护工作中的难点。为科学有序地开展"南海 I 号"船体及各类出水文物的现场保护工作，对现场保护所涉及的材质及参加单位和人员作了适当的分工，现场保护工作由中国文化遗产研究院、广东省博物馆与广东海上丝绸之路博物馆共同实施，保障"南海 I 号"船体和各类出水文物的现场保护工作有序开展。

南海Ⅰ号

沉船考古报告之二

2014~2015年发掘

沉船所在海域的海洋环境、水下埋藏环境和后来的埋藏环境及保存环境改变是考古发掘和研究中值得关注的关键问题之一。沉船蕴涵的历史信息和文物价值是巨大的，注重沉船沉没后在水下复杂的淤积及埋藏形成过程的观察和研究，关系到船载货物及载重量、木质船体受损程度等因素，以及古代航线海域海贼频发的历史状况，对探索沉船受飓风海波影响或海盗侵扰等海上贸易风险及航船沉没原因极为重要。但最为基本的是通过观察和分析整个发掘过程获得的沉船埋藏的各种迹象。探索海洋环境下的水下沉船考古中的层位关系，不能简单地套用田野考古中的地层学，也不能仅局限于海洋沉积学，多项水下沉船考古实践证明，应当结合本海域海洋环境复原沉船的埋藏环境和沉积状况，从地层学、埋藏学和海陆环境沉积学等多角度出发，更加科学地分析和解释水下沉船考古的沉积层位关系和形成过程及成因与特点。

第一节 埋藏环境

一 海洋环境

从海域气候条件看，"南海Ⅰ号"沉船所在的广东省台山川山群岛与阳江南鹏列岛"东帆石"一带的南中国海域处于北回归线以南，属亚热带季风气候，常年气温温和，冬无严寒，夏无酷热。根据有关统计资料，多年来平均气温约23℃，7~8月气温最高，极端最高气温38℃，1月气温最低，极端最低气温1.5℃，年中相差12℃。年降水量一般为1000~2000毫米，多集中在5~10月。每年12月至翌年4月，易出现海雾，对海上能见度有显著影响。全年常风和强风为东北风，频率20.3%；次常风为东南风，频率为14.3%。6~11月为台风季节，受热带风暴、强热带风暴和台风影响。根据历史资料统计分析，川山群岛和南鹏列岛海域处在季风区域，冬季盛行东北季风，春季为季风更替季节，风向向东偏转，夏季各风向频率的分布受季风影响较大，秋季各风向频率的分布与冬季季风频率的分布相似。据统计在台风季节，影响该地区的热带风暴、强热带风暴和台风一般每年有4~7个，现场风向无明显规律，以东北、东南为主。

从海洋环境看，海水水质、潮汐与海流、海水温度、风浪以及海洋地质等多个方面都会对沉船的保存与保护产生一定的影响。

水质方面，由于沉船所在海域为沿岸近海浅水区，为广东几条大江河出海口，海水属于南海沿岸水团，盐度较低。现场海水的含沙量较高，含沙量由海水底层向表层递减。现场海水透明度随水深而变化，水深10米以内能见度约为5米，至海底则几乎为零。"南海Ⅰ号"沉船所在的地点在珠江口的西岸海域，受环太平洋逆时针洋流

冲积泥沙淤积影响，淤积的海质泥沙非常厚重，泥沙厚度约达到了30米，长期泥沙淤积致使沉船被整体密实覆盖淤埋于海床面下1米左右的泥沙内，且水体污脏，但沉船保存得较好。在这种几乎没有能见度的水下环境中，开展水下考古工作难度巨大，很难精确测量和记录沉船船体及舱内文物堆积，不能实现获取沉船保护、复原数据资料的目标。

潮汐与海流方面，现场实时测得最大流速为0.74米/秒。流向以东西向为主，无明显的平潮现象。多次探摸积累的经验显示，每月有3~4天的天文大潮时间潜水作业受流水影响，其他时间受流水影响较小。但是受东北强季风影响时，最大海流速度可达3节（1.54米/秒）。

海水温度方面，沉船现场水深约为24米（未计潮差），水温大致分三层变化，表层约为22℃，中层约为19℃~20℃，底层约为16℃~18℃，潜水员下潜时，可明显地感觉到温度的变化。

风浪方面，该海域风浪频率为86.4%，涌浪频率13.6%；波浪平均周期为1.55秒、最大周期5.4秒；海上平均波高0.21米、最大波高1.5米、春季平均波高0.25米。

海洋地质方面，根据广东省地质物探工程勘察院2004年9月在"南海Ⅰ号"沉船现场附近的3个30米底质钻孔所取岩、土样品资料的观察分析表明，该沉船所在地点的海底地层主要为第四系的淤泥层、淤泥质土层、砂层和粉质黏土层，自上而下各层描述为：

①淤泥层：土色为灰色至深灰色，饱和，流塑，含有小贝壳。本层平均厚度为1.53米，出露海底。

②淤泥质土层：土色为浅灰至灰色，饱和，

软塑，含较多的粉细沙，局部夹杂薄层粉细沙，上部含小贝壳。本层的平均厚度为 28.2 米，层顶埋深 1.3~1.8 米。

③粗沙层：为浅灰色，饱和，稍密，含少量卵石，在上部含有黏粒，岩芯有黏性。本层平均厚度为 1.33 米，层顶埋深 29.3~30 米。

④粉质黏土层：为浅灰绿色，可塑，含粉细沙。本层揭露厚度仅为 0.7 米，受钻孔深度限制下伏基岩没有揭露。

另外，通过多次利用浅地层剖面仪和精密测深仪的水下勘察工作，确认了"南海 I 号"区域的水深地形、埋藏深度、浅层地质状况以及古沉船船体厚度和周围的散落文物、凝结物堆积情况等。如 2007 年 4 月又一次对"南海 I 号"沉船周边区域的浅地层剖面仪勘测获得的浅地层剖面图进行分析，沉船现场水深 22~24 米，沉船两舷埋入泥面下约 1 米，艏艉凝结物露出泥面约 1~2 米，还发现沉船周边的地质环境为软土层，以淤泥、淤泥质黏土为主，海底面以下约 18 米处底质仍以淤泥为主，致密性不强，未发现不明硬质物体。在浅地层剖面仪经过"南海 I 号"船体时，由于船体与淤泥相比较为致密、硬度较大，其反射信号很强，并且较为均匀，虽然大多数声波被反射的结果导致船体下方的地层被部分掩盖，但根据多次剖面探测图像分析结果可知船体底部的埋泥深度多在 3.5 米以上，最大约 5 米，推测古沉船的底部大约在泥面下 5 米的位置，这也就是获得的沉船大致厚度。

根据对"南海 I 号"沉船地点地质、水文等各种样品的分析结果，结合水下文物考古工作取得的有关信息，"南海 I 号"沉船之所以能够在海底 800 多年没有腐烂，原因是多方面的。其中一个重要的因素就是由于沉船点所处原始海床表面为软淤泥沙底，有利于船体沉降和掩埋，并且埋藏相对较深，受海流冲刷、泥沙磨蚀等物理作用较小，且海水流动性很差，使得海水中的许多非常细小的颗粒性物质能够沉积下来，并覆盖在沉船的表面，残存船体得以掩埋。由于这些细小颗粒间的空隙很少，故由这些细小颗粒构成的沉积物层就将沉船表面与周围水环境中的有氧环境隔离开来，在局部区域形成了一个低氧环境。低氧环境不仅降低了海水中氧化还原反应的速度，同时也抑制了海水中各类生物的生存，客观上起到了保护沉船的作用。同时，沉积物的覆盖导致了沉船表面的温度能够长期保持在一个较为稳定的范围内，变化幅度小。大量的研究表明，较低的环境温度可以使生物的各种活动降低，在沉船沉积物中也未发现有藻类的存在。这些现象说明由于大量的沉积物的覆盖，使沉船表面长期处于一个厌氧的环境下，因此木质沉船在长期的历史过程中被很好保存下来且能够在水下保存较长的时间。

从"南海 I 号"沉船地处海域环境的以上诸方面观察，也存在诸多影响沉船长期保存和有效保护的海洋埋藏环境因素。

首先，"南海 I 号"沉船所在的川山群岛海域海水的含盐度、水温变化、洋流及水流涌动等埋藏环境中的水文状态是影响水下沉船保护的重要因素，且沉船经过长期的水下埋藏，势必遭受了一定程度的腐蚀破坏作用。

其次，"南海 I 号"沉船原位的沉积物主要以粉砂和黏土为主，沉船埋藏于水底一米以下的黏土质软泥中，且沉积黏土颗粒度小，结构致密，海水渗透度低，电阻率高，不利于传质过程，保持着厌氧环境，其化学和生物腐蚀性较弱，对于木船体和船载瓷器等文物的影响相对较小。但是，结合沉船承载大量铁质文物等因素，从沉船所在海域的海岸地形地貌、海底沉积类型、文物埋藏方位等海岸水下地质层和方位埋藏环境来看，同样对沉船具有一定的腐蚀作用。虽然沉船所处环境含盐量较低，但沉船承载的铁钉铁锅腐蚀后与海底微生物代谢所产生的硫化氢反应生成大量的盐类硫铁化合物，形成铁离子和硫酸根离子含量较高、有机质含量丰富的水环境，对沉船文物尤其是出水木质文物非常具有危害性。

第三，由于后期的反复干扰，沉船解体和文物散落，沉船上部受海水的涌动带动大量粉砂及海生物碎屑，沉积类型复杂，包含砾石、砂、粗粉砂、细粉砂、粉砂质黏土软泥和黏土质软泥以及生物沉积，加上海底固、液两柜组成的非均匀体系沉积物，形成介于海水和土壤之间被海水浸透的特殊腐土壤腐蚀形式，沉船上部处于粉砂、砂土、海生物碎屑交错的沉积层位，且海水易于渗透，电阻率低，利于电极反应的传质过程，腐蚀性高，沉船处于沉积层表层的陶瓷等文物不断被海水涌动而带动大量粉砂及海生物碎屑摩擦，致使瓷器釉质损害较为严重，尤其是对于低温绿釉陶器和竹木漆器、金属器等的腐蚀影响较大。

第四，除了海水中各类成分腐蚀等化学作用外，海洋生物滋生、附着、侵蚀等生物活动作用和一些污损生物附着也是水下沉船埋藏环境中一类重要的影响因素，同样会使沉船发生崩解、摊散断裂等破坏。除了一些海洋生物活动对木质船体的蚕食破坏较大外，海洋污损生物往往通过石灰质外壳或特殊的固着器官，将沉船遗存块状凝结，木质船体和船载文物难于遁形，且存在不同程度的腐蚀破坏。

二 人文环境

"南海 I 号"沉船先后经历了偶然发现——水下考古调查——整体打捞——"水晶宫"内试发掘——保护发掘等不同工作阶段，尤其是古沉船成功实现由原海床整体搬移至博物馆人造海水环境"水晶宫"，是人类干预水下文化遗产保护的一项典型案例。经历长期的历史过程以及发现后的多项水下及室内考古与保护处理工作，使得该沉船的水下埋藏和保存环境发生了多次的改变，从而也不同程度地影响到了沉船的长期保存与保护。在室内保护发掘过程的信息提取和资料

分析不得不考虑处于变化中的一系列较为复杂的沉船埋藏的人文环境因素。

对古沉船水下考古发现结果的初步分析，推测当时"南海 I 号"沉船缓慢落沉后，受自身重力下沉和海泥被挤压上浮，沉船体被海床淤泥裹挟，形成一个密闭的绝氧空间，这个非常显著的特点有别于地中海或者西沙群岛等珊瑚礁地物分布较多海域的沉船特点。但是，后来由于受各种外力因素的干扰，沉船部分解体，船载物品部分散落，历史上长期的海水侵蚀和腐蚀，沉船受到了不同程度的直接和间接影响，既与所在海域的特殊海洋环境和海水水文状况密切相关，也与对沉船进行的较长期水下考古、整体打捞出水和室内考古发掘及保护工作有关，至少反映出沉船的埋藏环境经历了较为复杂的变化过程。因此，沉船所在海域的海洋环境、水下埋藏环境和后来的埋藏环境及保存环境改变是考古发掘和研究中值得关注的关键问题之一。

"南海 I 号"沉船的水下埋藏环境经历了不同历史阶段的变化，对沉船的保存也随之带来了一定的扰动和破坏影响。从水下考古调查和本次发掘发现，该沉船覆盖于约 1~1.5 米深的海泥之下，木质船体上部及周缘分布大面积凝结物，受渔业生产、水下调查和遗物提取以及海水洋流等影响，淤泥层堆积受不同程度扰动。近现代拖网渔船在作业过程中，拖网将沉船文物拖离原位，虽然这种文物散落的范围无法估计，但对沉船的埋藏环境和船体造成了较大破坏。

在 1987 年发现"南海 I 号"时，因为当时没有专业的水下考古工作人员在场，施工人员在当时抓斗抓出的部分文物中仅选择了 200 多件保存完好的瓷器等文物上交，其余不完整的器物和陶瓷碎片被重新倾倒入海中，这些文物随意散落，形成了二次凝结。在 2002 年度的调查中，抽出了一块较大较平的凝结物块，取出部分凝结块经分析后可以看出，是二次凝结造成的，凝结块中的瓷片非常碎，而且各种不同窑口、不同器形的瓷

片混杂在一起，与2001年发掘时每种器形都单独存在于某一相对集中位置的情况有所区别，此类堆积主要分布于1987年调查船停泊时的施工半径内。

对"南海I号"古沉船开展的多次水下考古调查和勘探试掘，尤其是试掘和相关的抽泥清理，也难免会形成二次淤积。自2001年4月以来对沉船及其周围区域先后进行过多次水下考古探摸、清理和试掘工作，如2002年开展了水下试掘，至2004年持续的水下考古工作获得了科学数据以及对沉船地点海床、洋流等基本情况的认识，对沉船的性质、沉态及大致的船体结构数据认识逐步清晰，基本搞清了沉船周围区域的散落文物分布状况和沉船现有埋藏环境。从探摸的情况来看，该沉船水线以上的甲板部分已不复存在，甲板以下的船舷、隔舱以及船体的支撑结构（如龙骨、船肋等）保存较好（图2-1、2-2），船舱内货物以陶瓷器为主（图2-3、2-4），船体上部覆压着多块凝结物。再如，根据2007年2月整体打捞时的水下探摸情况，再次确认了船舱内货物基本按原始装载方式保存，沉船的表面及周围存在大量的凝结物，凝结物的硬度较大。为了破除打捞沉井的沉放安装阻碍，对沉井下沉区域及沉井区域内高出泥面的凝结物进行了清理清除，实施整体打捞阶段还提取出水了部分船舱内及外围陶瓷器等散落文物，在沉船周边开挖小探方抽泥清理和沉箱周围开挖工作槽，在能见度几乎为零的33米水深处进行了史无前例的高难度沉箱海底穿梁等。在这些水下作业过程中，清除不断回淤的泥沙是古沉船水下考古阶段必须面对且重复作业的工作内容，尤其是大功率"气升式"抽泥管的艰难使用，加之海洋水流、涌浪干扰影响，难免对古沉船及其文物造成一定影响，也无疑人为改变着沉船的埋藏环境和沉积面貌。

"南海I号"船体于2007年成功实现整体打捞、异地搬移进入"水晶宫"安全的保护管理环境，沉船船体及陶瓷器、铁器等船载文物从没有能见度的海洋环境异地整体搬移至一处具有水下能见度，免受开放海域水流、涌浪、台风及海洋生物等水下环境影响的室内环境中，沉船大部分仍覆藏于淤泥内，且长期浸泡在水环境中保存基本完好。虽然看似沉船文物得到了安全保护，也为在安全可控的水下环境内进行细致、精确的水下考古发掘创造了独特条件，具备了细致缜密地开展田野式沉船考古发掘和出水文物保护的各项条件，实际上在这个从海洋到陆地转移的重大工作过程中沉船的埋藏环境和保存环境已经发生了很大的变化（图2-5、2-6）。"南海I号"船体和文物之所以沉寂海底近千年尚保存完好，得益于原海底细密而隔绝氧分子侵蚀的淤积泥层，在水下由于损坏轻微和缺氧而处于良好保存的正常状况，其本身并非濒临危险。整体打捞出水之后，"水晶宫"内"南海I号"船体保护和水下考古发掘无法确保船体处于海水浸泡的稳定环境中，改变了从前沉船船体文物保护的原有海底环境。

首先，"南海I号"沉船整体打捞进入"水晶宫"内保存后，近3万立方米的海水循环处理系统是"水晶宫"内海水均从博物馆就近海滩埋管直吸入未经处理的富氧海水（图2-7），与沉船保护原状海域的低照度尤其是隔绝氧分子的原状保存环境存在一定差距，应当会对沉船船体造成一定影响[①]。"水晶宫"水环境模拟"南海I号"沉船原址海底水环境，但是"水晶宫"内的海水也处于封闭之中，需时时对水体环境温度、电解质离子含量、酸碱度（pH值）、藻类和其他浮游生物的分布、微生物种类和分布等各项指标进行检测，及时更换海水，以保证沉船处于合格的水质环境中。有检测分析显示，"水晶宫"中水质远低于室外海水浴场的水质，且与沉船原址所在海

---

① 张万星：《〈保护水下文化遗产公约〉原则下"南海I号"船体保护与考古发掘的思考》，《中国文物报》2011年5月20日第3版。

图 2-1　"南海 I 号"沉船早期探摸船板水下照片

图 2-2　"南海 I 号"沉船 2004 年水下探摸船舷

图 2-3　"南海 I 号"沉船早期探摸船舱内瓷器

图 2-4　"南海 I 号"沉船 2004 年水下探摸船舱内瓷器

图 2-5　沉船浮出海面
（2007 年 12 月）

图 2-6 入驻"水晶宫"前海陆分离（2007 年 12 月 28 日）

图 2-7 "水晶宫"内注水浸泡保存（2010 年 3 月 3 日）

域海水水质也存在很大差异，表现为海水中的营养物质、金属物质含量都有较大幅度上升，并具有较高的溶解氧，存在于高溶解氧的水环境中一定数量的微生物对沉船木质部分的保护以及沉箱的保存会产生不良影响，主要表现是会加速沉箱铁质的氧化以及微生物对木质纤维素的分解。

其次，保存"南海 I 号"沉船的"水晶宫"地处海边，属于典型的亚热带季风性海洋气候，雨量充沛，年平均降雨量一般在 2040 毫米左右，雨水分布不均匀，夏秋季多台风雨，年平均气温

22℃左右，但"水晶宫"处于一个相对封闭的环境中，一年当中有大半年时间处于高温状态（图2-8、2-9）。据监测分析，由于"水晶宫"内光照强度过大，使得水中的浮游植物有了能够进行光合作用的基本条件，加上水中的营养物质又已达到一定水平，故"水晶宫"中浮游殖物得以生成。大气环境的质量直接影响"南海I号"沉船的发掘保护和长久保存。按照文物保护的大气环境要求和"南海I号"沉船自身现状，大气保存环境需要有适当的控制标准，温度和湿度要保持稳定，控制温度在 20℃~25℃，相对湿度 45%~65% 左右，紫外线和日光不能直接照射在"南海I号"沉船上，必须避免温湿度、光照、粉尘、有害气体以及霉菌等各种自然因素对其侵蚀。

第三，至 2016 年 3 月，"水晶宫"内的考古发掘已经先后进行了三次，不同的发掘方式和工作过程也在改变着沉船的埋藏及保存环境。2009 年 8 月至 9 月进行的首次试掘，采用了潜水发掘和排除水体考古两种作业方式，即前期采用了水下考古潜水作业，由水下考古队员在海水环境中布设探方，清除探方内遗址表层淤积海泥至船体堆积层；而后期又采取了排放"水晶宫"部分海水，将沉箱内遗址工作面暴露于空气环境中，采取陆地三维激光扫描仪等田野考古技术对遗址探方工作开展测绘、拍摄影像资料等方式。2011年开展的再次试掘，则完全采取排放"水晶宫"部分海水，沉船工作面完全暴露于空气环境中的陆地田野考古方式进行，揭露了部分木质船舷及

图 2-8　"水晶宫"内沉船的埋藏环境（2012 年 5 月 26 日）

图 2-9 "水晶宫"内景（2013 年 10 月 23 日）

船载文物,对探坑做了回填保护(图 2-10、2-11)。至 2013 年 11 月开展正式发掘,水下考古作业方式改变为现在的"水晶宫"内考古发掘方式,持续周期较长,每年间歇期近半年时间,无疑使得船体无法避免地直接暴露于空气环境,在此之前的"水晶宫"海水交换也发生过多次,使得整个沉箱内形成枯水收缩与浸泡发胀的交替过程,不同程度地改变着沉船的埋藏环境和保存条件(图 2-12)。

第四,从埋藏学角度出发观察分析沉船上层及周围堆积自发现以来的反复扰动和多次回淤沉积,说明沉船的上层沉积状况发生了一定的变化。截至 2012 年 7 月,有关方面对沉积箱中"南海 I 号"沉船周围沉积物的调查取样和测试数据分析结果显示,沉箱中 0.5 米以上为人为扰动层,0~0.2 米深度的沉积物的组成已经被破坏,主要以粗砂为主,其原有的沉积环境化学平衡已经遭

到破坏,沉积物由还原环境变为现在的弱氧化环境,如果"南海 I 号"木质文物埋藏于这个层位,可能部分遭到氧化作用的破坏。沉箱中 0.2 米以下沉积物的化学平衡没有受到破坏,环境基本保持与沉船的海水下原位沉积环境一致,"水晶宫"内沉箱中沉船的沉积环境和沉积物组成没有发生明显的变化,沉积环境保持还原厌氧的环境,因此"南海 I 号"文物受到环境改变影响的作用较小,沉积环境短期内不会对沉船与船货造成破坏。但是,从 2013 年 11 月以来的保护发掘揭露结果看,沉船沉积环境受人为扰动的深度和广度远不止前述取样分析的判断结果。

再者,自重 530 吨的全钢结构沉箱长期支撑包裹沉船,钢沉箱产生的锈蚀剥落碎渣随水流渗透而进入船体,对木质船体和船载文物也会产生一些的腐蚀作用,一定程度上改变着沉船的埋藏环境(图 2-13、2-14)。2013 年对沉箱进行了

图 2-10   "水晶宫"内沉船的埋藏环境（2011 年 4 月 3 日）

图 2-11   "水晶宫"内第二次试掘（2011 年 5 月 4 日）

图 2-12　沉箱及"水晶宫"池底（2013 年 11 月 3 日）

图 2-13　"水晶宫"内的沉箱及发掘平台建设（2013 年 11 月 19 日）

图 2-14　沉箱外侧（2016 年 12 月 13 日）

锈蚀取样分析结果显示，沉箱在"水晶宫"环境中遭受物理、化学、生物等方面的腐蚀，沉箱母板的一些力学性能有所下降，且这种腐蚀还在继续，观察分析发现，存在沉箱腐蚀、金属文物腐蚀产生的铁离子由沉箱侧面向沉船船体方向渗透的趋势。因此，应当采用一定的防腐措施以减缓沉箱的腐蚀速度，避免沉箱腐蚀对于沉船木质构件和船载文物的侵蚀影响。

总之，水下考古调查、整体打捞、馆内保存及保护发掘等长期复杂的工作过程，使得沉船最初的水下长期保存环境和平衡状态被强制性打破，埋藏环境发生多次扰动和影响，尤其是浸水环境的饱水干湿变化次数较多，加之水下调查和长时间得不到及时清理发掘，使得沉船尤其是上部呈现疏松和大部分暴露出海泥裹挟之外，海水中的可溶性盐很容易聚集其中，甚至部分暴露于空气中，从而对沉船文物形成较大威胁。

第二节 沉积层位

"南海 I 号"沉箱内长 33.24 米，宽 11.97 米。以沉箱东南角为基点向北向西布两排探方，其中 6 米 ×6 米探方 10 个，东、北各留 1 米隔梁，6 米 ×3.24 米探方 2 个，东面留 1 米隔梁，总发掘面积 398.8 平方米。

通过在沉箱内清理发掘，沉船上下和周围的堆积层位基本清晰。现选择沉箱内纵向剖面 2014NHIT0101（以下省去 2014NHI）至 T0601 西壁、T0401 与 T0402 南壁剖面为例描述如下。

一 T0101 至 T0601 西壁剖面

该剖面以沉箱为限，纵跨沉船首尾，已清理深度达 1.9 米，大致可划分为 5 层。（图 2–15、2–16）

第 1 层，黄色沙土，土质疏松，除个别凝结物突起较高处，基本分布全沉箱，南北两端及中部局部堆积较深厚，局部羼杂黏质海泥，夹杂渔网和少量石网坠、铅坠、贝壳等，包含少量碗底、口沿等瓷器残片和个别铜镜、铜钱等，中部分布较多，而南北两端相对较稀少。厚约 0.05~1.68 米。

第 2 层，黄褐色海泥淤积土，胶结状海泥，纯净而黏腻细密，除个别凝结物阻隔外，基本分布全沉箱，随沉船表面轮廓起伏而变化，南端及中后部稍厚，包含少量海贝类残骸和渔网、锚链、铅坠、石网坠、铁锅残片、残木块等，出土较多白瓷、绿釉和青瓷瓷片，器形有青瓷碗、盘口沿

图 2–15　沉船自首至尾上部侧视照（2014 年 5 月 19 日）

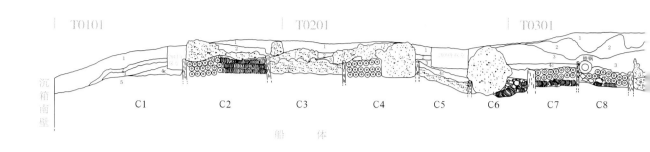

图 2-16　T0101~T0601 西壁剖视图（另见本书附页）

等，白瓷罐、执壶、碗、盘等，绿釉印花碟等，中部分布较多，而南北两端相对较稀少。深约 0.05~1.72、厚约 0.1~0.68 米。

第 3 层，深褐色淤泥层，中部平缓，南北两端分布较厚，上部较致密坚硬，羼杂极细砂粒，易剥离，下部沙土较疏松，夹杂大小体量差异明显的海贝，有较多网坠，包含较多瓷器及残瓷碎片，器形有碗底、口沿等，另包含有少量铜钱、铁器、铁块、铅块、木块等。深约 0.05~1.72、厚约 0.05~0.7 米。

第 4 层，黑灰色泥沙沉积层，包括沉船本体和凝结物在内的较复杂堆积，依堆积层次和包含物不同，可区分为 4a、4b、4c 三个亚层。

4a 层，黑灰色海泥沉积黏土层，分布于船尾后部，自南向北倾斜，堆积疏松，夹杂大量瓷片和海贝，另有散落船木和漆木器残件等。深约 0.52~1.7、厚约 0.05~0.34 米。

4b 层，凝结物成片分布层，主要分布于船尾后部，自南向北倾斜，逐渐变薄，末端呈明显青灰色钙化凝结层，船首外亦有小面积分布，包含大量散落铁钉、铁锅、瓷片、木块和大量海生物残骸等。深约 0.4~1.74、厚约 0.05~0.58 米。

4c 层，灰褐色泥沙层，较疏松，随沉船表面轮廓起伏变化而分布，主要堆积在船货表面及船货间隙，厚度不均，夹杂大量细小海生物残骸，包含大量散落瓷器和碎瓷片及金银器等，且船尾

后部灰褐色泥沙中散落大量船木构件及漆木器残件等。深约 0.45~1.9 米，厚约 0.1~0.42 米。如 T0401 ④ c 北部与 T0501 ④ c 南部处于沉船尾及上层建筑散落区域，尤其是舵孔外④ c 层堆积叠压于④ b 层即成片分布的凝结物层以下，堆积较厚，但散乱无序，包含物极为复杂，主要有瓷器、木板、漆木器、漆皮、朱砂、铁锅、铜钱、铜镜等，且富集各类漆木器残件及大、小船木碎块，瓷器器形有青白瓷粉盒、青白瓷喇叭口瓶、青白瓷四系罐、青白瓷双系罐、青白瓷盘、绿釉碟、青瓷碗、酱釉小罐、酱釉梅瓶等，夹杂较多个体较细小的海生物贝类残骸等，大多残碎呈骨粉粒状，还包含较多果核，少量鸡、狗、猪等动物骨骼，沉船尾部外侧散见较多陆生动物骨骼和少量人骨等。另外，木船左尾底板之下堆积为木片、木块、瓷片、海贝及铁釜等残件，散乱无序，应属水下调查探掘后的回填物，与水下自然沉积有所区别。该层以下暴露较清晰的船体结构轮廓和各隔舱内以成摆码放瓷器为主的船货。船体内外分布大面积凝结物，尤其是木船体表面以上整体呈凹凸不平状态，以铁锅、铁钉、瓷器等包含物为主，这些与船体及船舱内货物黏结一起的凝结物，作为该层以下的沉船整体对待。

第 5 层，青灰色海泥层，暴露于沉船首尾外侧，且自沉船首尾分别向外倾斜，表面低于尾封板和第

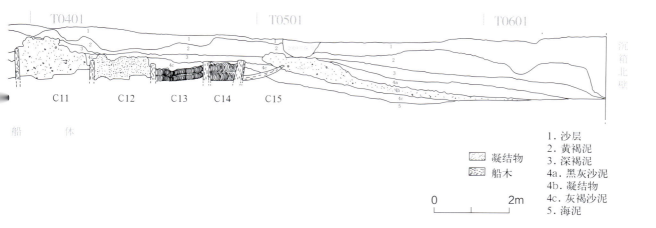

1. 沙层
2. 黄褐泥
3. 深褐泥
4a. 黑灰沙泥
4b. 凝结物
4c. 灰褐沙泥
5. 海泥

凝结物
船木

0　　　　　　　2m

图 2-17　T0101 沉船左前部外侧沉积层剖面（2014 年 3 月 22 日）

1 道隔舱板上表面约 0.1~0.2 米，黏性高，较纯净致密，包含少量细小海贝，无文化遗物（图 2-17）。

二　T0401 与 T0402 南壁剖面

该剖面以沉箱为限，横跨沉船左右，已清理深度近 1 米，大致可划分为 5 层（图 2-18、2-19）。

第 1 层，黄色沙土，土质疏松，局部混杂湿粘海泥。除个别凝结物突起较高处，基本全方分布，且东西两端堆积较厚。厚约 0~0.8 米。

第 2 层，黄褐色海泥淤积土，胶结状海泥，纯净而湿粘，分布较为平缓，中部堆积较薄，东西部较厚，叠压的大型凝结物和船板周围扰乱较严重，凝结物表面布满渔网、铅坠、石坠、绳索等。出土有较多青白瓷、绿釉、酱釉瓷器残片和部分渔网和铅、石网坠等。深约 0~0.78

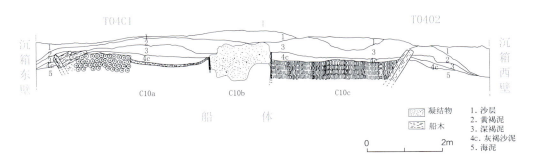

图 2-18　T0401~T0402 南壁剖面图

图 2-19　沉船中部发掘（2014 年 5 月 19 日）

米，厚约 0.1~0.42 米。

第 3 层，灰黑色海泥淤积土，胶结状海泥，但较第 2 层柔软，纯净而湿黏，船木周围扰乱严重，部分直接叠压在隔舱上，夹杂大量海生物残骸，包含较多瓷器残片和大小不等的凝结物。深约 0.24~0.78 米，厚约 0.05~0.32 米。

第 4c 层，灰褐色泥沙土，较松散，包含大量较细小海贝残骸，散落大量瓷器和残瓷片、铜钱、铜环、朱砂及金银器等。深约 0.26~0.78 米，厚约 0.05~0.23 米。该层之下为沉船本体在内堆积，木船左右舷板和隔舱的轮廓较为清晰。

第 5 层，青灰色黏质海泥层，分布于沉船外侧左右，且自沉船舷板向外倾斜，海泥层表面凹凸不平，低于左右船舷板上表面约 0.1~0.2 米，黏性高，致密硬实，较纯净，包含少量细小海贝，无文化遗物。

第三节　沉积成因和特点

探索海洋环境下的水下沉船考古中的层位关系，不能简单地套用田野考古中的地层学，也不能仅局限于海洋沉积学，多项水下沉船考古实践反复证明，应当从地层学、埋藏学和海陆环境沉积学等多角度出发，从而更加科学地分析和解释水下沉船考古的沉积层位关系和形成过程及成因与特点。

从上述"南海Ⅰ号"沉船发掘中所列举剖面的层位堆积来看，第1层为2007年整体打捞沉船作业期间灌沙形成的回填黄沙土层，遍布全沉箱，不同区域厚度不同（图2-20）。第2、3层为沉船沉没后的晚期黄褐和灰黑色黏质海泥自然淤积（图2-21），第2层以下开始暴露沉船凝结物较高区域的上表面（图2-22）。第4层为早期海泥淤积层，主要为沉船沉没过程中及之后被扰动而形成的海泥淤积，该层出土大量被扰乱的残碎瓷片、碎木块、凝结物残块等（图2-23、2-25）。其中，4a层为晚期散落漂移原位的大量瓷片层（图2-26），4b层为散落的铁钉、铁锅、瓷片、木块及大量海生物分泌物和残骸腐烂钙化凝结而成，其下的灰褐色黏质淤泥夹杂散木和瓷片、细小海贝层为4c层。第4层以下已暴露的船货堆积主要为原位保存的突起较高的铁钉铁锅类凝结物和摆放整齐的瓷器及木船体（图2-24）。

图2-20　沉船上表面清理状况（2014年2月27日）

图 2-21　第 1 层下与第 2 层表面沉积正射影像

图 2-22　第 3 层正射影像

图 2-23　第 4 层正射影像　　　　图 2-24　第 5 层正射影像

图 2-25   沉船自尾至首全景（2014 年 5 月 19 日）

图 2-26   船尾瓷片散落层（2014 年 5 月 11 日）

第5层为原生青灰色黏质海泥，属于沉船沉没前自然海泥淤积，受沉船沉没挤压而抬升包裹了木船四周，自船体向外存在较明显的坡状倾斜，且普遍低于木质船体上表面约0.1~0.3米（图2-27）。如舵孔外左侧与右翼舱之间的⑤层堆积为青灰色黏质海泥，夹杂大量细小海贝等，无其他包含物，黏泥层自尾封板向外倾斜下沉。舵孔外侧堆积中，大面积的凝结物之下为散乱瓷片、铜钱、漆木器残片等较厚堆积层，厚约0.1~0.21米，之下为青灰色黏质海泥层，舵孔外侧应属木船外，沉船下沉过程中挤胀海泥上升并逐渐淤埋木船下部（图2-28）。总之，第2至4c层为沉船沉没后至1987年发现时期的历史沉积过程，其中第2、3层属于沉船上部随海洋动力而飘浮移动逐渐沉积形成的黏质淤积型泥沙（图2-29），4a、4b、4c层为沉没时期及以后的较长时期内所形成。

通过对发掘过程中不断暴露的船体、凝结物与遗物的叠加图（图2-30~2-32），观察到的沉船堆积层位和包含物表明，该沉船虽然存在从发现、水下调查、发掘，以及2007年打捞工作前后都有不同程度的扰动，即在"南海Ⅰ号"沉船发现、发掘历史上，曾经做过多次水下、陆地的考古调查发掘，在这次考古发掘过程中亦可得到明确辨认，区分明显，同时也能够观察到一些海洋沉积和沉船层位堆积的特点，突出地表现在沉船船体、凝结物与遗物随沉积层位的变化过程。

一是除了船外与船内的第1、2、3层堆积无差异外，沉船内外的下层层位堆积存在一些不同迹象，主要表现在第4c层，船外4c层多散落一些沉船下沉期间或之后水流冲击而漂出船外的大量瓷片、船木、漆木器及凝结物残块等（图2-33、2-34），而船内4c层堆积则是船货表层被水流激荡和渔网拖移扰乱而形成的散落瓷片、金银器、铜环、铜钱、朱砂、锡珠等混杂的早期海泥堆积。从这些船内外散落的遗物和木船体的保存状态分析，"南海Ⅰ号"沉船基本呈正沉状态，但存在一定的不正常沉态，左舷甲板残存，而右舷甲板基本无存，右后部略低，且船尾右部保存较差，可见向右略有侧翻，侧翻之时向左舷外侧有铁锅等船货翻落，后逐渐形成倒塌状凝结物、大量碎瓷片及散落小块船木。

二是海洋沉积环境下的地层包含物存在一些特殊性，最突出的是淤积层的可穿透性，由于2、3层海泥淤积层在水下形成过程中及之后都是松软可穿透，船内3、4层堆积中发现大量不同时期的石质或铅质网坠，以及第四隔舱左侧出土的青花瓷碗即可说明。其次是由于水下环境的特殊性，淤积内涵较为单一，人为干扰较少，沉船内外的文化堆积内涵主要是沉船本身及其受扰动或原样摆放的船货堆积，掺杂了沉没后水上渔业活动扰动等人为活动影响因素。

三是沉船所处海域属于近海岸的人类活动频繁区域，除了自然破坏影响外，各种人为活动的破坏也不容忽视。沉船沉没后受船体部分结构开裂、海水洋流激荡、渔网拖曳等因素影响，木船

图2-27　船尾第4b、4c与第5层堆积

图 2-28　船尾左后部第 4c 与第 5 层沉积层位

图 2-29　沉船中部沉积层关键柱（2014 年 12 月 4 日）

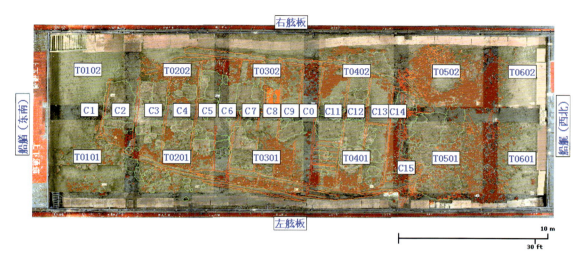

图 2-30 沉船发掘过程中的船体、凝结物与遗物叠加图（2014 年 5 月 20 日）

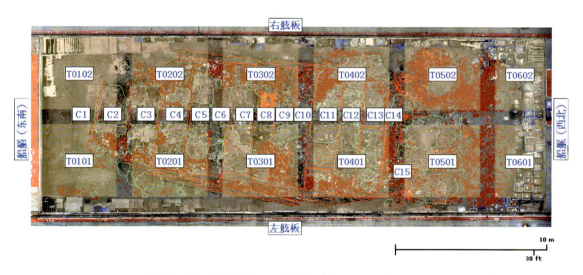

图 2-31 沉船发掘过程中的船体、凝结物与遗物叠加图（2015 年 4 月 12 日）

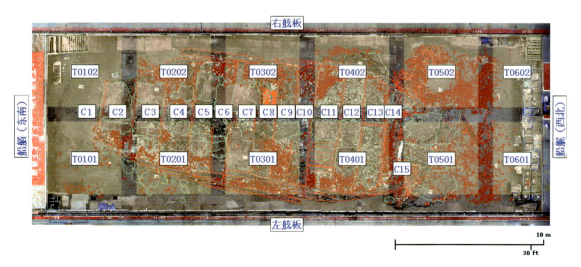

图 2-32 沉船发掘过程中的船体、凝结物与遗物叠加图（2015 年 5 月 26 日）

图 2-33 第 11 船舱左段（C11a）第 4c 层堆积

图 2-34 第 11 船舱左段（C11a）第 4c 层堆积局部

散木和船货被移动甚至凝结，经过了较长期的反复扰动和沉积过程，使得区分辨别沉船上部结构和船货装载方式非常困难，形成了第4层较混乱复杂的层位堆积，但从自上而下的瓷片层、凝结物层和瓷片散木混杂层堆积也反映了船货受扰动发生位移的先后沉积过程。

另外，从船尾及后部外侧的铁钉、铁锅凝结物之下暴露的船木、木桶、漆木器、瓷器、石研磨器等杂乱堆积观察，舵孔以外的船尾外部为船体破损、船货晃动飘移的长期反复沉积。从较低于船尾部的外围后部散落船木和木桶等木制品的一般沉积状态看，表现出以船尾为依托呈左右向弧形堆积，可见散木等游离船体的向外漂移和沉积过程。举例来说，T0501 和 T0502 第④c 层船尾中后部凝结物下方，舵孔外侧靠近艉封板位置

及尾舱左右外侧散落堆积层较厚，土质较松，土色灰黑，包含有很多船木结构碎块、木箱板等竹木漆器残件，并且夹杂有大量的碎瓷片，距艉封板向北约 1.7 米处的区域存在同样大量小贝壳和碎瓷片，其中夹杂几块木箱板。从堆积的碎瓷片看主要是碗、酱釉罐、壶、瓶、盘、粉盒、罐等几乎船内各种器形（图 2-35）。推测这片船尾凝结物下层的形成原因可能至少包括两种：一是船体沉没过程中散落后，大量的瓷器和其他船尾承载物品受到某种外力作用下移至船尾凹陷处，所以这里存在大量瓷片混乱堆积，后来受上方大块凝结物被拖带后碰撞砸碎，导致这里都成碎瓷片层；二是船体沉没后，在铁质等凝结物还没被移动之前，就有很多渔船在这里作业从而将这里的瓷器破坏成碎瓷片，后来逐渐在这里形成堆积，

图 2-35　舵孔外侧第 4b、4c 与第 5 层堆积

接着受到凝结物的覆压。

历次探摸和试掘的资料表明，在"南海 I 号"沉船的周边区域还散布着少量的文物，这部分文物散落的原因有所不同、数量也不大。总体来看，与沉船本体距离越远的区域散落文物的数量越少。形成沉船周边散落文物的原因较多，其中之一就是沉船沉没至现有深度时，船体的上层建筑（主要是甲板以上的船楼、桅杆等）发生部分解体而散落，其大致分布在沉船本体周围 1~2 米内的范围内。2004 年度的调查、探摸资料显示，沉船周围 1 米左右的范围内存在少量船体残块，例如沉船东北部近船头方向，有一段圆角方形的木块，推测可能船桅残块；而通过对紧靠沉船船舷外侧 1~2 米左右区域进行抽泥，并对滤网过滤后留下的残碎文物进行的量化分析，同时对比这部分文物与船体的相对位置可知，"南海 I 号"船舷外侧 1~2 米区域内除散布有少量船体残块外，主要为沉船上层建筑中散落的部分用品和铜钱等。

分析沉船沉积层位和成因特点中有一些特殊因素需要说明，这就是"南海 I 号"沉船埋藏环境变化和沉积层位的人为因素的特殊性。虽然在本次保护发掘和清理过程中划分了以上沉积层位，但有一些特殊的层位影响因素和属于后期干扰的二次沉积现象，在保护发掘的层位划分和遗迹判断中是不得不考虑的重要因素。

比如，整体打捞过程中的人工水下清理，采用气升式抽泥器清除凝结物表面上的淤泥，在凝结物的底下攻千斤、穿吊索，然后用起重船将凝结物吊起等施工方法和过程，无疑扰动了沉船的原有埋藏形态和沉积层位。举例来说，从水下清除凝结物的抽泥过程可知，2013 年 11 月以来发掘中揭露的泥沙沉积层位中，有部分区域应当存在一定的二次沉积过程，即水下考古勘探和整体打捞过程中形成的泥沙沉积。如为了将凝结物整体露出泥面，水下操作中将古沉船右舷前方的凝结物的边缘采取了气升式抽泥设备抽开了表面的淤泥，之后该区域又被回淤的泥沙填埋。另如，水下清除沉井下沉区域古沉船船旁凝结物时，采用了各种方法将凝结物切成了碎块，对于面积、体积较大的凝结物的分解处理和起吊出水等水下清理操作过程中存在跌落水中的情况，诸如此类现象，在区分凝结物的原生位置和是否被移动以及铁锅、铁钉等船货的码放形态时应当有所分辨。

通过该沉船室内田野式保护发掘的清理过程，使我们深刻意识到，关于沉船遗址的地层，重在阐释清楚沉船沉没后至发现前的堆积形成过程。另外，较大面积成片分布的钙化凝结物层是否应当划分为地层，也需要今后更多的分析讨论。

第四节　沉船淤废与出水遗存多样性的关联

"南海 I 号"沉船作为南宋时期的木质贸易商船，自沉没以来，经历了 800 余年的淤积和废弃过程，考古发掘出水遗存多样性与沉船淤废的历史过程之间存在密切的关联性。

首先，由出水遗存的多样性可以窥见沉船淤废的长期复杂形成过程。从"南海 I 号"沉船遗址发现、水下调查、前期外围及表面部分清理、整体打捞，最后进入"水晶宫"，再经过两次试掘到 2013 年底开始正式发掘，又经过了 2 年多的发掘清理，在这近 30 年的水下和室内考古工作过程中，比较充分地了解到了古沉船在海水下长期扰动和淤积的复杂性。发掘出水的器物类型存在一定的区域变化，较多的区域位于船舷两侧外侧和船尾外侧，尤其是船尾外侧舵孔之外左右两侧更具复杂性。沉船尾部原为尾楼或舵楼等上层建筑所在位置，由于海生物活动、海水侵蚀、水下作业、捕鱼船只拖网多重因素的外力干扰而导致严重损坏，船体结构逐渐崩裂，大量解体船木和以木船搭乘人员生活用具等船载器物为主的沉船遗物散落淤积，形成极为杂乱的层位关系（图 2-36、2-37）。

图 2-36　左舷后部外侧第 4c 层堆积

图 2-37　左舷后部外侧第 4c 层散落铜钱

其次，沉船沉没海域海水流速较缓，海底浮泥较厚，形成渔业海区。该海域海底淤积海生物不是很厚，很多海洋生物被渔网来回拖动，虽然有些生物受海洋气候等因素影响没能产生淤积，但随着沉船的沉没形成阻碍，渔船拖网所带来的海洋生物便不断沉淀于此，有些海洋生物是受潮汐、气候因素变化沉淀淤积，800 多年以来形成了数量和种类繁多的海洋生物贝壳类堆积。沉船上部结构及凝结物受海水激荡和渔船渔网拖带等外力破坏，形成船木和船载物散落范围大而且很多在船体外围，长期的淤废使得船体表面的凝结物下方也堆积有网坠、器物、瓷片等，这些都是沉船淤积主要关键因素，它与出水遗存的多样性有着密切关联性。

第三，由沉船长期淤废的考古发掘结果能够说明出水遗存的多样性。由于沉船沉没海域既是航道又是渔场，沉船长期受到各种不同外力的袭扰，不断反复沉淀淤积，形成了出水遗存的多样性，除了木船本体、散落船木、船载品外，还包含了渔业生产工具、生物遗骸及少量晚期沉积遗物等。从水下淤积层位关系和早晚顺序观察，出水遗存复杂多样可以得到一定解释。其一，木质船体之上约 1 米余厚的黄褐色黏泥沙土淤积层存在大量扰动，部分区域应属 1987 年发现后的多次水下调查、试掘等扰动后的沉积层。在一些凝结物表面布满渔网，散见铅坠、石坠、绳索等，凝结物根部也散见少量现代衣物、塑料袋等，可见扰乱迹象明显。其二，黄褐色黏泥沙土淤积层之下为黑灰色海泥层，船木周围扰乱严重，局部海生物残骸腐烂形成黑褐色黏泥，夹杂大量海生物残骸和残瓷片等，部分直接叠压在船体表面，推测为沉船沉没后的海泥沉积。其三，黑褐色黏泥层以下则为沉船沉没后的木船本体及散落淤积，包含大量各类船载品，虽然部分区域存在层位迹象，但整体堆积混乱无序，推测受海生物、海水侵扰等影响进而导致木船逐渐劣化自然散落而不断淤废。另外，海洋环境的复杂性、客观性，可能会时刻存在着人为或非人为的变化，导致水下环境中沉船及晚期淤积复杂多样，这也不难看出，在几乎同一淤积层位会发现青花瓷片、现代饮料瓶、打捞时的残留铁块、石磨片、水泥混凝土块等，试掘中采集土样、水样所用的玻璃管碎片、线手套、渔网等与沉船承载器物同时出现的混杂现象。

第四，发掘中应重视沉船埋藏和淤积的层位特点，有利于分清包括船货在内的大量出水遗物的性质。对该沉船的清理发掘过程来看，数量相对较少的各类器物均发现于木船体表面及上部淤积层内，而船舱内基本上为瓷器和铁器两类，且铁器大部分码放于隔舱上部或少部分伸入舱内上部。虽然沉船沉没后遭受各种扰动，从这种层位关系仍然可以看出，除了瓷器和铁器两大类主体船货外，其余绝大多数器物应是放置在尾楼或船员活动的木船上部区域，这成为船货或非船货的基本判断依据。例如，位于船尾中后部的T0501④c堆积层，即舵孔外侧堆积扰乱层发现，基本上为散落船木、小木片、果核、骨头、瓷片以及一些可能是草席或编织漆木器所用的小木条等散乱叠压现象，这些都较为难完整提取，但反映出该区域沉积物可能主要来自木船尾楼生活区。

第五，从整个沉船遗存范围的不同区域的沉积层位和包含物的不同，大致可以还原木质沉船从行船遇险、下沉触底、船体开裂、船载物散落、凝结下沉、覆盖定型等复杂的长期沉积和埋藏过程。根据沉船地点的细软淤泥型沉积海床情况分析，该木船沉没海床泥沙层较深，回淤的软细泥掩埋了大部分船体底部。从船尾及舵孔外侧的混杂堆积看，该区域属于木船尾部上层舱位木构建

筑破损后的散落区域，低于沉船现存上表面，艉封板及舵孔外两侧的凝结物及下部堆积和黏质海泥均呈自南而北倾斜状大片分布，尤其是成片凝结物之下堆积更加复杂多样，除了散乱的瓷器外，各式船木用材、生产生活用具、戒指、膳具以及数量较少的特殊瓷器甚至绳索、疑似成卷状的纸张、木牌等，还包括大量果核、人类骨骼及动物残骸等生物遗存。舵孔外④c层堆积叠压于④b层即成片分布的凝结物层以下，堆积较厚，但散乱无序，包含物复杂，有青白瓷粉盒、青瓷器等瓷器、漆木器残片、船木碎块、铜钱、果核等，夹杂的海贝个体较细小，大多残碎呈骨粉粒状。这些都反映出由于沉船浅埋于海床表面，船体上部纵向、横向连接结构尤其是船尾上层建筑和船舷等高出海床表面的构件不同程度饱受海流泥沙的冲蚀、海洋生物侵蚀等多重因素作用下而崩解、摊散、断裂，逐步残损后或受海水激荡飘逸，或被海泥覆盖，这些反复作用而形成水下沉积的复杂历史过程。

随着现代信息技术的大发展，以田野考古为基础的考古学科发展导致了田野考古工作理念的变化，考古学已经从单纯的以分期编年为主的物质文化史研究过渡到以全面探究古代社会为目标的社会发展史研究的新阶段。田野工作也从以地层关系（叠压/打破）为中心的传统地层学向以埋藏学（堆积过程）和行为考古学为核心的现代考古地层学理论的转变，并由此带来了田野考古工作中需要观察、采集和记录的信息量大大增加，无论是人工遗物还是自然遗存的样品和信息的种类和数量都急剧增加。总之，"南海Ⅰ号"沉船蕴涵的历史信息和文物价值是巨大的，注重沉船沉没后在水下复杂的淤积及埋藏形成过程的观察和研究，关联船载货物及载重量、木质船体受损程度等因素，结合沉船发现地区即川山群岛海域多飓风、海波的季风气候以及《读史方舆纪要》等史书记载该古代航线海域海贼频发的历史状况，对探索沉船受飓风海波影响或海盗侵扰等海上贸易航船的航海运行风险及沉没原因极为重要。

南海Ⅰ号

沉船考古报告之二

2014~2015年发掘

第
三
章

凝
结
物

在"南海Ⅰ号"沉船进行的多次水下考古调查、勘探和室内试掘、发掘中都发现沉船表面覆盖着大量凝结物，堆积面积大，且主要分布在船头和船尾，包含物较为复杂，主要由铁锅、铁钉等组成，夹杂着大量海洋生物残骸、瓷片及其他类金属物等。凝结物蕴含着大量沉船信息，既能在一定程度上保护沉船，也在水下考古中起到定位和参照物的作用。同时，也给后来清理发掘工作增加了很大的难度，对深入了解船体及船货构成形成了较大阻碍。保护处理凝结物是世界性的难题，移除提取措施不当容易对船体和舱室内货物造成损伤。因此，重视沉船凝结物发现过程、水下分布、堆积结构和物质构成等，对沉船发掘和研究至关重要。

第一节　发现与分布

一　凝结物的发现与分布

1987年8月意外发现"南海Ⅰ号"沉船时采用了抓斗抓捞，带有一定的探索性和随机性，虽然打捞出一批瓷器、锡壶、银铤及长达1.72米的金腰带等船载物品[①]，为该沉船的发现提供了关键线索，但也对沉船的水下埋藏环境和船体造成了一定的扰动。1989年11月由中国历史博物馆与日本水中考古学研究所合作，组成了"中日联合南海沉船水下考古调查队"，开展疑似沉船的水下调查。这次水下调查为时一个月，但收效不大，就连突出海床表面的凝结物也没有找到，

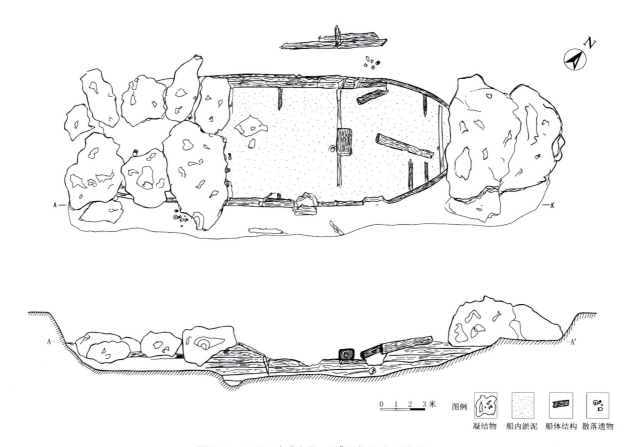

图3-1　2004年"南海Ⅰ号"沉船调查示意图

---

① 任卫和：《广东台山宋元沉船文物简介》，《福建文博》2001年第2期。

图 3-2　2014NHIT0501 ③层下的凝结物与瓷片层　　　　　　图 3-3　2014NHIT0501 ④层凝结物层
（东 - 西）

只有当时中方的水下队员摸索出水一片青白瓷片[①]，和当时出水的瓷器相同，只能以此确定沉船大致位置。在此基础上，2001 年中国水下考古队和香港"中国水下考古研究探索协会"合作，才找到该沉船并精确定位。2004 年试掘中大致掌握了沉船凝结物的堆积和分布状况，并提取出水6000 多件瓷器，绘制了探摸、测量图（图 3-1）。由图上看出，沉船上部覆盖着大量的凝结物，且主要分布在船头和船尾，可以说木质沉船在长达800 余年的海底水下埋藏过程中被钙质、铁质、土锈质、有机质等物质形成的大量胶结物所包裹，饱受常年海水浸泡和生物影响。

通过后来的多次水下考古调查，尤其是 2007年整体打捞过程中，进一步明晰了沉船及表面凝结物的分布范围和沉积状况，该沉船的凝结物堆积面积大，包含物较为复杂。2013 年以来的室内保护发掘，发现沉船整体打捞出水之前，沉船的木质船体表面以上及周围覆盖或散布着大面积凝结物，如同一个罩子黏结着木质船体。自这次清理发掘以来，除了分辨出整体打捞出水及此前多

次水下考古调查和勘探过程中揭取较多凝结物后形成不同程度的凹坑外，沉船内外仍然遗存着大面积的凝结物分布区。左右舷前端外侧第⑤层海泥层以上覆盖一层青灰色凝结物层并散落较多凝结物碎块，船舷及外侧呈坡状分布的更大面积青灰色凝结物层（图 3-2、3-3），沉船艏艉外侧分布的这些凝结物性质一致，加上船体上部的多处铁钉、铁锅凝结物，说明整条沉船内外被厚薄不均的凝结物所包裹。

从以上沉船发现和考古工作过程可以看出，在"南海Ⅰ号"沉船进行的多次水下考古调查、勘探和室内试掘、发掘中都发现沉船表面覆盖着大量凝结物，主要由铁锅、铁钉等组成，夹杂着大量海洋生物残骸、瓷片及其他类金属物等。"南海Ⅰ号"沉船凝结物的形成是一个复杂的过程，包括自然和人为的共同影响作用，受海水长期浸泡及海洋生物、海泥等含钙物质的较长期侵蚀作用，船载金属器、瓷器、漆木器等逐渐胶结紧密并形成不规则和大小不一的硬质凝结物体。凝结物也蕴含着沉船大量信息，既能在一定程度上保

[①] 张威：《中国水下考古的起点——中日联合广东南海沉船调查侧记》，中国历史博物馆水下考古学研究室编印《水下考古通讯》第 4 期，1990 年。

护沉船，也在水下考古中起到定位和参照物的作用，与此同时也给后来清理发掘工作增加了很大的难度，对深入了解船体及船货构成形成了较大阻碍，同时保护处理凝结物更是世界性的难题，移除提取措施不当容易对船体和舱室内货物造成损伤。因此，重视沉船凝结物发现过程、水下分布、堆积结构和物质构成等的细致判断，对沉船发掘和研究至关重要。

二 对凝结物的考古工作过程

2003 年以来，历次进行的"南海Ⅰ号"水下调查或发掘过程中，均提取过铁质凝结物。如2003、2004 年水下考古调查中重视凝结物的分布和埋藏状况，从绘制的沉船平剖面示意图观察，凝结物占据沉船大面积范围，主要分布于沉船艏舭区域（图 3-4）。经过多方科学的论证，广州打捞局、广东省文物考古研究所于 2007 年对

"南海Ⅰ号"实施整体打捞[①]。打捞工程实施前，为保证沉箱顺利下放，在放置特制沉箱前对沉船周边进行清淤工作，清理并提取了沉船船舷外侧1~4 米范围内的散落文物与大块凝结物（图 3-5、3-6）。前期清理采集各类文物 137 组近 500 件，包括清理并吊取出水了沉船边缘大量凝结物，共计提取出水凝结物大小 129 块。这批凝结物的主体结构主要为铁锅、铁钉和瓷器等。从开裂和散落结构观察，凝结物中的铁锅依锅体口径叠套，外形呈圆柱状叠摞；铁钉则钉尖相对交叉，数十枚一捆以竹篾捆扎，数小捆成一大捆。

2009 年在广东海上丝绸之路博物馆"水晶宫"内首次对"南海Ⅰ号"进行室内试掘，共布置了2 米 ×2 米探方四个，由于凝结物的阻碍，只有东、西边上的两个探方可进入船舱内发掘。2011年第二次室内试发掘，此次采取降低沉箱外围水位以饱水状态发掘方法[②]，在沉船前后共布置了1 米 ×1 米探方 6 个，发现每个探方都有不同程

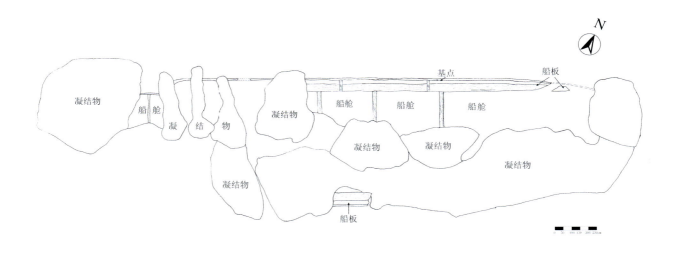

图 3-4　2003 年水下测绘的船体与凝结物分布示意图

---

① 吴建成、张永强：《"南海Ⅰ号"古沉船的整体打捞》，《中国航海》2008 年第 4 期；吴建成、孙树民：《"南海Ⅰ号"古沉船整体打捞方案》，《广东造船》2004 年第 3 期。
② 广东省文物考古研究所：《2011 年"南海Ⅰ号"的考古试掘》，科学出版社，2011 年。

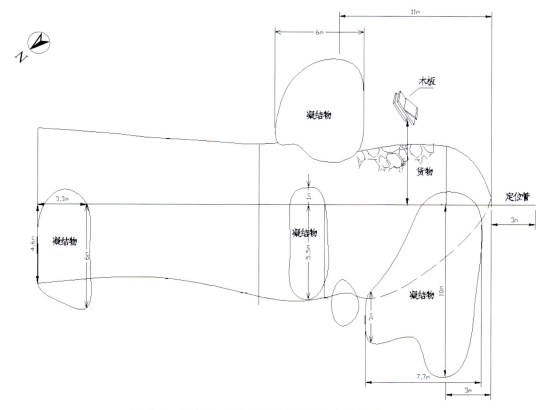

图 3-5　2007 年整体打捞前凝结物分布示意图

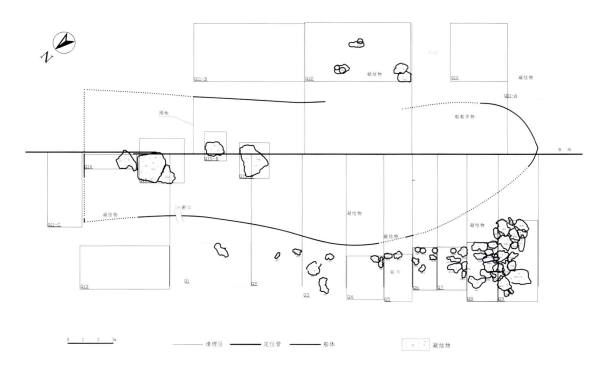

图 3-6　2007 年清理外围散落文物与凝结物分布示意图

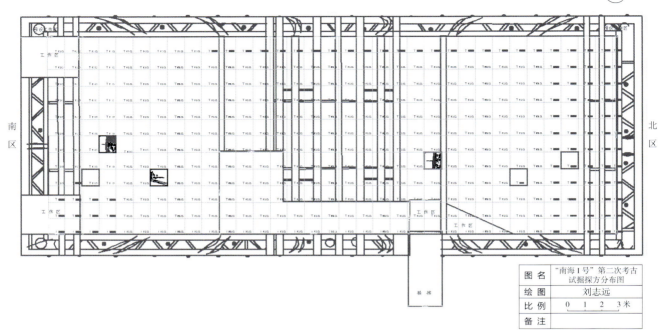

图 3-7　2011年"南海I号"试掘探方分布图

度的凝结物，几乎都黏结有瓷器，在小探方内无法进行清理和提取器物，此次只能算是一种摸索，为接下来的保护发掘提供了经验和数据（图3-7）。

从2013年11月开始对"南海I号"沉船全面保护发掘，截至2016年3月，经过两年多的清理发掘，提取了大量的凝结物，总计60余吨。这些都为表面较容易拆解提取的凝结物，还有较多暂留存在船舱内，并且都是提取和拆解难度很大的凝结物（图3-8）。

"南海I号"沉船残长约22.1、宽约9.35米，整船共有15个舱位（自船艏至船艉分别编号为C1~C15）。C2主要放置铁钉、铁条类，竖向排列，集中在船舱中间；C3放在中间的两边，但不及两边的船舷，横向排列，中间则放置陶罐；C4以中间为主，把舱分成前后两部分，前部放瓷器，后部放铁钉，横向排放；C5置于中间的两边，

不及两边的船舷，以铁钉为主加少量小型铁锅；C6放置在以主桅杆为中心的两边，左边为铁锅，横向排列，右边为铁钉；C7亦以主桅杆为中心，放置在两边，皆为铁钉，一捆捆码放整齐，数量最多，面积最大，堆放得最高；C8左侧靠船舷放有少量铁钉；C9、C10只有散落的凝结物，起吊后下部为混杂的泥沙土坑，也没有黏结现象，推测之前受过扰动和搬移，不是原始凝结物形成的固有位置，在第一阶段清理沉箱表层时已提取；C11只在中间堆放铁钉，两边用薄木板固定，上面凝结着大量的银铤；C12中间及左侧堆放铁锅和少量铁钉；船的尾部和右后侧有散落的凝结物、木构件和瓷器，推测为木船的尾部上层建筑结构倒塌和现代渔业拖网所致。沉船上层凝结物绝大部分已于2016年3月前基本清理完毕，部分船舱内少量铁钉和铁锅类凝结物现存原位（图3-9）。

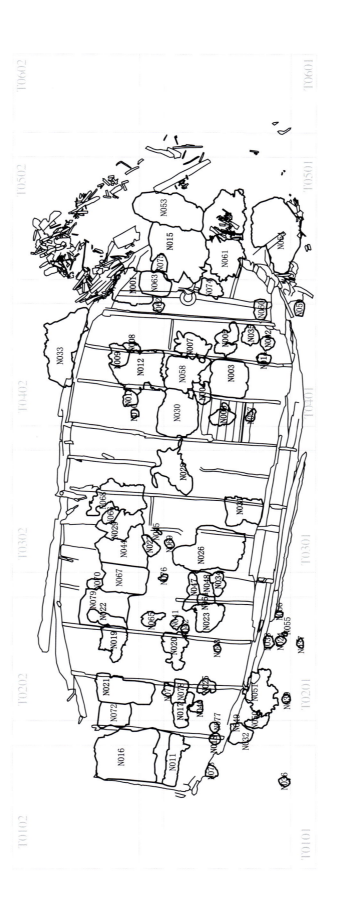

图 3-8　船舱内外凝结物分布图（2014 年 5 月前发掘揭露）

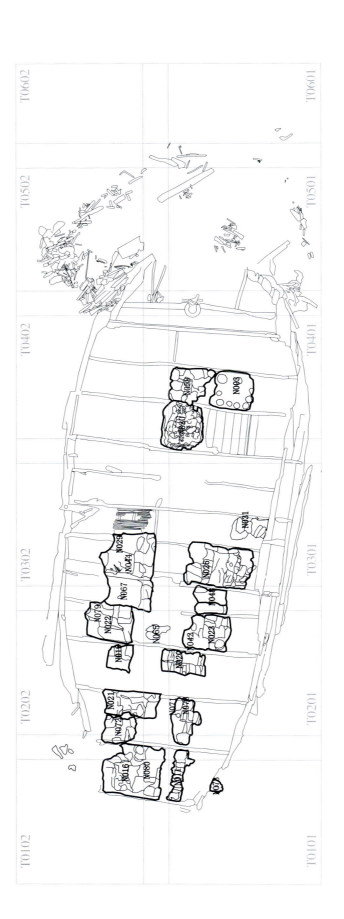

图 3-9　船舱内凝结物分布图（2016 年 3 月前发掘状况）

第二节 凝结物的拆解、提取与保护

一 凝结物的拆解

　　"南海 I 号"沉船从 1987 年发现以来，经过多次水下考古调查、探摸以及室内试掘和发掘，都表明沉船表面覆盖着大量凝结物。在 2007 年"南海 I 号"实施整体打捞时，为放置沉箱罩住沉船，清理周边凝结物并大量吊取出水，其中包括长达 3 米多的花岗岩碇石。随着沉船成功出水入驻广东海上丝绸之路博物馆的"水晶宫"，并经过 2009、2011 年两次室内试掘，进一步摸清了沉船表面依然覆盖着大量凝结物，这给今后发掘和清理提取工作增加了很大的难度。以下针对"南海 I 号"沉船凝结物的具体特点，结合辽宁"绥中三道岗元代沉船"[①]、海南西沙"华光礁 1 号"沉船[②]、广东汕头"南澳 I 号"沉船[③]、福建东海平潭"碗礁 1 号"沉船[④]等水下遗存中以铁锅铁钉和瓷器包含物为主体的凝结物的清理提取经验，主要对该沉船凝结物的分布、分类、形成过程、给发掘工作带来的影响以及拆解提取工作过程进行简要介绍。

　　在"南海 I 号"沉船内外，由于形成凝结物主体的船货是分舱摆放，基本上紧贴隔舱板、甲板或垫板，经过长时间的渗透，与船体木板已胶结在一起，在拆解提取凝结物时，很容易把胶结的木板也拆裂破坏掉。另外，由于沉船凝结物包含着大量的文物信息，不可能像捞宝的渔民或者盗掘者那样使用粗暴的手段，用炸药进行大面积的爆破清除。因此，凝结物的分解提取是沉船发掘中较为复杂的工作，在某种程度上可以说极具破坏性。

　　大面积、大体量的凝结物分布给整个沉船上部的发掘过程和遗物提取增加了很大的难度，也一定程度上影响了发掘工作的进度和文物的安全。为了在拆解过程中对船载文物的损害降到最低，在水下和室内的不同考古勘探与发掘阶段，根据不同的发掘环境，采取了相应的凝结物拆解提取方式。考古发掘现场对于大块凝结物的分解提取，基本上没有采用低温液氮法和化学试剂法，而是主要采取了几种机械提取方法，这些方法主要包括：高压水炮冲割法、钢丝锯割法、锄头撬割法和钢凿凿去分离提取法等。

　　在多次的水下考古调查尤其是沉船整体打捞过程中，针对凝结物的不同情况，采取了以下几种不同的机械方法拆解提取：

　　一是高压水炮冲割法。

　　沉船船头位置存在大面积的凝结物，而且

① 张威主编：《绥中三道岗元代沉船》（中国水下考古报告系列一），科学出版社，2001 年。

② 中国国家博物馆水下考古研究中心、海南省文物保护管理办公室：《西沙水下考古（1998~1999）》（中国水下考古报告系列二），科学出版社，2006 年。

③ 崔勇：《广东南澳 I 号明代沉船发掘收获》，《中国文物报》2011 年 3 月 25 日第 4 版；广东省文物考古研究所：《南澳 I 号明代沉船 2007 年调查与试掘》，《文物》2011 年第 5 期。

④ "东海平潭碗礁 1 号"沉船遗址水下考古队：《"东海平潭碗礁 1 号"沉船水下考古的发现与收获》，《福建文博》2006 年第 1 期。

都连成一片，正好覆盖在船体上。如果直接采取攻千斤穿吊索的方法，则攻泥器有可能损坏凝结物底下的船体和文物；若直接吊起来，凝结物本身的强度则有可能不够。根据实际情况，我们先寻找到一大片凝结物最薄、强度最小的地方，然后用高压水炮对这个薄弱的地方水平方向进行冲击，把它分割开来。

二是钢丝锯割法。

沉船船体的右侧存在大量的厚度深、体积大、硬度高的凝结物，高压水炮根本无法将其冲割开来，由于这些凝结物下不存在文物，所以我们可以采用攻千斤，然后再穿引钢丝绳吊取。由于一些凝结物的形状不规则，仅采用钢丝绳无法将其吊起，所以我们利用工作母船上的卷扬机绞拉钢丝绳，将大块的凝结物锯断，从而达到分解的目的。

三是锄头撬割法。

在船体周围还存在大量的形状不规则、厚度大、埋泥较深的凝结物，采用高压水炮以及攻千斤的方法都不适用。根据这种情况，我们现场施工中采取了锄头撬割法。首先寻找到这一片凝结物中有坎坷、有内凹的部位作为锄头的受力点，再利用甲板上的卷扬机进行绞拉，将其分割开来。

根据 2007 年 2 月的探摸情况，在"南海Ⅰ号"古沉船的表面及周围存在大量的凝结物，尤其是在沉船的左舷旁中前方、右舷旁前方和船尾部三个区域集中分布，且凝结物的硬度较大，阻碍打捞沉井的沉放安装。为了沉井的顺利沉放，需要对沉井下沉区域及沉井区域内高出泥面的凝结物进行清理和清除，且务必要清除这三个地方的凝结物。然而，凝结物里包含有瓷器、铜器、铁器和钱币等多种遗物，且硬度很大并连成一片，要将其逐一捞起，可以说工作量和难度相当大。

2007 年 4 月，利用"南天柱"打捞船开展了水下沉船凝结物的现场清理清除工作。针对水下凝结物分布不均、厚度不一、硬度不同等特点，分别采取了不同的清理方法，如对于大块凝结物，采取先分解再处理的措施。这次水下清除的凝结物主要分布于左右舷旁，并将多达 25 吨的凝结物全部清理提取出水。

2013 年 11 月室内正式发掘以来，随着沉船上表面沉积泥沙的清理，大面积的凝结物逐步显露，针对不同分布部位和沉积及散落状况，在考古现场也预备了较多提取方案。一种是把凝结物作为船板的一部分黏结物不提取，另一种是分离部分船板，与凝结物一同提取，还有的是分解凿取凝结物，最大限度保存木质船体和其他船货遗物。在后来的考古现场保护发掘实践中，对严重黏结不易单独提取的大量凝结物，主要采取了钢凿凿取法，即使用人工手持凿具凿撬分离提取的方式。

发掘过程中，整个沉船遗存的遗迹遗物结构比较明晰，对于凝结物的处理不能简单地使用电钻机械类的工具，只能用简易的手持工具，如大小不同的凿子和锤子，靠人力一点点去拆解。虽然费时费力，但破坏性小。拆解时格外注意并分辨凝结物黏结情况及其结构走向，按叠压关系逐层下挖提取，当然存在一定的破碎和取舍，否则达不到保护船体和其他遗物的理想效果。

除了包含物成分复杂的凝结物体外，在贯穿首尾中线的船体中前部，存在大面积的铁质凝结物，与船体的隔舱板、左右舷板、隔舱垫板和瓷器等船货严重粘黏。对于这类凝结物，无法采用其他科学手段成功有效分离提取，同时为了保护瓷器等船货和木质船体，经过反复实践和比较，发掘清理中采取了自然分离与人工凿孔分离相结合的提取方式。即先行清理完成自然堆积，暴露出分裂结构，并观察分析成摞铁锅和成捆铁钉的凝结状态，尽可能分摞分捆凿取，对凝结紧密、不易分解的凝结物从边缘部分凿孔分离并提取保护，力争保持原有的捆包工艺和方式，实现沉船文物完整保护提取的最大化。

二　提取原则与分类处理

2013 年 11 月以来的保护发掘中，对沉船内外发现的凝结物，依据体量大小和与船体船货的黏结程度等因素，采取了分类提取的原则，基本上分为两大类编号提取保护处理。一类是对较大型或可独立移位的凝结物，整个沉箱内发掘区域统一单独编号，编号方式为2014NHIN：001（2014为年份，NHI为"南海Ⅰ号"沉船，N为凝结物，001为序号。以下同），截至目前共编号提取大小不等的80余块（图3-10）。对于这类大型凝结物的提取，除了部分整体吊取外，另有很大一部分以铁锅、铁钉为主体的凝结物，严重凝结，难以整体提取保护，绝大多数分步凿取。凿取分离的铁锅尤其是铁钉大部分较完整，均作为该凝结物的构成部分而采取按出水器物标本拣选并编号提取。

除了上述统一编号提取的大中型凝结物外，另有大量体量较小易分离且基本上可移动并可单独提取的零散凝结物块，包括铁锅、铁条及其他物质的混杂凝结物遗存，约有110余块，分散在各个探方内，未统一编号，主要以探方为单位分别编入各探方出土遗物内，作为探方内遗存的一部分编号提取，如2014NHIT0101N：01（2014为年份，NHI为"南海Ⅰ号"沉船，T0101为探方号，N为凝结物，01为序号。以下同），为探方T0101内第一块凝结物，层位清楚的还归入相应地层单位，如编号2014NHIT0102②N：01，为T0102第②层出土的第一块凝结物。

对于全沉箱统一编号提取的凝结物，后续专节举例描述，这里仅简要介绍各探方提取的小型零散凝结物的基本面貌。

沉箱内最南边凝结物相对较少，主要属于可移动的小型零散凝结物（包括铁锅和钙质等包含物），主要可分为两类。一类是散落在船体外长期锈蚀的铁锅类制品。T0101③层南段共有33块小型凝结物（编号2014NHIT0101N：01~33），其中南端自东向西的N：01~10均为铁锅凝结物，长0.45~0.7、宽0.3~0.5、高0.1~0.25米，铁锅口径0.4~0.45米。从现场大量凝结物外观形状

和断口剖面分析，这些铁锅或圆状铁器制品凝结物，外部附着大量的海洋贝类生物，底部朝上的类似一个圆状小台体，高0.25~0.3、底径0.35~0.4米，而口部朝上的类似一个"石臼"，口径0.35~0.4、深0.25~0.3、口沿厚0.06~0.07米。标本2014NHIT0101N：08，铁锅凝结物，口部朝上放置，应属被移动原位的散落铁锅，口径0.4、高0.15米（图3-11）。标本2014NHIT0101N：09，属于破损的铁锅和铁钉小型凝结物。另一类是经长期锈蚀而形成的船载铁钉类制品。从现场凝结物外观和断口剖面分析，多为铁钉凝结物，经长期海水侵蚀，外部附着大量的海洋贝类生物，外表类似一块长条形的石块，多呈方形或方圆形，长1.98、宽0.48~0.5、厚0.25~0.37米，20根为一捆，用竹条捆扎，整齐摆放，经船体晃动，略有变形，铁钉长0.25~0.3、直径0.015~0.018米（图3-12）。

T0102探方东南角提取7块小型凝结物（编号2014NHIT0102②N：01~07）。标本2014NHIT0102②N：02，铁锅凝结物，口部朝下散置，口径0.35、高0.15米（图3-13）。T0201探方凝结物集中分布在西南角和西北部，主要是在船体内左侧前部，西南角多铁钉，西北部主要为铁锅，提取小型凝结物2块（2014NHIT0201①N：01）。T0202探方内提取7块小型凝结物，其中第②层提取2块（2014NHIT0202②N：01、02），第③层提取5块（2014NHIT0202③N：01~05），如标本2014NHIT0202③N：02，为一摞较大型圆形铁锅凝结物，倒扣放置于T0202③东隔梁中段，铁锅之下叠压保存完整的成摞瓷器，该凝结物周边散落较多凝结物小块，西侧和南侧散见较大块凝结物（图3-14）。

T0302探方东南部的大型凝结物，大体呈弧状扇形分布，南北长3.16、东西宽约2.26米，并延伸到T0302东隔梁内，南部与T0202东部及其北隔梁内的凝结物连成一体，叠压于①层粗黄沙下，平面较为平整，从散落的铁钉（即船铲钉）及T0202内成捆的铁器看，凝结物可

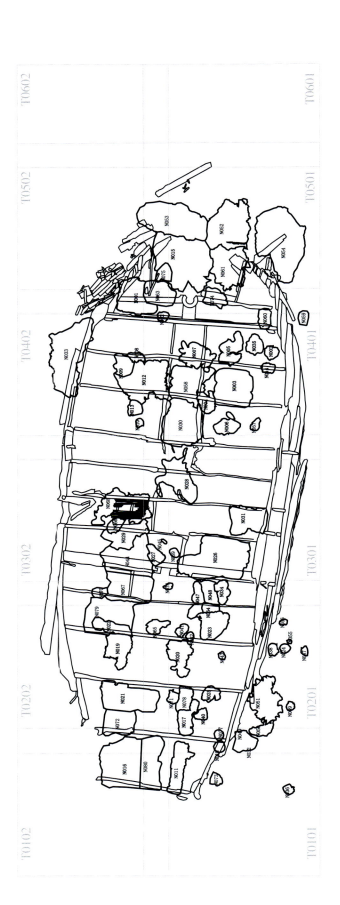

图3-10 统一编号的凝结物平面分布图

图 3-11　铁锅凝结物（2014NHIT0101N：08）

图 3-12　小型凝结物（2014NHIT0101N：09）

图 3-13　铁锅凝结物（2014NHIT0102②N：02）

图 3-14　铁锅凝结物（2014NHIT0202③N：02）

能是成捆的铁条。因其上部分的凝结物在打捞时被切割，切割去除的部分在 T0301 的西北部，宽约 1.1、厚约 0.3 米，其切割面上可见长约 0.4 米的铁钉成行排列，切割的另一块体积相对较小的凝结物散落于东侧，长约 0.93、宽约 0.52、厚约 0.3 米。第②层多为可移动的小型凝结物堆砌，往往可见现代渔网和拖杆缠绕，提取了以铁钉为主的可移动小块凝结物 27 块（编号 2014NHIT0302②N：01~27），铁钉长度约 0.2~0.4 米。标本 2014NHIT0302②N：10，为 1 捆铁钉凝结物，锈蚀严重（图 3-15）。标本 2014NHIT0302②N：15，小型凝结物，主体为

铁钉，长 0.4 米（图 3-16）。

T0501 探方内提取零散凝结物 13 块，其中凝结物碎块 11 块，编号 2014NHIT0501④N：01~04，其中 T0501④N：01 包含 8 小块。另外，舵孔外左后部堆积混乱，包含瓷器、木块、漆片、铁锅等，其中，上部因铁釜及铁钉散乱而凝结，故整体提取 2 块（2015NHIT0501④c：19），附着有酱黑釉盏、酱釉小口罐等。

T0502 探方内提取零散凝结物 21 块（编号 2014NHIT0502④N：01~05），大多为钙质类凝结物体，包含物成分较为单一。其中 T0502④N：02 包含凝结物碎块 6 块，T0502④N：03

图 3-15 铁钉凝结物（2014NHIT0302②N：10）

图 3-16 小型凝结物（2014NHIT0302②N：15）

包含凝结物碎块 8 块，T0502④N：04 包含凝结物碎块 5 块，其余各为 1 块。

三 提取体量与现场保护

从多次水下调查与整体打捞过程分析，木船本体甲板上部及周缘大部分覆盖厚薄不均的凝结物，凝结物之上沉积 1 米余厚的黏质海泥，仅部分堆积较高的凝结物露出于海泥沙土之外。除部分凝结物此前已被提取出水或扰动，本次发掘第 1 层以下出露少部分，大面积以铁质凝结物为主的船货主要从第 2 层露出，有的大型凝结物伸入船舱内，现暴露面积 61.88 平方米（图 3-17、3-18），已提取凝结物 60 余吨，凝结物的具体称重情况是，至 2016 年 3 月 11 日，已称重 62512.18 千克（见表 3-1）。另有部分暂未称重，如铁釜、铁钉及铁器凝结物吊出"水晶宫"之外，倒入脱盐池，较为混乱，若包括整体打捞时提取出水的 129 块计重 25 吨余重，已提取该沉船产生凝结物计重大致共计 90 余吨。

除了"南海 1 号"沉船发现海域暂沉放原址保护的凝结物外，对其余大量提取出水者进行了分类保护处理，分别采取了水池浸泡脱盐脱硫存放和原样库房搁置的保存措施，这些数量和体量巨大的凝结物需要今后及时开展科学保护处理和护养。

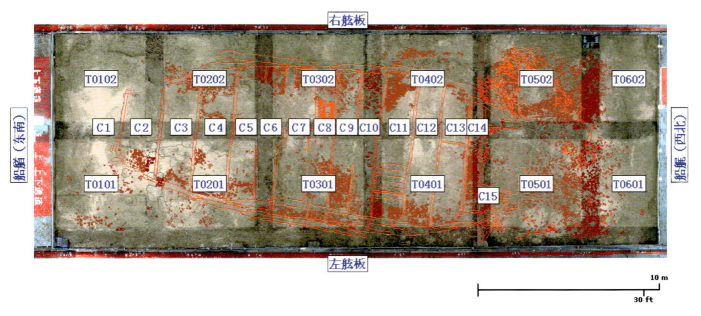

图 3-17　沉船发掘过程中的船体、凝结物与遗物叠加图

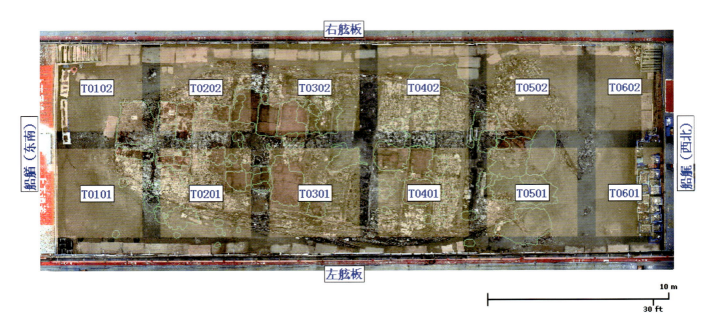

图 3-18　截至 2015 年 12 月 20 日发掘清理暴露凝结物分布图

表3-1   截至2016年3月11日提取凝结物的称重情况

序号	称量日期	重量（千克）	备注
1	2014.12.24		共65块，未称重，存放于馆外大池箱，其中NT箱内22块，NC箱内18块，NX箱内15块，NCT箱内10块
2	2015.4.9	532.4	共33块，其中17块未称重，均存放于馆外大池箱
3	2015.4.15	3984.7	凝结物N：053共2块，仍在沉箱平台
4	2015.4.18	997.7	16桶，1桶在馆外大池，15桶在设备通道
5	2015.4.20、21	1285.8	残渣，31箱，均移放设备通道
6	2015.4.20	104.5	凝结物，放入馆外大池箱
7	2015.4.21	343.4	铁钉2捆，单个铁钉499枚，存放现场保护修复实验室
8	2015.4.22	631.2	18箱，移放设备通道
9	2015.4.22	355.2	铁锅凝结物，7块，存放于设备房旁边房间、廊底
10	2015.4.28	4391.9	N：054的9块，2块留平台，其他放廊底。N：026的2块，放沉箱平台
11	2015.5.7	1802.77	49个中箱，移放廊底
12	2015.5.8	6529.32	共62块，部分已搬运到廊底
13	2015.5.15	916.2	共42小箱，放廊底，其中铁钉4捆，单个铁钉174枚
14	2015.5.20~22	670.06	31小箱，移放廊底
15	2015.5.20~22	8170	65块，放入馆外脱盐池，有两块大的放廊底
16	2015.10.22~27	4906.4	共215箱，其中130放到设备走廊，其他放外面馆外四个大池箱
17	2015.11.19	2611.85	47块，还有一块在平台，未称，4块大块已称，仍在平台，其他在馆内2号池脱盐
18	2015.12.01	1904.74	71块，在馆内2号脱盐池脱盐
19	2015.12.04	2215.4	67块，共1014枚铁钉，放入2号脱盐池脱盐
20	2015.12.04	931.64	残渣36箱，约10%为铁质物，倒大铁箱外运
21	215.12.23	940.18	共39个编号，一个铁锅残件，其他为铁钉，其中9块在小1号脱盐池，其他放2号脱盐池（大池）；除28块为凝结物，其他是铁钉单体，计749枚
22	2015.12.24	1566.68	铁钉凝结物56块，重1342.14千克；6箱碎块，重224.54千克
23	2015.12.25、26	1867.98	铁钉凝结物11个，铁钉1024枚（含残损），铁锅1个，共计重631.14千克，放平台；碎块22筐，重831.72千克，放平台待航运；碎渣20箱，重405.12千克，倒大铁箱

续表 3-1

序号	称量日期	重量（千克）	备注
24	2015.12.29、30	7776.58	铁钉凝结物 107 块，铁钉 26 个样品，1915 枚（含残损），铁锅 3 个样品，共计重 7282.84 千克，放平台；碎块 5 筐，重 183.02 千克，放平台待航运；碎渣 19 箱，重 310.72 千克，倒大铁箱
25	2016.1.4	483.72	21 块铁钉凝结物
26	2016.1.6、7	2021.08	凝结物重 1298.06 千克，其中铁钉四个出土单位，计 494 枚，外运廊底；四个铁锅在廊底，13 个铁钉凝结物放廊底；铁碎块 11 筐，重 108.72 千克，存放廊底；残渣 18 个样品，重 314.3 千克，倒大铁箱
27	2016.1.22、23	4570.78	凝结物重 4408.08 千克，放沉箱平台；碎碴 9 箱，重 162.7 千克，倒大铁箱；铁钉及铁钉凝结物 102 块，单体铁钉 2275 枚
合计		62512.18	

第三节　大型凝结物介绍

沉船内外分布的大型凝结物是较为特殊的沉船遗存，以下从已统一编号并提取的大中型和少数小型凝结物中选择部分举例介绍，主要介绍大型凝结物的采集数据及特征，且仅为提取前对其现存表面的简单信息记录，由于现场保护等因素，对这些凝结物提取后没有完全完成清洗、照相、称重、描述等程序，需要今后的进一步丰富和修订（见表3-2）。

2014NHIN：001，位于T0402东北角、T0502东南角，属于移动原位的大型铁钉凝结物，略呈方形，表面凹凸不平，附着大量贝壳，主体由铁钉黏结瓷片、海贝等凝结而成，长1.5、宽1.3、高0.6米。重量约1500千克（图3-19、3-20）。

2014NHIN：002，位于T0401东北部，木船左舷内侧后部，小型铁锅凝结物，呈圆柱形，圜底，表面附着贝壳，由铁锅、瓷碗、海贝等凝

图 3-19　2014NHIN：001 表面

图 3-20　2014NHIN：001 侧面

图 3-21　2014NHIN：002

图 3-22　2014NHIN：003 铁锅凝结物上部

结而成，整体凝结物上口直径 0.45、高 0.45 米。重量 20.3 千克（图 3-21）。

2014NHIN：003，位于 T0401 中部第 12 船舱左段（C12a）船舱，大型铁锅凝结物，成摞分排倒扣码放于伸入舱内约 0.4 米深度的纵向垫板之上，可见 16 摞，呈圆形，清理过程之发现黑灰色黏泥层下的凝结物表面及周围缠绕较多现代渔网，散落大量铅质网坠和多块石网坠等，凝结物表面附着瓷片、贝壳和少量动物骨骼，瓷器可辨器形主要为青瓷碗、青白瓷碗等，每摞铁锅相互之间黏结成一体，具体铁锅数量暂未统计。整体凝结物长 1.8、宽 1.5、高 0.7 米（图 3-22、3-23）。另采集数箱该凝结物的破碎残块。由于铁锅凝结物自身的锈蚀凝结，下部也与两侧隔舱板和底部垫板严重黏结，无法整体完整提取，但应考虑统计铁锅大小形制、数量以及观察捆扎工艺和用材、码放特征等，提取中采取了拆解分块，有所破碎和取舍。从提取下部的部分铁锅看（图 3-24、3-25），成摞倒扣，大者口径 0.55 米，腹上部斜折沿，有旋纹痕迹，圜底，模制铸造。铁锅凝结物之西侧凝结物面积较大，仍为铁锅，可见南北 3 排、东西 4 摞的成排倒扣码放，排列规整。

2014NHIN：004，位于 T0401 中南部，N：003 右侧，为 1 摞大型铁锅凝结物，表面附着贝壳，成摞口部朝上倾斜码放，局部圆形，口径 0.5 米，整体凝结物面宽 0.6、高 0.85 米（图 3-26）。属

图 3-23　2014NHIN：003（自右至左）

图 3-24　2014NHIN：003 与 N：048

图 3-25　2014NHIN：003 中层铁锅

图 3-26　2014NHIN：004

图 3-27　2014NHⅠN：005

图 3-28　2014NHⅠN：006

图 3-29　2014NHⅠN：007

图 3-30　2014NHⅠN：010

于移动原位的铁锅凝结物。另采集一箱该凝结物的破碎残块。

2014NHⅠN：005，位于 T0401 东北部，N：003 后侧，木船左舷内侧后部，大型凝结物，呈不规则状，表面凹凸不平，由铁锅、青白瓷碗、青白瓷罐、海贝等凝结而成，整体凝结物长 1.3、面宽 0.8、厚 0.4 米（图 3-27）。

2014NHⅠN：006，位于 T0401 南部中间，第 11 隔舱板北侧，不规则状，表面凹凸不平，凝结铁钉、铁锅、瓷片、海生物残骸等。长 1.3、面宽 0.8、高 0.7 米（图 3-28）。该凝结物周围没有黏结其他遗物，起吊后下部为混杂的泥沙土坑，也没有黏结现象，推测之前受过扰动和搬移，不是原始

凝结物形成的固有位置。

2014NHⅠN：007，位于 T0401 中部偏西，中型凝结物，较规整，表面附着贝壳，由铁锅、瓷片、海贝及其他铁器残块凝结而成，可分辨 2 摞铁锅，整体凝结物长 0.95、宽 0.8、高 0.5 米（图 3-29）。

2014NHⅠN：010，位于 T0402 东南部，小型凝结物，呈不规则状，表面附着贝壳，由铁锅、瓷片、海贝及其他铁器残块凝结而成，瓷器中可见青白瓷盒等，整体凝结物长 0.55、宽 0.4、高 0.35 米（图 3-30）。

2014NHⅠN：011，位于 T0101 西北侧，分布于第 1 和第 2 隔舱板之间，分层横向码放的铁钉

图 3-31 　2014NHIN：011

图 3-32 　2014NHIN：013

图 3-33 　2014NHIN：014 清洗前

图 3-34 　2014NHIN：014 清洗后

凝结物，长 2、宽 1 米，用藤条和竹篾捆绑铁钉的痕迹明显（图 3-31）。凿取分离提取，上层按提取顺序编号为 N：011-1、2、3、4、5、6，分别重 41、75.1、270、47、15.9、330 千克。

2014NHIN：013，位于 T0402 东南部，中型凝结物，呈不规则状，表面附着贝壳，由铁锅、瓷片、海贝及其他铁器残块凝结而成，可分辨 6 摞码放较整齐的铁锅，黏结瓷器有青白大瓷碗、青瓷碗等，整体凝结物长 1、宽 0.8、高 0.5 米（图 3-32）。

2014NHIN：014，位于 T0401 东北部，木船左舷内侧后部，小型凝结物，呈不规则状，表面附着贝壳，由铁钉、瓷片、海贝及其他铁器残块凝结而成，整体凝结物长 0.5、面宽 0.35、高 0.35米（图 3-33、3-34）。

2014NHIN：015，位于 T0501 ④ b 与 T0502 ④ b 之间，即尾舵外侧后部，成片状分布的大型凝结物，右部叠压第 15 船舱右小舱尾部。凝结物呈不规则三角形状，左右长 2.6、首尾宽 2.3、高（厚）0.26~0.96 米（图 3-35、3-36）。凝结物的主要包含物为铁钉，上部黏结有少量铁锅、铁刀、铜制手柄残件、船木等，附着较多海贝壳，夹杂青瓷碗、青白瓷菊瓣纹碟和青白瓷瓶等瓷器，下部黏结大量青瓷碗和瓷片、细小海贝、少量漆木器和船木残片等。该凝结物与船尾的右舷底板区域粘黏严重，凝结物之中及右下部粘黏包裹的宽厚木板较多，部分应为木船尾部建筑的组成部分。其中可见两块为长条形木板，交叉黏结于铁钉、铁釜、瓷器凝结物中。凝结物之下为舵孔外侧的瓷片、铜钱、漆木器残片、鹅卵石等散乱堆积，较薄，厚0.1~0.2米，之下为青灰色黏质海泥层，舵孔外侧应属木船外，沉船下沉过程中挤胀海泥上升并逐渐淤埋木船下部。对凝结物采取自然分离与人工凿孔分离提取，初步清理完成自然堆积，暴露分裂结构，边缘部分凿孔分离。该凝结物开裂分成两大块，大块重3780千克，部分小块重500千克，加上已凿取部分和开裂未提取部分，总重量约7787千克。铁钉为尖部对交成捆包装，中部及两端用藤条或竹篾捆扎，铁钉外部可见厚约

0.01米的铁锈、海生物分泌物等钙化凝结的包裹层。对该大型凝结物凿取分离的铁钉按出水器物标本拣选，已凿取分离铁钉525枚，大多呈板钉状，长0.2~0.25米不等。该凝结物表面凝结有木柄铁心状成捆遗物，应为铁刀或铁剑的把手或手柄，可见11件，因与海贝等凝结而提取不完整，铁刀或铁剑部残断。木柄中嵌入铁片，木柄长0.12~0.13米，木柄断面呈椭圆形，长径0.02~0.025米，短径0.02米，铁片厚0.3~0.5厘米。在凝结物中还凿取暴露一段长约0.3、粗约0.02米的多股绳索，从多股扭编观察，应为柔韧性细木条或藤条加工后编织而成。

2014NHIN：016，位于T0102内北侧及

图3-35　2014NHIN：015

图3-36　2014NHIN：015铁钉凝结物的形成

图3-37　2014NHIN：016铁锅凝结物

图3-38　2014NHIN：017

图 3-39 2014NHIN：018 铁锅凝结物

图 3-40 2014NHIN：018 侧面

图 3-41 2014NHIN：018 俯视

T0202 南部，之下叠压大块凝结物 N：080。长 0.9、宽 0.5、高 0.2 米（图 3-37）。包含铁锅、铁钉，由 4 摞铁锅及 2 捆铁钉组成，分别分离提取。其中铁锅均口朝下分摞倒扣码放，编号 N：016-1、2、3、4，分别重 17.6、57.75、28.85、33.4 千克，4 摞铁锅的大小尺寸一致，单口锅直径约 0.34 米，高约 0.16 米。N：016-1 号铁锅顶部崩裂，在成摞铁锅夹层中暴露呈环状的竹篾。N：016-2 保存较完整，整组高约 0.26 米，其他均严重残损。N：016-3 为 4 口一组、5 组一摞的铁锅，残高 0.10~0.24 米，由竹篾垫圈和交叉捆扎。N：016-4 为 3 组一摞、每组 4 口铁锅组成，从口沿残留横截面看，一组铁锅的厚度约 0.05~0.06 米，每组铁锅之间用三股竹篾垫隔和捆扎，且铁锅下部的凝结面上暴露成片的竹篾编织物，可分成三部分，应属三摞铁锅口沿处凝结残留的竹篾痕迹，抑或使用了大小不同规格的竹筐装载铁锅。铁条编号 N：016-5、6，分别重 24.55、24.65 千克。

2014NHIN：017，位于 T0101 内北部及 T0201 东南角，N：078 凝结物南侧，与 N：016 均为隔舱板之上，表面凝结物相互离散，靠近 T0202 东隔梁者较为规整，南北长约 1.8、宽 0.4~0.8 米（图 3-38）。黏结在一起的这些凝结物主要为成捆码放的铁条，下部明显可见纵横交错码放，其中 N：017 与 N：078 两块铁钉凝结物在下部紧密粘黏于一体，较规整，与隔舱板平齐，长约 3.25 米。N：017 已分解成 8 部分提取，分别编为 N：017-1、2、3、4、5、6、7、8，每捆重量分别为 74.52、22.85、240、10.05、350、22、160、220 千克。

2014NHIN：018，位于 T0101 内北隔梁西段，与下方瓷器有部分粘连在一起，下为左舷板。属于一摞被移动原位置的铁锅凝结物，锅口朝上放置。铁锅口径约 0.45、高 0.35 米。重 57.7 千克（图 3-39~3-41）。

2014NHIN：019，位于 T0202 内东侧中部，为成捆铁钉分层成排整齐码放的凝结物，状似方形，用藤条和竹篾捆绑，下部为成摞码放的瓷器。长 1.5、宽 1.2、高 0.5 米（图 3-42~3-44）。上层拆解提取 10 捆，编号 N：019-1 至 10，分别重 19、54、78.6、99.4、83.3、79.45、37.4、21.6、200、19.2 千克。拆解从凝结物上表面开始，用锤子、錾子还有电锤将表面的铁条一根根剥离出来。表面凝结很坚实，但内部由于隔氧，凝结得较松散，较易拆解。拆解过程中出现较多包装痕迹，发现有不少竹篾、竹条、竹席等竹质编织物，其中不少竹篾成环状，有明显的捆扎痕迹，直径约 0.06 米，应为捆扎铁条所用。铁条用竹篾捆扎，一捆一捆堆放在一起，成纵横交错状。拆解西北角时，揭露出一块保存较为完整的铁条包装痕迹，为圆柱形，其中竹篾或竹条为骨架，纵横交错，在侧面还发现有竹席状编织物和竹条粘连在一起，应是先用竹席包裹好铁条，外侧再用竹篾包扎。

2014NHIN：020，位于 T0201 内西部中段，N：023 凝结物南侧，属于第 3 船舱左段，长 0.55、宽 0.45、厚 0.25 米（图 3-45、3-46）。主体为铁锅、铁钉凝结物，并粘黏部分青釉瓷碗和木板，铁器锈蚀严重。该凝结物分解成三部分作了提取保存。其中右侧不规则凝结物之下叠压成捆铁条，平行码放，左侧为多层纵横交错呈规则码放

图 3-42   2014NHIN：019

图 3-43   2014NHIN：019 凝结物拆解

图 3-44   2014NHIN：019 铁钉

图 3-45   2014NHIN：020 上层铁锅凝结物

的成捆铁钉，左侧成摞铁锅大致为 3 组一摞，每组 3 口，部分可见竹篾、藤条捆绑痕迹，倒扣于铺垫于隔舱板之间的圆木和垫板之上，木垫板之下码放成摞青瓷碗，铁钉凝结物与北侧隔舱板之间有一条长木板隔开。对左侧的多捆铁钉凿去分离提取，编号分别为 N：020-3~15，重量分别为 37.7、41.9、40.7、41.81、200、62.6、18.5、40.85、34.45、20.10、380、400 千克。

2014NHIN：021，位于 T0202 内东南部，北接隔舱板，成捆铁钉凝结物纵横交错码放，表面附着较多铅坠、贝壳等，周围散落部分铁锅残片。长 2.5、宽 1.5、高 0.4 米（图 3-47）。北侧凝结块编号为 N：021-1、2、3，分别重 280、

43.55、46.65 千克，N：021-1 之下铁质物锈蚀严重，成块状粘接并叠压在成摞瓷器上。N：021 东南部为 2 大块散落凝结物，编号为 N：021-4、5，分别重 44.75、240 千克，表面散落锈结铁块，其下均为成摞瓷器堆积。

2014NHIN：022，位于 T0202 北部，为三摞铁锅凝结物，倒扣码放。长 1.3、宽 0.5、高 0.4 米（图 3-48、3-49）。提取时分别编号为 N：022-1、2、3，分别重 340、330、220 千克，底部均黏结部分铁条，铁条有竹篾捆绑痕迹。该铁锅凝结物下部为 N：079 铁条凝结物，北侧与隔舱板和摆放整齐的粉盒等瓷器黏结，表明附着较多贝壳等凝结物，而右侧叠压并粘连大量成摞摆放的

图 3-46　2014NHIN：020 下层铁钉、青瓷碗凝结物

图 3-47　2014NHIN：021

图 3-48　2014NHIN：022

图 3-49　2014NHIN：022 与隔舱板

图 3-50 2015NHIN：023 铁钉局部

图 3-51 2015NHIN：023 铁锅与铁钉

图 3-52 2015NHIN：023-31 铁刀把凝结物

图 3-53 2015NHIN：023-72 铁钉凝结物

瓷器。

2014NHIN：023，位于 T0201 北部，处于第 5 船舱左部（C5a），凝结物露出海床表面，上部多为铁锅夹杂瓷器形成，其表面满挂渔网，凝结物整体南北宽约 1.3、东西长约 1.4、厚约 0.4 米（图 3-50~3-53）。表面附着 2 组铁锅残件，分别重 38.15、38.25 千克，凝结部分青瓷碗、青白瓷印花瓜棱纹粉盒、青白瓷印花粉盒、青白瓷大盘、青白瓷粉盒、青白瓷四系小罐及残片和少量铜钱等，最左侧为成组青瓷刻划花花纹碗、最右侧为成组的小口象腿瓶及成组的青白瓷印花花卉纹喇叭口瓶及同类小型号及青白瓷印花花卉纹小粉盒等瓷器和凝结物粘贴在一起。下部为多捆

铁钉分层分列错缝码放于舱内纵向垫板之上，可见 9 层，并在右侧分布一排 3 摞铁锅，其中 1 摞重约 0.36 千克，铁钉底部横铺木板为 3 宽 1 窄的 4 块构成。共清理提取 89 捆铁钉，6 摞铁锅，其中分离铁钉 971 根。在铁钉和铁锅外表发现有单股或双股竹篾、草绳捆扎和草席铺垫痕迹。在成捆铁钉中夹杂成捆木柄铁刀，为刃部对交、柄部朝两端捆扎，因凿取而刃部断裂，仅存刀柄和木柄刀把。成捆铁钉与青瓷碗周围凝结物里，还发现一些如绿豆大小的椎体状的白色晶体，在 N：030 的堆积中也同样发现有类似白色晶体。

2014NHIN：025，位于 T0201 内西南部，叠压于第 3 道隔舱板左段之上，为铁锅凝结物。一

图 3-54　2014NHIN：025

图 3-55　2014NHIN：026 铁钉凝结物

图 3-56　2014NHIN：026 局部铁钉码放状态

图 3-57　2015NHIN：026 铁钉成捆码放

摞铁锅倒扣放置，错位散落，部分铁锅底部残损。宽 0.5、高 0.6 米（图 3-54）。

2014NHIN：026，位于 T0301 探方内中南部第 7 船舱左段（C7a），以铁钉为主的大型凝结物，表面散落部分铁锅和瓷器等，凝结物间包含瓷片、朱砂、小珠（有可能是锡珠）、竹篾、晶体、果核及水银等。长 3、宽 2、高 1.2 米（图 3-55~3-58）。用单股、双股或三股竹篾和藤条交错捆扎的成捆铁钉成排成层纵横交错码放于舱内上部垫板之上，可见 6 层，成捆铁钉之间可见明显的草席与竹篾的叠压关系，用竹篾包扎成捆，用草席垫铺，铁锈严重。共清理提取 43 捆铁钉，其中分离铁钉 635 根。部分称重 850 千克。

2014NHIN：027，位于 T0302②层东隔梁南段，N：044 东侧，散落的成捆铁钉凝结物，严重锈蚀，可见尖部对交捆扎的痕迹。长 0.7、厚 0.3 米（图 3-59）。

2014NHIN：028，位于 T0301 探方内西北部，主体为铁钉凝结物，竹篾捆扎结构明显（图 3-60）。该凝结物主体属于 2007 年打捞吊去过程中落水的一大块，对第 9 道隔舱板和舱内青瓷器等损伤较大，原位置不明。吊起后形成一个深坑，长 1.9~2、宽 0.9~1、深 0.5~1 米不等。周围散落部分铁钉凝结物，黏结部分瓷片、木块、铜钱、料珠等，共凿去分离提取铁钉 499 根，总重 343.4 千克，另有一捆凝结在一起，铁钉数量不

图 3-58   2014NHⅠN：026 下层铁钉

图 3-59   2014NHⅠN：027

图 3-60   2014NHⅠN：028

图 3-61   2014NHⅠN：029

可辨。锥子型铁钉长度约 0.2~0.26 米，根部直径约 0.09~0.095 米，重约 0.20~0.35 千克，板型铁钉长约 0.45、直径约 0.04 米，重约 8.9 千克。

2014NHⅠN：029，位于 T0302 ②层东隔梁西侧，与 N：027、N：044 成大片分布的以铁钉为主体的大块凝结物，属于 N：044 上层散落的可移动铁钉凝结物。长 0.7、宽 0.4、高 0.3 米（图 3-61）。

2014NHⅠN：031，位于 T0301 探方内中部东段，处于第 8 船舱左段（C8a），以铁钉为主，凝结部分瓷片和海贝壳，8 捆铁钉凝结在一起，底部黏结木板，属于沉船内凝结物分布较高的区域之一。长 1.3、宽 1.2、高 0.6 米（图 3-62）。

共清理 8 捆铁钉，分别从右向左依次同层码放 6 捆，而右端上下各倾斜码放 1 捆，各捆重约 100 千克。

2014NHⅠN：032，位于 T0101 ③层北隔梁东段，属于移动原位而散落于木船体左舷板外侧的铁锅、铁钉凝结物，表面凝结较多海生物贝壳。长 0.8、宽 0.4、高 0.6 米（图 3-63）。

2014NHⅠN：033，位于探方 T0402 的西部，距西壁 1 米，凝结于第 12 与 13 船舱的右舷侧板和船壳板之上及船壳板内外侧。长 3、宽 2、高 1.2 米（图 3-64、3-65）。由于木质船体的右后部略有下沉，该凝结物的形成主要原因是船在沉没时部分船货散落出船外侧，加上后期拖网将部

图 3-62 2014NHIN：031

图 3-63 2014NHIN：032 凝结物

图 3-64 2014NHIN：033 在 T0401 至 T0402 第 2 层平面状况

图 3-65 2014NHIN：033 局部

分凝结物拖带凝结，包含大量铁锅、铁钉、瓷器、船木、竹篾捆扎的木炭、果核、漆器残片、海贝壳等成分极为复杂的混合物，凝结成向船外侧翻滚的大型坡状物。凝结物西侧表面附着大量碎瓷片、木块、小海贝壳，不规整型，北面较宽，南面较窄。该凝结物有少量部分与船体右舷板粘连，采取了局部破解拆除提取，分成两大块，包括 5 块较小的铁锅等凝结物，减少了对船体的伤害。第 12、13 船舱右舷外侧原为该凝结物下部堆积层，该层土质灰黑，包含有大量的较为完整器物及碎瓷片，有些器物受到上部凝结物间接挤压形成开裂、破碎，但基本能够复原，海生物残骸较少，主要瓷器器形有四系罐、双系罐、喇叭口瓶、

盒、小蝶等。

2014NHIN：034，位于 T0201 北隔梁，为 2 摞成捆包装而口部朝下倒扣的铁锅凝结物，成摞码放于铁锅凝结物 N：048 左部之上，表面凝结较多海生物残骸，保存较好。成摞高 0.3 米，铁锅口径 0.35 米（图 3-66）。

2014NHIN：035，位于 T0401 东北部，N：005 左侧，木船左舷内侧后部，中型凝结物，呈不规则状，表面附着贝壳，由铁钉、瓷片、海贝及其他铁器残块凝结而成，整体凝结物长 0.75、宽 0.6、高 0.4 米（图 3-67、3-68）。

2014NHIN：036，位于 T0101 ③层东部中段，属于移动原位而散落于木船体左舷板外侧的铁锅、

铁钉凝结物，其中一大摞铁锅凝结物可明显分辨，下亦为碎凝结物羼杂有瓷片的堆积，东缘有三件瓷器较完整，附近亦散落有铜钱，但器物均已粘接。长 0.4、宽 0.3、高 0.3 米。重 27.3 千克（图 3-69、3-70）。

2014NHIN：040，位于 T0201 内西南部，N：017 左侧，为一小捆铁钉凝结物，应属散落移动所致。底宽 0.4、高 0.3 米（图 3-71）。

2014NHIN：043，位于 T0201 内中部，为一摞铁锅凝结物，口部朝下倒扣放置，破损严重，应属散落移动所致。底径 0.4、高 0.5 米（图 3-72）。

2014NHIN：044，位于 T0302 内东南部，T0202 西北部，N：027 西南侧，处于第 7 船舱右段（C7c），主要为竹篾捆扎且分层纵横错缝码放的铁钉，伸入舱内 0.3 米深度，下层有明显的草席及竹篾打结包扎关系，铁钉先被草席包裹，再用竹篾包扎，成捆铁钉上下之间可能有草席隔离，且保存较好，清理发现成摞铁钉底部码放于舱内隔舱板之间的五块纵向木垫板之上。共清理提取 23 捆铁钉，其中分离铁钉 675 根。另外，在凝结物中清理铜钱 1 枚（有可能是铁钱）。长 2.5、宽 1.6、高 0.8 米（图 3-73、3-74）。

2014NHIN：045，位于 T0301 西南部，N：027 北侧，为一摞口部朝下倒扣放置的铁锅凝结物，表面凝结物大量海生物贝壳。底径 0.45、高 0.3

图 3-66　2014NHIN：034 铁锅凝结物

图 3-67　2014NHIN：035

图 3-68　2014NHIN：035 局部开裂

图 3-69　2014NHIN：036 凝结物边缘粘接文物情况

米（图3-75）。

2014NHIN：047，位于T0201内西北部，N：048铁锅凝结物右侧，为散落的铁钉凝结物，表面凝结物大量海生物贝壳。长0.6、宽0.55、厚0.45米（图3-76）。

2014NHIN：048，位于T0201内西北部隔梁，叠压于N：034铁锅凝结物之下，部分伸入第6船舱内，为5摞铁锅，四丁一顺成摞侧身码放，表面凝结大量海生物残骸，保存较好。长1.2、宽1、高0.35米，铁锅口径0.35米（图3-77）。

2014NHIN：049，位于T0101北部和T0201南部之间，处于木船体左舷前部外侧，为被移动原位的铁锅凝结物，表面凝结较多海生物贝壳

和少量瓷片等。宽0.35、高0.3米（图3-78）。

2014NHIN：052，位于T0501中部，处于舵孔外左后部，由铁钉、瓷片、海贝壳等混合黏结的大型凝结物，表面黏结较多瓷器和木质标本，自南向北倾斜。长2、宽1.8、高0.8米（图3-79）。

2014NHIN：053，位于T0501中部偏西和T0502东南部，处于舵孔外右侧，自南向北倾斜的大型凝结物，以铁钉为主，夹杂船木、绳索、铜钱、瓷器等。长2.7、宽1.2、深0.3米。凝结物在起吊过程中断裂成8块，断面可见大量铁器、瓷片，其中两块较大，分别重1600、2200千克，加上散落的零星碎块，凝结物总重4206.25千克（图3-80）。

图3-70　2014NHIN：036

图3-71　2014NHIN：040铁锅开裂

图3-72　2014NHIN：043

图3-73　2015NHIN：044

图 3-74 2015NHIN：044 铁钉捆扎物与包裹物

图 3-75 2014NHIN：045

图 3-76 2014NHIN：047

图 3-77 2014NHIN：048 与 N：034 铁锅凝结物

图 3-78 2014NHIN：049

图 3-79 2014NHIN：052

图 3-80　2014NHIN：053

图 3-81　2014NHIN：054

图 3-82　2014NHIN：057

图 3-83　2014NHIN：058 上层

2014NHIN：054，位于 T0501 东南部，N：052 东侧，处于第 15 船舱左小舱（C15a）后部外侧，由散落瓷器、铁钉、瓷片、海贝壳、木块等混合黏结的大型凝结物，以瓷片和铁钉为主。自南向北倾斜，为大面积成片状分布，厚薄不均。平面不规则，长 3.2、宽 1.9、厚 0.03~0.25 米，开裂为 9 块，其中 2 块较大。总重 3700 千克（图3-81）。

2014NHIN：057，位于 T0401 东南部，第 11 船舱左段，较松散，开裂分成三块，均不规整，由铁钉、铁锅、青瓷碗、青白瓷盘等瓷片、海贝、铜环、铜钱等凝结一体。凝结物整体长 1.2、宽 0.5、高 0.3 米（图 3-82）。

2014NHIN：058，位于 T0401 西部中段，处于第 12 船舱中部（C12b），上层凝结物以成摞倒扣码放的 10 摞铁锅为主，其中包含部分单把形铁锅，而下部近第 12 道隔舱板部分铺垫有成捆铁钉，表面黏结青白瓷罐、青瓷片、朱砂及少量鸡骨头等，左右两侧残留薄木隔板。长 0.65、宽 0.45、高 0.25 米（图 3-83~3-85）。

2014NHIN：059，位于 T0401 东北角，左舷板尾端外侧。凝结物不规则，黏结青白瓷罐、青瓷片和铁条等。长 0.65、宽 0.45、高 0.25 米（图3-86）。

2014NHIN：060，位于 T0401 北部偏东处，第 13 道隔舱左端左舷板内侧，之下为散堆泥沙土，疏松，应为扰动搬运而成，非原始凝结物形状和放置位置。凝结物分成 2 块，均呈不规则状，且较松散开裂，黏结青瓷碗、青白瓷片、铁块、海贝等。南侧 1 块长 0.5、宽 0.4、高 0.3 米；北侧 1 块较大，长 1.1、宽 0.6、高 0.4 米（图 3-87）。

2014NHIN：061，位于 T0501 东南部，船尾左后部，由铁钉、铁锅、青瓷碗及青白瓷和绿釉瓷片、海贝壳等混合凝结，原本与右侧 N：015 大块凝结物为一体，成片状分布，属于铁钉等船货散落后锈蚀与海生物分泌物钙化等形成的船尾大片凝结物之一，后自然开裂为 4 块，其中两块较大。该凝结物呈不规则长方形，边缘不规整，

长 1.65、宽 1.5、厚（高）0.25~0.5 米。共计总重 1920 千克（图 3-88）。

2014NHIN：067，位于 T0202 北部中间，处于第 6 船舱右段（C6c），左侧为主桅，为大型数层纵横交错码放的成捆铁钉凝结物，黏结部分瓷片和少量铜钱，铁钉凝结物缝隙间散见较多形如芝麻的珠子颗粒。长 2.1、宽 1.2、高 0.7 米（图 3-89）。该组铁钉共分 4 层码放，有的铁钉先用竹篾在中部捆扎一圈，再用草席包裹后用竹篾和草绳组合捆扎两端。共清理提取铁钉 51 捆，其中分离铁钉 547 根，并采集竹篾样品 1 袋。

2014NHIN：072，位于 T0202 内东南部，N：021 南侧，主体为铁钉凝结物，表面附着较多铅坠、贝壳等，长 1.5、宽 1.2、高 0.4 米（图

图 3-84　2014NHIN：058 中层

图 3-85　2014NHIN：058 下层

图 3-86　2014NHIN：059

图 3-87　2014NHIN：060

图 3-88　2014NHIN：061

图 3-89　2014NHIN：067 下层铁钉

图 3-90　2014NHIN：072 铁钉凝结物（C03c）

图 3-91　2014NHIN：074

3-90）。东南角一块较大，编号 N：072-1，重 46.65 千克。

2014NHIN：074，位于 T0501 西南角，舵孔外左侧，主体为铁钉凝结物，呈东南—西北分布，长 1.7、宽 0.55 米（图 3-91）。可辨铁钉 4 捆，另有 2 摞铁锅，表面凝结有大量贝壳，下部有大量各类残损瓷器。成捆铁钉长分别为 0.4、0.46、0.48、0.54 米，宽 0.16、0.18、0.17、0.17 米，铁锅口径 0.3、高 0.1 米。

表3-2 沉船保护发掘统一编号提取凝结物统计表

编号	探方及坐标位置	尺寸（米）	重量（千克）	包含物	保存状况	备注
2014NHIN 001	位于 T0402 东北角，T0502 东南角	长1.5、宽1.3、高0.6米	1500	略呈方形，表面凹凸不平，附着大量贝壳，主体由铁钉黏结瓷片、海贝等凝结而成	少部分开裂	属于移动原位的大型铁钉凝结物
2014NHIN 002	T0401 东北部，木船左舷内侧后部	整体凝结物上口直径0.45、高0.45米	20.3	小型铁锅凝结物，呈圆柱形，圆底，表面附着贝壳，由铁锅、瓷碗、海贝等凝结而成	完整	
2014NHIN 003	T0401 中部第12船舱左段（C12a）船舱	整体凝结物长1.8、宽1.5、高0.7米	560.3	大型铁锅凝结物，成摞分排扣码放于伸入舱内约0.4米深度的纵向垫板之上，可见16摞，呈圆形，倒扣码放，表面附着瓷片、贝壳和小量动物骨骼，瓷器可辨器形主要为青白瓷碗等，每摞铁锅相互之间黏结成一体	出土时保存较好，提取时部分残损	重量不全，部分未称重
2014NHIN 004	T0401 中南部，N：003 右侧	口径0.5米、整体凝结物面宽0.6、高0.85米	72.9	为1摞大型铁锅凝结物，表面附着贝壳，成摞口部朝上倾斜码放，局部圆形	完整	属于移动原位的铁锅凝结物
2014NHIN 005	T0401 东北部，N：003 后闬，木船左舷内侧后部	整体凝结物长1.3、面宽0.8、厚0.4米	116.9	大型凝结物，呈不规则状，表面凹凸不平，由铁锅、青白瓷碗、青白瓷罐、海贝等凝结而成	部分散落	
2014NHIN 006	T0401 南部中间，第11隔舱板北侧	长1.3、面宽0.8、高0.7米		不规则状，表面凹凸不平，凝结铁钉、铁锅、瓷片、海生物残骸等	部分散落	凝结物周围没有黏结其他遗物，起吊后下部为混杂的泥沙土坑，也没有凝结现象，推测之前受过扰动和搬移，不是原始凝结物形成的固有位置
2014NHIN 007	T0401 中部偏西	整体凝结物长0.95、宽0.8、高0.5米	6.2	中型凝结物，较规整，表面附着贝壳，由铁锅、瓷片、海贝及其他铁器残块凝结而成，可分辨2摞铁锅	完整	

续表 3-2

编号	探方及坐标位置	尺寸（米）	重量（千克）	包含物	保存状况	备注
2014NHIN：008	T0402 中部东端	整体凝结物长0.7，宽0.4，高0.2米	25.15	中小型凝结物，边缘规整，表面附着少量贝壳，由铁钉、条铁、海贝凝结而成，铁钉及铁板排列整齐	完整	
2014NHIN：009	T0402 东南部	整体凝结物长1.8，宽0.6，高0.5米	29	大型凝结物，呈不规则状，较散乱，表面附着贝壳，由铁锅、瓷片、海贝及其他铁器残块凝结而成	部分开裂散落	
2014NHIN：010	T0402 东南部	整体凝结物长0.55，宽0.4，高0.35米	21.7	小型凝结物，呈不规则状，表面附着贝壳，由铁锅、瓷片、海贝及其他器物残块凝结而成，瓷器中可见青白瓷盒等	完整	铁锅口径0.45，高0.45米
2014NHIN：011	T0101 西北侧	长2，宽1米	816.75	分层横向码放的铁钉凝结结构，用藤条和竹篾捆绑痕迹明显，分布于第1和第2隔舱板之间	完整	当取分离提取。上层按提取顺序编号为N：011-1、2、3、4、5、6，分别重41、75.1、270、47、15.9、330千克
2014NHIN：012	T0402 东南部偏北	整体凝结物长1.1，宽1，高0.4米，大块铁锅凝结物长0.88，宽0.66，厚0.6米	250.85	大型凝结物，呈不规则状，较散乱，表面附着贝壳，由铁锅、瓷片、海贝及其他铁器残块凝结而成，可分辨5摞形铁锅凝结体，胶结大量瓷器，以青瓷碗为主	部分开裂散落	从铁锅残道断面观察，锅壁厚约2毫米，可见20层
2014NHIN：013	T0402 东南部	整体凝结物长1，宽0.8，高0.5米	58.85	中型凝结物，呈不规则状，表面附着贝壳，由铁锅、瓷片、海贝及其他铁器残块凝结而成，可分辨6摞铁锅，铁锅、黏结瓷器有青白瓷碗等	部分开裂散落	
2014NHIN：014	T0401 东北部，木船左舷内侧后部	整体凝结物长0.5，面宽0.35，高0.35米	12.65	小型凝结物，呈不规则状，表面附着贝壳，由铁钉、瓷片、海贝及其他铁器残块凝结而成	部分开裂	

续表 3-2

编号	探方及坐标位置	尺寸（米）	重量（千克）	包含物	保存状况	备注
2014NHIN：015	T0501 ④ b 与 T0502 ④ b 之间，即尾舵外侧后部	左右长 2.6、首尾宽 2.3、高（厚）0.26~0.96 米	总重量约 7780 千克	成片状分布的大型凝结物，右部叠压第 15 船舱右舱尾部。凝结物呈规则三角形状，上部为少量铁锅、铁刀、铜制手柄残件、船木、夹杂青瓷碗、青白瓷瓣纹碟等白瓷瓶等瓷器，下部黏结大量青白瓷碗和瓷片、细小净贝、少量漆木器残片等	部分开裂	凝结物 N：015 之中及右下部粘黏的宽厚木板较多，部分应为木船尾部建筑的组成部分；铁钉长 0.2~0.25 米
2014NHIN：016	T0102 内北侧及 T0202 南部、之下叠压第大块凝结物 N：080	长 0.9、宽 0.5、高 0.2 米	153.4	包含铁锅、铁钉，由 4 摞铁锅及 2 捆铁条组成	铁锅开裂残损	
2014NHIN：017	T0101 内北部及 T0201 东南角，N：078 凝结物南侧，与 N：016 均为内隔舱板之上	长约 1.8、宽 0.4~ 0.8 米	1099.42	主要为成捆码放的铁条，下部明显可见纵横交错码放，与 N：078 两块铁钉凝结物在下部紧密粘结于一体	完整	已分解成 8 部分提取
2014NHIN：018	T0101 内北隔梁西段，与下方瓷器有部分粘连在一起，下为左舷板	铁锅口径 0.45、高 0.35	57.7	属于一摞移动原位置的铁锅凝结物，锅口朝上放置	完整	
2014NHIN：019	T0202 内东侧中部	长 1.5、宽 1.2、高 0.5 米	691.95	为成捆铁钉分层排整齐码放的凝结物，状似方形，用藤条和竹篾捆绑，下部为成摞码放的瓷器	完整	上层拆解提取 10 捆
2014NHIN：020	T0201 内西部中段，N：023 凝结物南侧	长 0.55、宽 0.45、厚 0.25	1318.21	属于第 3 船舱左段，主体为铁锅、铁钉凝结物，并粘黏部分青瓷碗和木板	铁器锈蚀严重	
2014NHIN：021	位于 T0202 内东南部，北接隔舱板，东南西均为成摞瓷器	长 2.5、宽 1.5、高 0.4 米	654.95	上部散落 5 块锈结铁块凝结物，编号为 N：021-1 至 5，周围散落部分铁锅残片、贝壳等，表面附着较多铝坠，下层成捆铁钉凝结物纵横交错码放，周围叠压成摞瓷器	较完整	仅为上部及周围散乱铁锅和铁钉重量

续表 3-2

编号	探方及坐标位置	尺寸（米）	重量（千克）	包含物	保存状况	备注
2014NHIN：022	位于 T0202 北部，之下叠压铁条凝结物 N：079	长 1.3、宽 0.5、高 0.4 米	956.9	为 3 摞铁锅凝结物，倒扣码放，底部均黏结部分铁条，铁条有竹篾捆绑痕迹，北部与隔舱和粉盒等瓷器粘连，多为贝壳等凝结物，右侧叠压并粘连大重成摞摆放的瓷器	铁锅开裂	
2014NHIN：023	位于 T0201 北部，处于第 5 船舱左部（C5a）	凝结物整体南北觉约 1.3、东西长约 1.4、厚约 0.4 米	854.64	凝结物露出海床表面。上部多为铁锅夹杂瓷器形成，其表面满挂渔网。表面附着 2 组铁锅残件，分别重 38.15、38.25 千克，凝结部分青瓷碗、青白瓷印花瓜棱纹粉盒、青白瓷印花粉盒、青白瓷粉盒、青白瓷四系小罐及残片和少量铜钱等。最左侧为成组青瓷刻划花卉纹喇叭口瓶及同类小口象腿瓶及成组的青瓷印花花卉纹大碗等瓷器和凝结物粘贴在一起。下部为多捆铁钉分层分列错缝码放于木舱内纵向垫板之上。可见 9 层，并在右侧分布一排 3 摞铁锅，其中 1 摞重约 0.36 千克，铁钉底部横铺木板为 3 觉 1 等的 4 块构成。共清理提取 89 捆铁钉，6 摞铁锅，其中分两种铁钉 971 根。在铁钉和铁锅外表发现有单股或双股竹篾、草绳捆扎和草席铺垫痕迹。在成捆铁钉中夹杂成捆木柄铁刀，为刀部对交，柄部钝两端捆扎。因凿取而刀部断裂，仅存刀柄和木柄刀把。成捆铁钉与青瓷碗周围凝结物里，还发现一些如绿豆大小的椎体状的白色晶体。在 N：030 的堆积中也同样发现有类似白色晶体	铁锅开裂、锈蚀严重	
2014NHIN：024	位于 T0201 东部，处于木船体左舷前部外侧	铁锅口径 0.38 米、高 0.18 米		主体为铁锅凝结物，数口铁锅凝结成一摞，青白瓷片和海贝壳等	开裂锈蚀	
2014NHIN：025	位于 T0201 内西南部，叠压于第 3 道隔舱板之上	宽 0.5、高 0.6 米		为一摞铁锅凝结物，倒扣放置，错位散落	部分铁锅底部残损	

续表 3-2

编号	探方及坐标位置	尺寸（米）	重量（千克）	包含物	保存状况	备注
2014NHIN：026	位于 T0301 探方内中南部第 7 船舱左段（C7a）	长 3、宽 2、高 1.2 米	2822.85	以铁钉为主的大型凝结物，表面散落部分铁锅和瓷器等，凝结物间包含瓷片、未砂、小珠（有可能是锡珠）、竹篾、晶体、果核及水银等。用单股、双股或三股竹篾和藤条交错捆扎的成捆铁钉成排成层纵横交错放于上部垫板之上，可见 6 层，成捆铁钉之间可见明显的草席与竹篾的叠压关系。用竹篾包扎成捆，用草席垫铺，铁锈严重。共清理提取 43 捆铁钉，其中分离铁钉 635 根	保存较好	
2014NHIN：027	位于 T0302 ② 层东隔梁南段，N：044 东侧	长 0.7、厚 0.3 米。	42.05	散落的成捆铁钉凝结物，可见尖部对交捆扎的痕迹	严重锈蚀	坐标 N：6.658，E：13.255，Z：−0.824
2014NHIN：028	位于 T0301 探方内两北部，	长 2、宽 1、高 1 米	704.9	主体为铁钉凝结物，竹篾捆扎结构明显。该凝结物主体属于 2007 年打捞吊去过程中落水的一大块。对第 9 道隔舱板和舱内青瓷器等损伤较大。居位置不明。周围散落部分铁钉凝结物，黏结部分瓷片、木块、铜线、料珠等。另有一捆凝结在一起，铁钉数量不可辨。锥子型铁钉长度约 0.2~0.26 米，根部直径约 0.09~0.095 米，重约 0.2~0.35 千克，板型铁钉长约 0.45、直径约 0.04 米，重约 8.9 千克	锈蚀严重	共分离出 499 根铁钉，重 343.4 千克
2014NIIIN：029	位于 T0302 ② 层东隔梁西侧	长 0.7、宽 0.4、高 0.3 米	10.9	与 N：027，N：044 成大片分布以铁钉为主体的大块凝结物，属于 N：044 上层散落的可移动铁钉凝结物	开裂锈蚀	N：7.640，E：14.617，Z：−1.152
2014NHIN：030	位于 T0401 探方西南角，处于第 11 船舱中部（C11b），	长 1.8、宽 1.6、堆积高约 0.8 米	119.16	该凝结物以银链、铁钉为主，表面可见银链胶结的凝结物。下部周围有较规整的铁质铺垫，疑似厚铁板托座，该凝结物以铁钉为主，已分离出四层凝结铁钉，属于船内的货物码放较高区域之一。表面附着数块银块、铁块、条铁、铜线、未砂等。左右两侧竖立薄木隔板，凝结物周围散见数块银链。凝结物东侧亦发现立木等，西北、南三面东侧亦发现立木等，主要分布在西、北、南三面。东侧散落未砂 1 袋，编织物 2 片等。采用当场取分离提取，共清理提取铁钉 33 捆，其中分离铁钉 98 根	保存较好	

续表 3-2

编号	探方及坐标位置	尺寸（米）	重量（千克）	包含物	保存状况	备注
2014NHIN：031	位于 T0301 探方内中部东段，处于第 8 船舱左段（C8a）	长 1.3、宽 1.2、高 0.6 米	44.68	以铁钉为主，凝结部分瓷片和海贝壳，8 捆铁钉凝结在一起，底部黏结木板，属于沉船内凝结较高的区域之一。共清理 8 捆铁钉，分别从右向左依次同层码放 6 捆，而右端上下各倾斜码放 100 千克	较为完整	
2014NHIN：032	位于 T0101 ③层北隔梁东段	长 0.8、宽 0.4、高 0.6 米		属于移动原位而散落于木船左舷板外侧的铁锅、铁钉凝结物，表面凝结较多海生物贝壳	较完整	
2014NHIN：033	位于探方 T0402 的西部，距西壁 1 米，凝结于第 12 与第 13 船舱的右舷侧船壳板和船壳板之上及船壳板内外侧	长 3、宽 2、高 1.2 米	998.69	由于木质船体的右后部略有下沉，该凝结物的形成主要原因是船在沉没时部分船货散落出船外侧，加上后期拖网将部分凝结物拖带凝结，包含大量铁锅、铁钉、瓷器、船毡、竹篾捆扎的木炭、果核、漆器残片、海贝壳等成分复杂类似的混合物，凝结成向船外侧翻滚向的大型坡状物。凝结物西侧表面附着大量碎瓷片、木块、小海贝壳、不规整型、北面较光滑。南面较窄。该凝结物有少量部分与船体右舷板粘连，采取了局部破解拆除提取，包括 5 块较小的铁锅等凝结物，减少了对船体的伤害。第 12、13 船舱右舷外侧原为该凝结物下部堆积层，该层土质灰黑，包含有大量较为完整器物及碎瓷片，有些器物受到上部凝结物间接挤压形成开裂、破碎，但基本能够复原，海生物残骸较少。主要瓷器器形有四系罐、双系罐、喇叭口瓶、盒、小碟等	开裂	
2014NHIN：034	位于 T0201 北隔梁	成摞高 0.3 米、铁锅口径 0.35 米	80.25	为 2 摞成捆包装而倒扣下剖叩的铁锅凝结物，成摞码放于铁锅凝结物 N：048 左部之上，表面凝结较多海生物残骸	铁锅保存较好	
2014NHIN：035	位于 T0401 东北部，N：005 左侧，木船左舷内侧后部	整体凝结物 长 0.75、宽 0.6、高 0.4 米		中型凝结物，呈不规则状，表面附着贝壳，由铁钉、瓷片、海贝及其他铁器残块凝结而成	开裂	
2014NHIN：036	位于 T0101 ③层东部中段	长 0.4、宽 0.3、高 0.3 米	27.3	属于移动原位而散落于木船左舷板外侧的铁锅、铁钉凝结物，其中一大摞铁锅锅凝结物可明显分辨，下亦为碎凝结物，东缘有三件瓷器较完整，附近亦散落有铜钱，但器物均已粘接	部分开裂	坐标 N：1.235，E：3.524，Z：-0.260。

续表3-2

编号	探方及坐标位置	尺寸(米)	重量(千克)	包含物	保存状况	备注
2014NHIN : 037	位于 T0201 内东部中段,处于木船体左前方外侧	底宽 0.4,高 0.3 米	13.7	为一小摞铁锅凝结物,应属散落移动所致	开裂	
2014NHIN : 038	位于 T0201 内东部中段,处于木船体左前方外侧,N：024 右侧	口径 0.38 米,高 0.18 米		属铁锅凝结物,数口铁锅连成一摞凝结,表面粘连瓷片和海贝壳等	开裂	
2014NHIN : 039	位于 T0201 内东南部,处于木船体左前方外侧,N：051 左侧	底宽 0.4,高 0.3 米。单体铁锅口径 0.28,深 0.07 米		为一小摞铁锅凝结物,应属散落移动所致	较完整	
2014NHIN : 040	位于 T0201 内西南部,N：017 左侧	底宽 0.4,高 0.3 米	97.35	为一小捆铁钉凝结物,应属散落移动所致	完整	
2014NHIN : 041	位于 T0201 内西北部,N：020 北侧	底宽 0.4,高 0.3 米		为一小摞铁锅凝结物,应属散落移动所致	开裂	
2014NHIN : 042	位于 T0201 内西北部,N：041 左侧	底宽 0.4,高 0.2 米		为一小捆铁钉凝结物,应属散落移动所致	完整	
2014NHIN : 043	位于 T0201 内中部	底径 0.4,高 0.5 米	22.35	为一摞铁锅凝结物,口部朝下倒扣放置,破损严重,应属散落移动所致	部分开裂	
2014NHIN : 044	位于 T0302 内西南部,T0202 西北部,N：027 西南侧,处于第 7 船舱右段(C7c)	长 2.5,宽 1.6,高 0.8 米	118.35	主要为竹篾捆扎且呈分层横错缝锚码放的铁钉,伸入舱内 0.3 米深度,下层有明显的草席及竹篾打结草席先被草席包裹,再用竹篾包扎,成捆铁钉上下之间可能有草席隔离,且保存较好。清理发现成摞铁钉底部码放于船舱内隔舱板之间的五块纵向木垫板之上。共清理提取 23 捆铁钉,其中分离铁钉 675 根。另外,在凝结物中清理铜钱 1 枚(有可能是铁钱)	较完整,锈蚀严重	

续表3-2

编号	探方及坐标位置	尺寸（米）	重量（千克）	包含物	保存状况	备注
2014NHIN 045	位于TO301西南部，N：027北侧	底径0.45、高0.3米		为一撅口部朝下倒扣放置的铁锅凝结物，表面凝结物大量海生物贝壳	部分开裂	
2014NHIN 046	位于TO402东部中段，N：012东北部	整体凝结物宽0.35、高0.4米		小型凝结物，呈不规则状，表面附着贝壳，由铁锅、海贝凝结而成，残存铁锅底部	完整	原编号N：011重复，因N：046编号空缺，故对组成N：012的两部分之一的小型凝结物编号为N：046
2014NHIN 047	位于TO201内西北部，N：048铁锅凝结物右侧	长0.6、宽0.55、厚0.45		为散落的铁钉凝结物，表面凝结物大量海生物贝壳	部分铁钉残断	三块
2014NHIN 048	位于TO201内西北部隔梁，叠压于N：034铁锅凝结物之下，部分伸入第6船舱内	长1.2，宽1高0.35米，铁锅口径0.35米	54.35	为5撅铁锅，四丁一顺成撅侧身码放，表面凝结大量海生物残骸	保存较好	
2014NHIN 049	位于TO101北部南部之间和TO201南部之间，处于木船体左舷前部外侧	宽0.35、高0.3米	15.45	为被移动原位的铁锅凝结物，表面凝结较多海生物贝壳和少量瓷片等	开裂锈蚀	
2014NHIN 050	位于TO201南部，N：051南侧，处于木船体左舷前部外侧	宽0.55、高0.3米		为被移动原位的铁锅和铁钉凝结物，表面凝结较多海生物贝壳和少量瓷片等	锈蚀开裂	
2014NHIN 051	位于TO201中部偏西，处于木船体左舷前部外侧	长1.8、宽0.85、高0.3米		主体包含物为被移动原位的铁锅和铁钉，表面凝结较多海生物贝壳、少量瓷片和钙质凝结物等	局部开裂	

续表 3-2

编号	探方及坐标位置	尺寸（米）	重量(千克)	包含物	保存状况	备注
2014NHIN：052	位于 T0501 中部，处于舵孔外左后部	长 2、宽 1.8、高 0.8 米	31	由铁钉、瓷片、海贝壳等混合黏结的大型凝结物，表面黏结较多瓷器和木质标本，自南向北倾斜	开裂锈蚀	坐标 N：3.511，E：26.611，Z：-1.377
2014NHIN：053	位于 T0501 中部偏西和 T0502 东南部，处于舵孔外右侧	长 2.7、宽 1.2、深 0.3 米	4206.25	自南向北倾斜的大型凝结物，以铁钉为主、夹杂船木、绳索、铜钱、瓷器等。凝结物在起吊过程中断裂残成 4 块，断面可见大量铁器、瓷片，另有 4 个碎块	开裂残断	8 个碎块，其中两块较重、分别重 1600、2200 千克
2014NHIN：054	位于 T0501 东南部，N：052 东侧，处于第 15 船舱左小舱（C15a）后部外侧	长 32、宽 1.9、厚 0.03-0.25 米	3728.45	由散落瓷器、铁钉、瓷片、海贝壳、木块等混合黏结的大型凝结物。自南向北倾斜。以瓷片和铁钉为主。平面不规则，开裂为 9 块，其中 2 块较大	部分开裂	9 个碎块
2014NHIN：055	位于 T0201 东部北段，处于木船体左胺前部外侧	宽 0.45、高 0.3 米	78	为被移动原位的铁锅和铁钉凝结物，表面凝结较多海生物贝壳和少量瓷片等	局部开裂	
2014NHIN：056	位于 T0201 东部北段，处于木船体左胺前部外侧	宽 0.45、高 0.3 米	42	为被移动原位的铁锅和铁钉凝结物，表面凝结较多海生物贝壳和少量瓷片等	局部开裂	
2014NHIN：057	位于 T0401 东南部，第 11 船舱左段	凝结物整体长 1.2、宽 0.5、高 0.3 米		分成三块，均不规整，由铁钉、海贝、青瓷碗、铁锅、青瓷盘等瓷片、铜环、铜钱等凝结一体	较松散、开裂	原编号 N：047
2014NHIN：058	位于 T0401 西部中段，处于第 12 船舱中部（C12b）	长 0.65、宽 0.45、高 0.25 米	450.34	上层凝结物以成摞倒扣码放的 10 摞铁锅为主，其中包含部分单把形铁钉，而下部近第 12 道隔舱板部分铺垫有成捆铁钉，表面黏结青白瓷罐、青瓷片，左右两侧残留薄木隔板	局部开裂	
2014NHIN：059	位于 T0401 东北角，左胺船尾端外侧	长 0.65、宽 0.45、高 0.25 米		凝结物不规则，黏结青白瓷罐、青瓷片和铁条等	开裂	原编号 N：049

续表3-2

编号	探方及坐标位置	尺寸（米）	重量（千克）	包含物	保存状况	备注
2014NHIN：060	位于T0401北部偏东处第13道隔舱左端左舷板内侧	南侧1块长0.5、宽0.4、高0.3米；北侧1块较大，长1.1、宽0.6、高0.4米		凝结物之下为散堆泥土、疏松，应为扰动搬运而成，非原始凝结物形状和放置位置。分成2块，分别黏结青瓷碗、青白瓷片、铁块、海贝等	松散开裂	原编号N：050
2014NHIN：061	位于T0501东南部，船尾左后部	长1.65、宽1.5、厚（高）0.25~0.5米	1920	由铁钉、铁锅、青瓷碗及青白瓷和绿釉瓷片、海贝壳等混合凝结，原本与右侧N：015大块凝结物为一体，属于铁钉等船货散落后锈蚀与海生物分泌物钙化等形成的船尾大片凝结物之一，后自然开裂为两大块。该块凝结物成片状分布，呈不规则长方形，边缘不规整	开裂锈蚀	已自然开裂为4块，编号N：061-1、2、3、4，分别重100、300、500、1020千克
2014NHIN：062	位于T0402内东北角，叠压于第14船舱右段上部	宽0.5、高0.3米	31.75	为散落移位的一摞铁锅凝结物	锈蚀开裂	
2014NHIN：063	位于T0501西南部和T0502东南部，处于船舻舱孔外侧	长1.2、宽1.1、高0.3米	45.6	主要为铁钉凝结物，有少量铁锅凝结物，并夹杂一些景德镇青白瓷碟等。凝结物表面可辨5摞铁钉、1摞铁锅	局部开裂	
2014NHIN：064	位于T0201北隔梁右段、T0301南段大型凝结物N：026南侧，属于第6船舱左段	长0.8、宽0.4、高0.3米		均为成摞铁锅，可分出5摞，与船舱壁近垂直角纵向码放成4摞，紧贴第5道隔舱壁倾向码放1摞大口径铁锅，按大小纵横码放，目均为锅口朝左右侧放置，非一般的锅口朝下倒口放置，部分深入船隔板口朝右侧放置入船隔板之间搭接的纵向垫板和圆木条之上。清理提取部分铁锅发现下部还有成摞铁钉。黏结严重，一般3口铁锅一摞，数组一组、口径分大小两种，口径分铁锅发黑，表面附着有竹篾及草绳捆绑，部分铁锅锈蚀，表面附着有竹炭灰	完整	
2014NHIN：065	位于T0202内东北部	长1、宽0.6、高0.3米		为北侧散落的部分铁钉凝结物残块	完整	
2014NHIN：066	位于T0302内中部	长0.6、宽0.5、高0.3米		为散落的部分铁钉凝结物残块	完整	

续表3-2

编号	探方及坐标位置	尺寸（米）	重量（千克）	包含物	保存状况	备注
2014NHIN：067	位于T0202北部中间，处于第6船舱右段（C6c），左侧为主舵	长2.1、宽1.2、高0.7米	85.06	为大型数层纵横交错码放的成捆铁钉凝结物，黏结部分瓷片和少量铜钱，铁钉凝结物缝隙间散见较多形如芝麻粒子颗粒。该组铁钉共分4层码放，有的铁钉先用竹篾在中部捆扎一圈，再用草席包裹后用竹篾和草绳组合捆扎两端。共清理提取铁钉547根，其中分离铁钉51捆，并采集竹篾样品1袋	局部开裂锈蚀	大部分未称重
2014NHIN：068	位于T0302内中部	长1.2、宽0.8、高0.3米		为散落的部分铁钉凝结物残块，不规则形状，表面黏结部分瓷片、海贝壳等	残断	
2014NHIN：069	位于T0302东南部，T0301西南角，处于N：026右侧	长0.6、宽0.5、高0.3米		为散落的部分铁钉凝结物残块	开裂残断	
2014NHIN：070	位于T0302内南部，N：067右侧	长0.6、宽0.4、高0.2米		为散落的部分铁钉凝结物残块，不规则形状，表面黏结部分瓷片、海贝壳等	局部开裂	
2014NHIN：071	位于T0201内西南部，N：078右侧	长0.6、宽0.4、高0.2米		为散落的部分铁钉凝结物残块，不规则形状，表面黏结部分瓷片、海贝壳等	局部开裂	
2014NHIN：072	位于T0202内东南部，N：021南侧	长1.5、宽1.2、高0.4米	46.65	主体为铁钉凝结物，表面附着较多铅坠、贝壳等	完整	东南角·拱较大，编号N：072-1，重46.65千克
2014NHIN：073	位于T0101内西北部，木船体左舷前部外侧	长0.5、宽0.4、高0.3米		为散落的部分铁锅凝结物残块，不规则形状，表面黏结部分瓷片、海贝壳等	开裂	
2014NHIN：074	位于T0501西南角，舵孔外左侧	长1.7、宽0.55米		主体为铁钉凝结物，呈东南－西北分布，可辨铁钉4捆，另有2摞铁锅，表面凝结有大量贝壳，下部有大量类残损瓷器	完整	成捆铁钉长分别为0.4、0.46、0.48、0.54米，宽0.16、0.18、0.17、0.17米，铁锅口径0.3、高0.1米

续表 3-2

编号	探方及坐标位置	尺寸（米）	重量（千克）	包含物	保存状况	备注
2014NHIN：075	位于 T0502 内东南部，叠压 N：015	长 0.9、宽 0.4、高 0.3 米		主体为铁钉凝结物，表面附着较多海生物残骸，不规则状	完整	
2014NHIN：076	位于 T0202 内东北角，处于主桅夹之前	长 0.4、宽 0.3、高 0.2 米	34	属于三组散落的铁锅凝结物，残损，表面附着海生物贝壳	局部开裂	
2014NHIN：077	位于 T0201 内南部，处于 N：018 北侧	长 0.5、宽 0.4、高 0.3 米	46.6	主体为铁钉凝结物，不规则状，表面附着海生物贝壳	完整	
2014NHIN：078	位于 T0201 内南部，N：017 北侧	长约 3.25、宽 0.8 米	543.9	主体为铁钉凝结物，分三部分提取，其中左侧两小块，右侧为一大块铁钉凝结物，多捆铁钉凝结物纵横交错码放	铁钉保存较好	N：078-1、2 分别重 40.75、32.30 千克，编号 N：078-3 为 1 捆铁钉，重 25.65 千克，N：078-4、5、6 为多捆铁钉，分别重 210、210、54.45 千克
2014NHIN：079	位于 T0202 北部，N：022 下部，第 5 船舱右部（C5c）	长 2.2、宽 1.8、高 0.7 米	910.16	为竹篾或草绳打结包扎，草席包裹，分 5 层码放的成捆铁钉形成的凝结物，部分粘结瓷片，果核等。共清理提取铁钉 42 捆，其中分离铁钉 249 根，采集竹篾 1 袋	锈蚀严重	其中凝结较疏松的 3 捆分别编号为 N：079-1、2、3、分别重 49.6、18.4、26.05 千克
2014NHIN：080	T0102 内东北部，叠压于铁锅凝结物 N：016 之下	长 1.8、宽 1.5 米，下部伸入第 2 船舱内，暂未提取，厚度不明		为错缝码放的成捆铁钉凝结物，铁钉凝结物南边缘中部粘连有大量成串铜钱	腐蚀较严重	仅提取上层局部

第四节　凝结物的成因及包含物构成

一　形成成因

"南海Ⅰ号"沉船长期保存于海洋水体环境中，虽然有着厚层海泥的包裹，但一直处于海水的侵蚀当中。海水是一种含有多种盐类近中性的电解质溶液，主要成分是氯化钠。而铁本身具有活泼、化学稳定性差、易被腐蚀的特点。海水中铁器腐蚀方式是典型的电化学腐蚀，铁器在表面产生了不溶性的碳酸钙和氢氧化物，与周边的物体、沙子、海洋生物和腐蚀产物混杂在一起，成为一个坚硬且致密的结壳，从而形成凝结物[1]。铁器在海水中腐蚀的最为严重，甚至变成一团看不出形状的铁疙瘩。

"南海Ⅰ号"沉船出水铁器是船载物品中数量较大的一类，在海洋出水文物中也具有一定的代表性。从出水形态看，成捆成摞的铁锅、铁钉的表面一般都附着一层坚硬致密的黑灰色凝结物，这是海藻类、珊瑚类、软体动物残骸及其他残骸碎片在大量的海洋盐类和铁器锈蚀的作用下，长期沉积凝结形成的硬质壳体，同时成捆成摞铁器不断腐蚀凝结，从而形成不易分离的大型块状物。

整体来看，"南海Ⅰ号"沉船凝结物的质地坚硬，大小不一，表面形态不规则，有的呈黑色、灰色或褐色黏土质，有的呈铁锈色坚硬物，大多表面形成坚硬致密且难以去除的石灰质和石膏质碳酸类或难溶钙质盐类凝结层，夹杂物包含海藻类、珊瑚类、软体动物残骸，往往包裹有铁器残片和青瓷、青白瓷、酱釉、黑釉等陶瓷器残片及金属器、竹木漆器和船木等。

另外，沉船长期遭受海水涌动激荡、渔业生产和其他一些人为的水下活动影响，船体和船载物品不断受到破损和散落移动，易腐蚀面增大，形成千姿百态的凝结物体。再有，随着沉船被打捞出水后的温湿度环境发生改变，铁器类凝结物和盐类活动变化，也不断发生新的锈蚀和凝结。

二　包含物构成及分类

依据每块凝结物主要包含物的不同，可将该沉船凝结物分为两大类，即纯钙质或硅质凝结物和混杂凝结物。以下分别予以说明。

（一）纯钙质凝结物

T0501 与 T0502 中北部和 T0601、T0602 南部为范围较大的瓷片凝结物薄层，而 T0602 和 T0601 南部④ b 层基本为包含物极少的钙化青灰色凝结物层，形成年代较晚近，为真正的灰色钙质凝结物，不宜轻易剔除，提取后多已碎化成凝结物残块，但为深入研究沉船凝结物的形成提供了重要资料。这类凝结物呈石灰质、石膏质，较坚硬致密，主要分布于沉船首尾偏外侧，如 T0101、T0201 内发现有此类凝结物质，而 T0501、T0502 南高北低，南端为船尾舱内，尾部船板在此露出，形成自南向北倾斜的缓坡状凝结物壳层，延伸至 T0601 及 T0602 的南部而消失。如探方 T0501 发掘地层堆积较厚，第 1、2、3 层

---

[1] 罗伯特·哈特威尔（中文名郝若贝）：《北宋时期中国的煤铁工业的革命》，《亚洲研究杂志》1962 年 2 月，中译文载《中国史研究动态》1985 年第 5 期。

属沉船遗址上部堆积，且整体呈现从南向北倾斜的坡状堆积，北部③层黑灰色黏淤泥沙土之下主要分布大量瓷片层，瓷片层以下遍布与南部大型凝结物不同的青灰色凝结物层，凹凸不平，且存在从南向北延伸的连片暴露，基本形成一个地层，这类凝结物基本不见黏结瓷片、铁器等混杂物，较为纯净。

（二）混杂凝结物

依混杂凝结形成和包含物不同又可分为两类，一类以甲板货为主的铁钉铁锅类，另一类是散落漂移的瓷器、铁钉、铁锅、铜钱、木块等沉船遗物与海生物贝壳和海泥的石灰质、石膏质钙化物的混合凝结物，往往成片分布于沉船边缘和后部。

1. 铁钉和铁锅凝结物。

绝大部分为甲板货，因铁质锈蚀和海生物作用，绝大多数凝结为一体，不宜剥离（图 3-92）。铁钉一般用竹篾捆绑成粗细两端相间的束把，成捆平行垒放于甲板表面，如 N：021 下部的铁钉凝结物（图 3-93），而铁锅亦用竹篾捆绑成四五个一小叠，成摞倒扣码放，排列整齐，如 T0401③层中部 N：003 等铁锅凝结物（图 3-94）。

1）铁锅凝结物。

从现场大量凝结物外观形状和断口剖面分析，多为铁锅或圆形铁器制品凝结物，外部附着大量的海洋贝类生物，底部朝上的类似一个圆顶状小柱，高 0.25~0.3 米，底径 0.35~0.4 米，而口部朝上的类似一个"石臼"，口径 0.35~0.4 米，深 0.25~0.3 米，口沿厚 0.06~0.07 米。凝结物由铁锅、瓷片及其他金属残块凝结而成，表面附着贝壳（图 3-95）。散落在船体外或成摞码放于船舱内的铁制品，经长期锈蚀而形成。从现场拆解提取和清除表面附着物的铁锅来看，主要有两种类型，即无柄圜底铁锅和单柄圜底铁锅。其中无柄圜底铁锅依口径大小不同，可分为 0.3 米和 0.4 米两种规格，而单柄圜底铁锅数量较少，口径 0.2 米。成摞包装并码放的铁锅，数口一组，

数组一摞，一般 5 口为一组，组与组之间在口沿处铺垫一圈藤条，外表再用藤条或竹篾捆扎。标本 2014NHIN：039，位于 T0201 内东南部，处

图 3-92　船体右中部铁钉与铁锅凝结物提取的下层

图 3-93　铁钉凝结物下部（2014NHIN：021）

图 3-94　2014NHIT0401③中部铁锅凝结物

图 3-95　2015NHIN：003-6 铁锅凝结物

图 3-96　2014NHIN：039 铁锅

图 3-97　铁钉对尖捆扎

图 3-98　单股竹篾捆扎的铁钉

于木船体左前方外侧，N：051 左侧，为一小摞数件铁锅叠套的凝结物，应属散落移动所致。底宽 0.4、高 0.3 米。单体铁锅口径 0.28、深 0.07 米（图 3-96）。

2）铁钉凝结物。

此类凝结物最多，多捆交错整齐码放，经船体晃动，略有变形。经长期海水侵蚀，锈蚀而形成方形或方圆形，外部附着大量的海洋贝类生物，类似一块长条形的石块。从现场凝结物外观和断口剖面分析，多为铁钉制品凝结物，铁钉长 0.25~0.3 米，直径 0.015~0.018 米，一般一捆 20 根铁钉，也有大致 40~50 根一捆者，都是尖头冲内交错相对，端头冲外（图 3-97），共捆扎一至三道竹篾或藤条，一道捆扎者为正中间位置（图 3-98），三道捆扎者为中间一道，两端各一道。有的还在外表用草席类编织物包裹或铺垫，外面再扎两道竹篾或藤条，结构紧密，也是出于长途运输的考虑。如一捆铁钉凝结物长 0.43、宽 0.28、高 0.18 米（图 3-99）。

标本 2014NHIN：079，位于 T0202 北部 N：022 下部，第 5 船舱右部（C5c），为竹篾或草绳打结包扎、草席包裹、分 5 层码放的成捆铁钉形成的凝结物，部分黏结瓷片、果核等。长 2.2、宽 1.8、高 0.7 米（图 3-100、3-101）。共清理

图 3-99 铁钉凝结物

图 3-100 2014NHIN：079-40 竹篾或藤条捆扎痕迹
清理前

图 3-101 2014NHIN：079-40 竹篾或藤条捆扎痕迹
清理后

提取铁钉 42 捆，其中分离铁钉 249 根，采集竹篾 1 袋。其中凝结较疏松的 3 捆分别编号为 N：079-1、2、3，分别重 49.6、18.4、26.05 千克。

2. 混杂凝结物。

以粘连的物体的多少大致分成三类凝结物：

1) 以瓷器胶结的凝结物。

在木船体的右后部，发现有一些铁锅及铁钉凝结物的下部凝结有较多成摞青瓷碗、酱釉瓶、青白瓷瓶等瓷器。标本 2014NHIN：012，位于 T0402 东南偏北部，大型凝结物，呈不规则状，较散乱，表面附着贝壳，由铁锅、瓷片、海贝及其他铁器残块凝结而成，可分辨 5 摞成形铁锅凝结体，下部黏结瓷器以青釉瓷碗为主。整体凝结物长 1.1、宽 1、高 0.4 米（图 3-102）。

再有一些混杂凝结物的包含物，凝结的瓷器种类和完残程度较为复杂。标本 2014NHIN：033，为一大型混杂凝结物，局部可见凝结有青瓷碗、青白瓷罐、绿釉瓶、酱釉瓶等大量不同器形的瓷器（图 3-103）。

另如一块大型凝结物，长 1.3、宽 0.9、厚 0.6 米，呈不规则状，表面凹凸不平，由铁钉、瓷器、海贝等凝结而成，粘连瓷器最多，可辨别有青瓷碗、青白瓷大盘、青白瓷罐、酱釉小口罐等（图 3-104）。

2) 以船木胶结的凝结物。

在木质船体右后部及一些船舱上部，往往发现铁质及瓷器和海生物残骸等凝结物与船体木板粘连一起，很难拆解开来，有一部分采取了一起提取的方式，这样虽然对船木存在一定影响，但都能够基本能保存下来。标本 2014NHIN：033，该包含物较为复杂的凝结物下部黏结木质船体右舷板的部分船木（图 3-105）。另如一块整体长 1.77、宽 1、高 0.78 米（图 3-106）。

3) 以其他金属粘连的凝结物。

图 3-102　2014NHIN：012

图 3-103　2014NHIN：033 局部

图 3-104　与瓷器胶结的凝结物

图 3-105　2014NHIN：033 船木黏结部分

图 3-106　与船木胶结的凝结物

图 3-107　与银铤胶结的凝结物

除了铁钉、铁锅等铁器作为凝结物的主要包含物外，一些船载金器、铜器、银器和锡器等金属器也往往与瓷器、木器等粘连成凝结物。银铤作为一种金属货币，在大宗的贸易中经常使用，在海水下也与海生物钙质及铁器等发生凝结。如第 10 舱右部（C10c）发现木框竹篮盛装的银铤凝结物呈杂乱无序的不规则块状结构。标本 2014NHIN：030，位于 T0401 探方西南角，处于第 11 船舱中部（C11b），该凝结物以银铤、铁钉为主，表面可见银铤胶结的凝结物，下部周围有较规整的铁质铺垫，疑似厚铁板托座，该凝结物以铁钉为主，已分离出 4 层成捆铁钉，长 1.8、宽 1.6、堆积高约 0.8 米（图 3–107、3–108）。属于船内货物码放较高区域之一。表面附着数块银铤、铁块、条铁、铜钱、朱砂等，下部周围有较规整的铁质铺垫，疑似厚铁板托座，左右两侧竖立薄木隔板，凝结物周围散见数块银铤，主要分布在西、北、南三面，东侧亦发现多件，另有铜钱 8 枚、朱砂 1 袋、编织物 2 片等。采用凿取分离提取，共清理提取铁钉 33 捆，其中分离铁钉 98 根。

该沉船清理发现较多金器，有的铁质残片、瓷器残片和海生物残骸与金链子等金器胶结，形成了较为特殊的凝结物（图 3–109），也有数量较少的锡盒与瓷片、铁锈物、海生物残骸等胶结的凝结物（图 3–110），这类凝结物相对较少，体量也较小。

图 3–108　2014NHIN：030

图 3–109　与金器胶结的凝结物

图 3–110　与锡盒胶结的凝结物

第五节 小结

一 凝结物对沉船的作用

1. 在水下考古工作中起到定位、参照物的作用。

凝结物在没有提取前是和沉船本身联结在一起，作为沉船一部分被水下考古工作中当作调查、探摸的对象。当使用旁侧声呐仪、多波束测深仪、浅地层剖面仪、磁力仪的时候，主要是根据海床突出物进行判断，凝结物起到关键的作用，可根据仪器发回不同介质的数据进行判读，以此确定沉船的位置。在水下工作中很多情况下会以凝结物的走向为中心线（基线），再以凝结物整齐的边缘判断为隔舱板或船舷的位置。在水下如果没有参照物，很容易分不清方向，或者上一次的工作下次回去继续，没有参照很难回到原来的工作点，而外形特征较为明显的凝结物就可以作为参照及依据。2007 年"南海 I 号"沉船整体打捞过程中，前期的水下工作就是以凝结物为参照的定位基线而开展的。

2. 在海底起到保护沉船的作用。

凝结物能防止现代渔业拖网、非法分子盗捞。在水下考古调查发掘中，经常发现凝结物上面挂着大量的渔网及网坠，在清理"南海 I 号"时亦有很多渔网及石网坠、水泥网坠及铁质、铅质网坠等。如果没有覆盖在上面的凝结物，沉船将被破坏得更为严重。覆盖着凝结物的船木基本能保存下来，没有凝结物覆盖则很容易被海洋生物蚕食损坏。从第 2 至 14 船舱都覆盖着凝结物，第 1 船舱（C1）由于没有凝结物的覆盖已不复存在。没有这个天然障碍，盗捞分子更容易得手，为了获取船载文物首先要清除凝结物，在水下清除凝结物的难度可想而知。在西沙"华光礁 I 号"沉船遗址留下两个大坑，是被盗掘者用炸药炸开的，这处古代沉船已遭到了严重的盗掘[1]。

3. 起均衡稳定的作用。

沉船凝结物的主体为铁质类铁锅、铁钉等，在被散落凝结之前作为一种船载货物和商品，如何稳固地摆放于远洋商船内，则是具有一定航海经验的船工，出于整船的均衡稳定而考虑的结果。从现在发掘的情况看，绝不是把铁锅铁钉等类金属货物胡乱摆放，而是大量凝结物的主体包含物基本按舱位码放，并且在舱位内用木板铺垫和固定，以防在航行过程中由于海浪的颠簸而产生滑落滚动。宋代朱彧《萍洲可谈》中记载"下以贮货，夜卧其上……大小相套，无少隙地"[2]，形容装载的货物比较多，而且表明船上货物是有序摆放的。另外，体量较大的这类铁质类凝结物的清理发掘还表明，船货的装载还需要考虑整船的均衡性和稳定性，当然后期的扰动或者在沉没过程中船体发生倾斜而走位者除外。

---

[1] 中国国家博物馆水下考古研究中心、海南省文物保护管理办公室：《西沙水下考古（1998~1999）》（中国水下考古报告系列二），科学出版社，2006 年。

[2] （宋）朱彧撰、李伟国点校：《萍洲可谈》卷二，中华书局，2007 年，第 132 页。

二　凝结物包含的沉船信息

沉船凝结物所包含的信息量非常大，铁器作为船上货物之一，本身就是一种热销产品，当时中国生铁铸造较为发达，已作为大量出口的产品，以其领先世界的水平，受到国外市场的欢迎。汉代开始广泛使用铁制品，到宋代进入大规模作业时代并将冶铁作为新型材料大显身手。铁的产量年达 7.5~15 万吨，这个数字是 1640 年英格兰和威尔士产量（3 万吨）的 2.5~5 倍①。

凝结物除铁器外还包含其他金器、银器、铜器等，在船的上层建筑倒塌时，很多物品散落在凝结物上面，包含着船员生活的物品，比如木梳、铜镜等，基本上都从凝结物上分解出来。从捆扎工艺和用材及码放特征等观察，铁锅之间垫夹着竹篾片，保存较好，能清晰看出材质及篾纹，而铁钉用竹篾捆扎，捆与捆之间垫着草席、竹席等类编织物，从中可以看出包装方式和运输方法等。

铁锅形制基本相同，最大的直径 0.45 米，最小的 0.2 米。铁钉或称铁条如果作为普通铁钉来使用，则尺寸偏大，最长达 0.3 米，最短的也有 0.21 米，推测应该是作为一种原材料，为了方便包裹捆扎、外贸运输才做成了长条状。

在 C11、C12 有大型凝结物，铁锅为主体，成摞分排码放，可见 16 摞，呈圆形，表面附着瓷片、贝壳，每摞铁锅相互之间黏结成一体。铁锅内部由于埋藏条件较好，密封性也好，一打开就冒出一股白烟，并且温度高于外部，明显感到灼热感。在铁锅中还发现有水银的痕迹，在沉船的后部亦发现大量的水银，是因为环境的改变产生了水银还是船上本身装载的物品，这需要进一步的科学论证。

了解凝结物就是为了更好地了解"南海Ⅰ号"

的船载文物、船体的木质情况，而凝结物的形成是一个复杂的过程。该沉船凝结物的主体是铁锅和铁钉等铁质类文物，而商船运载这种大量的铁锅、铁钉，推测应是当时一种热销商品，商家为了追求更大的利润，总会尽可能地装载包括铁器在内的更多货物。在古代造船和航海技术相对滞后的情况下，"南海Ⅰ号"沉船由于意外的沉没，留给后世很多未解之谜，有待进一步的考古发掘工作，但以铁质类为主体的凝结物所蕴含的大量信息更加值得详细提取和深入分析。

以上仅初步了解一下沉船凝结物的分布、形成等原因，经过拆解发掘已清理提取，一旦清理出来了就意味着该如何保护。铁器从海水的环境突然转入大气环境中，直接暴露在空气中，水分、氧气也很容易加快铁器的氧化，腐蚀也在快速进行。目前没有很好的保护手段，只能采取浸泡脱盐的简单方法。凝结物的保护更是世界性的难题，这就迫切需要开展另一个研究范畴。

铁器大多氧化锈蚀粘连并形成了体量巨大的凝结物，难以分离，主要包括铁釜、铁锅、铁刀、铁钉、铁条等器形，均为成捆成摞包装并码放于船体部分舱室以及甲板面上部，绝大多数用木板铺垫，部分放置于舱内瓷器之上，但表现出以木船中部呈首尾纵向小隔舱为中心的左右对称码放，极大地提高了船舶载重的平衡性和稳定性。虽然铁器的器形比较单一，但大小尺寸却较为多样，如铁釜均圆底，口径 0.24~0.5 米不等，依口径大小至少可见六种以上规格，另有一种口径约 24 厘米的带柄铁锅。铁钉或铁条以竹篾捆扎，尖部对交捆绑，一般 20 枚左右成一捆，器形可见楔形、铲形、锥形、匕首形、刀形等至少九种，长短尺寸也不一，推测木船装载的这类大量铁条、铁钉可能属于铁质类金属流往海外而再加工的半成品。

---

① 周文晖：《海洋出水铁质文物的保护》，《福建文博》2001 年第 2 期。

图 3-111　2007 年水下吊取凝结物

图 3-112　2007 年提取出水凝结物脱盐脱硫保护

图 3-113　2015 年提取铁质凝结物的脱盐脱硫
浸水保存

三　凝结物的出水保存保护

联合国教科文组织于 2001 年公布的《保护水下文化遗产公约》指出，经过长时间盐水浸泡后被人为从海底打捞起的文物，如果未经保护处理便与空气接触可能迅速毁坏，而且过去一直浸泡在海水中的文物析出盐分在干燥过程中会发生结晶，从而进一步破坏铁锅、铁钉等金属文物甚至瓷器和竹木漆器等出水文物的结构。因此，保护发掘中及时采取适当的保护措施和出水文物尤其是易损坏的脆弱质文物的信息提取至关重要。

2007 年 4 月整体打捞过程中提取出水的 129 块凝结物（图 3-111），包括铁锅、铁钉、瓷器等主体凝结材质，现保存于广东海上丝绸之路博物馆 4 号拱舱一楼库房中（图 3-112），分设 6 个玻璃钢大水柜装置浸泡保存，定时换水脱盐脱硫，保存状态现已稳定。

2013 年 11 月以来的保护发掘清理中，已经基本完成凝结物的分解提取。从分离提取铁器凝结物的方式看，基本采取机械凿取方式，没有采用过任何化学和物理技术实现铁质凝结物的保护性分离提取。在发掘现场观察，铁器保存问题中，铁锅或称铁釜属铸铁，易腐蚀易破碎，不易保存，而铁钉为锻铁，保存相对较好。曾经对船艏部的编号为 N ：016-3、4 的铁锅及船艉部 N ：053 铁钉和铁锅凝结物采取过临时化学保护措施，即用氢氧化钠（NaOH）溶液浸泡的脱脂棉纤维覆盖于铁器开口处，后来均不了了之，的确难以做好现场保护处理。不过，对于铁钉、铁釜等沉船中分离提取物的保护，少部分已放入脱盐池浸泡（图 3-113），处于脱盐脱硫保护处理过程中，从 2014 年、2015 年上半年置入水池浸泡的效果看是可取的，相对保存较好。

另外，有大量的铁钉、铁锅凝结物还没有采取保护措施，分散在广东海上丝绸之路博物馆一楼廊道和发掘平台以及馆外场区等区域裸露存放，2015 年下半年大量提取但未及时浸泡，南方海边高温和阴湿环境交替，有大量氧化锈蚀、开裂、酥松酥化现象，暴露处诸多铁质船货的包装工艺技术，保存状态堪忧，令人心碎。对于这批以铁钉、铁锅、瓷器为主要包含物的凝结物，应当及时采取措施，至少应该先期放入脱盐水池浸泡，在必要的时候还应当开展一些铁质凝结物分解保护的科学实验，进一步实现长期保存，并开展一些铁质类船货的文物信息和包装工艺等方面的深入研究。

"南海 I 号"沉船自发现以来至 2016 年 3月的保护发掘发现，铁质类船货的数和量不亚于大宗的瓷器船货。我们应当遵循并强调重视和尊重这批出水文物的历史背景及其科学意义，确保包括铁质类文物在内的任何打捞出水的水下文化遗产都能得到最大程度的保护和科学管理。当然，我们深知该沉船出水如此大量铁钉、铁锅等铁质类文物的保护是一项较为难解的命题，如何采取必要的保护措施使这宗沉船铁质文物得以保存延续和信息提取，大家期待着有关方面的决心和办法。

南海Ⅰ号

沉船考古报告之二

2014~2015年发掘

从清理表露的"南海Ⅰ号"木质船体中上部及装载货物总体面貌看，除上部建筑和部分船板受损且甲板及以上大部分缺失外，木质船体甲板以下保存较好。船体表面残存结构基本清晰，左右舷板、水线甲板、肘板、隔舱板、舱内垫板、舵承孔及固定隔舱板的舱壁扶强材等船体结构已经比较明了，船桅夹、抱面梁、甲板、船壳板、底板和纵隔板部分显露，船板搭接等部分造船工艺比较明确。沉船的木质船体残长约22.1米，船体保存最大船宽约9.35米，分布轮廓面积约179.15平方米，共有14道横向隔舱壁板，分15个船舱。船体中上部使用多重木板对接或搭接结构和榫卯嵌合、铁钉和木钉等铆合固定的工艺技术，两舷上部及船壳板多为三重板结构。该木质船体船型宽扁，船艏平头微起翘，两侧船舷略弧曲，艉艉部弧收，具有一定的型深，是长宽比例小、安全系数高、耐波性好、装货量大的短肥性船型，属于我国古代三大船型的"福船"类型，与福建泉州湾后渚沉船、海南西沙"华光礁Ⅰ号"沉船结构相近，共同反映了南宋远洋商船制造技术和工艺特征。对于研究中国古代造船史、海外贸易史具有极其重要的意义。

船内各舱室之间的船载货物品种具有一定的规律性，船货构成较为丰富，残存的14个隔舱内显露出满舱的瓷器和铁器，且隔舱内绝大部分属于成摆码放的各类外销瓷器，有的大型器物内套装小型器物，形成整齐的船货装置，最大限度地利用了船内有限的狭小空间。除瓷器和铁器外，还发现较多金银器、铜环、钱币、锡器、漆木器、朱砂等。另外，无论瓷器或是铁器等大宗船货的包装材料大多使用了竹篾或藤条，同时采用扭绳捆扎或隔垫的方式。

由于船体中下部还未完全清理发掘，现阶段的船体描述仅限于木船表面暴露迹象，随着今后的持续清理发掘，各种新的发现还会不断增加，对沉船船体的认识会越来越深入，一些初步认识和看法会不同程度地得到修正。

第四章

船体与船货

第一节 船体

一 保存概况

从显露的木质船体中上部及装载货物总体面貌看，沉船呈南北航向，艏南艉北，船舱上方凝结物规整有序，舱室及船货堆积保存完整，装货类型、码放方式清晰可辨。清除上部淤泥和绝大部分凝结物后，木船表面及大部分隔舱的上段轮廓基本暴露，左右舷板、水线甲板、肘板、隔舱板、舱内垫板、舵承孔及固定隔舱板的舱壁扶强材等船体结构已经比较明了，船桅夹、抱面梁、甲板、船壳板、底板和纵隔板部分显露，船体保存较好，表面残存结构基本清晰，船板搭接等部分造船工艺比较明确（图4-1~4-3）。

总体来看，船体结构较为完整，但艏艉部分受损残缺，封头板、舵楼等上部建筑、日用生活用具和舵杆、桅杆、绞盘等断裂散落，舵楼等上部残损不可知，沉船表层舭板和舱盖板绝大多数无存，船体左右舷板受挤压向外凸出，普遍形成船壳板与

隔舱板上部两端分裂，结构残损较严重。从暴露船体上部残存状态看，船体中前部基本平直，无起沉现象，中部略低于左右两侧，船尾右端稍存下沉和隔舱板上部有掘削残断现象，整体表面略低于左端。虽然木船舱壁板上部有部分残损，但下部保存较好，已暴露的整体船体结构较清晰，现存14个主要船舱，艉部左右对称布置各1个小舱室。

沉船的木质船体残长约22.1米，其中自第1道隔舱板外表至舵孔中线即艉封板外表共计总长20.3米，第15道船舱的左部艉舱进深1.8米。船体保存最宽处位于第10船舱处，现存第10道隔舱板残阔8.91米，加上左右船壳板厚各0.2米，则残存最大船宽约9.35米，分布轮廓面积约179.15平方米。另外，左右船舷板、船壳板上段与隔舱板两端的原有搭接结构基本开裂分离，形成一定空隙和间距，如此推算船体最大宽度存在一定误差。从残存左舷水线甲板宽度和舷侧板看，隔舱板左端以上的舷板向外延伸约0.4米，舷侧板厚

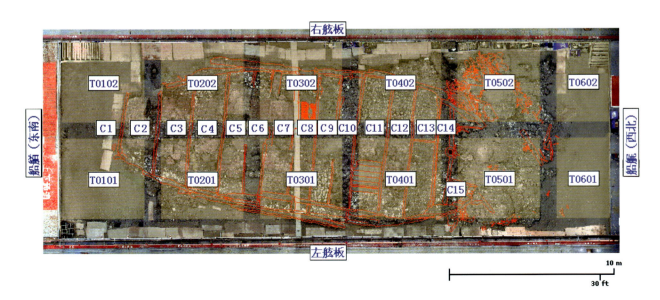

图4-1 截至2014年12月22日清理出的船体与船内沉积物

图 4-2 沉船正摄影像（2014 年 12 月）

图 4-3　沉船正射影像（2015 年 5 月）

约 0.2 米，综合考虑右舷对称这些因素计算，该木船的最大宽度大致推测约为 9.7~10 米（图 4-4）。

从船体保存与保护状况来看，由于沉船淤埋于细软的海泥下，加之后期诸多因素的破坏，除上部建筑和部分船板受损且甲板及以上大部分缺失外，木质船体甲板以下保存较好，且不少船体构件木质如新，大部分船体构件表面呈浅褐色，部分呈灰黑色。还没有发现明显的船体在下沉过程中遭碰撞解体而落座海床的现象，基本可见平稳沉底的特征，且船身保存较完好。当然，暴露于海水中的部分船体和散落船木由于遭受近千年海水的浸泡和海底生物的噬食，在多种破坏因素的直接作用下，导致木质水解、细胞组织破坏严重，木质似海绵呈多孔状，木质看似本色，但材质酥软，强度脆弱，易剥离，干燥时发皱，木质手捻成末，还可见许多裂纹和一些海底生物腐蚀的痕迹。另如，船载瓷器等，经海水、沙砾的打磨程度低，船上的大量瓷器出水以后，釉面光滑，釉色如新，保存完好。

随着清理发掘的推进，木质船体逐步显露，自 2014 年初正式发掘以来，截至 2016 年 6 月，船木的结构纹理、颜色有一些变化。从发掘迹象看，船木刚出土为淡黄色泽，继而变棕发黑，且部分船木受船蛆啮蚀严重，木材部分起翘开裂，木质纹理酥松，颜色灰黑等病害因素较多，与 T0501 ④ c 漆器泛白开裂相类似，木器及船木极易酥化，无筋骨，稍触动之即成粉土，船体的后续保护处理值得期待。另外，为了喷淋保湿，高压水枪冲击力太大，对船木机理损伤较大，且现场保护中采取的化学药物喷淋保湿，长期如此，形成了一层较厚的乳白色开裂粉碎性物质，且铁质文物的残损破裂和浸泡，有害物质渗入木质船体，不仅影响文物原状，保护的次生危害是否存在，木质船体木板局部开裂严重，现有的保护采用的药剂必须检讨，后续的保护材料应检讨评估。

如经过 2015 年 5 月份以后至 10 月 16 日的间歇期，工地白花花一片，发掘面表层覆盖凝固约 2 毫米厚的化学药品，视为喷淋凝固物，与析出的盐分不同。从船体的左右船舷板、肘板、水线甲板首先暴露到现在的近 4 年间，船木机理存在一定损伤劣化，高压水枪的使用和人为踩踏等应需谨慎。部分船尾散落船木未提取，结构纹理和色泽变化明显，不易在沉箱内长时间裸露，需及时提取保护处理，对暴露的脆弱器物也应及时提取，尽可能及早完成沉船的全面保护发掘。

二 船体结构

（一）船型描述

截至 2016 年 3 月，除第 14、15 船舱内文物已完成清理提取外，第 9、10 船舱已下掘深度至 0.9 米外，其余船舱内文物清理已不同程度下降约 0.3~0.6 米深度不等，木船体的隔舱与水密舱壁的壁板、加强材以及两端肋骨和舷侧板等上段结构也逐渐明晰。从已发掘暴露的船体结构和船型判断，该木船体船型宽扁，船艏平头微起翘，两侧船舷略弧曲，艏艉部弧收，具有一定的型深，是长宽比例小、安全系数高、耐波性好、装货量大的短肥性船型，属于我国古代三大船型的"福船"类型，与福建泉州湾后渚沉船、海南西沙"华光礁 1 号"沉船结构相近，船体保存较好，存有一定的立体结构。这在以往的国内外沉船考古中较为鲜见，可以说是迄今为止世界上发现的海上沉船中年代较早、船体较大、保存较完整的远洋贸易商船。对于研究中国古代造船史、海外贸易史具有极其重要的意义[1]。

依现存沉船整体暴露状况，以现状为主将残存木船体初步确认为共有 14 道横向隔舱壁板，可

---

[1] 毕式明：《南海 I 号，带你阅千年》，《南方日报》2016 年 1 月 10 日第 1 版。

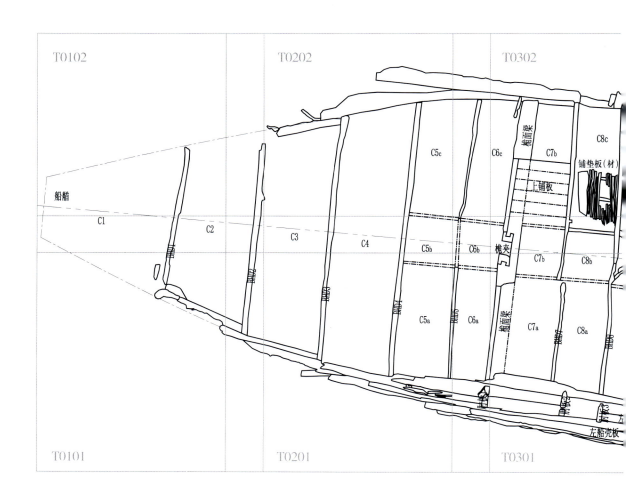

图 4-4　"南海 I 号"船体平面图（另见本书附页）

将沉船的舱数划分为 15 个船舱，自船艏至船艉分别编号为 C1~C15，简称 C1 船舱至 C15 船舱，其中 C1 船舱即艏尖舱可能残断，残存含艉尖舱在内的间距约 0.62~2.01 米宽窄不等的 14 个隔舱。

自艏至艉中心线左右对称，发现纵向有两列薄隔板，虽然可移动且不属于船体结构，应是支撑隔舱板稳固和装货方便所为，但将除艉舱和前端数舱之外的船体中后部几个船舱自左至右横向分割成三部分，形成左、中、右三个隔舱室，从左至右编号，如 C10 船舱可分为 C10a、C10b、C10c 三部分，艉尖舱只有左右两部分，因此编号为左后部 C15a，右后部为 C15b，其他船舱编号与 C10 船舱相同。船舷部设有可倒桅，部分隔舱上部残存有甲板或货物垫板[1]。第 14 舱与尾舱

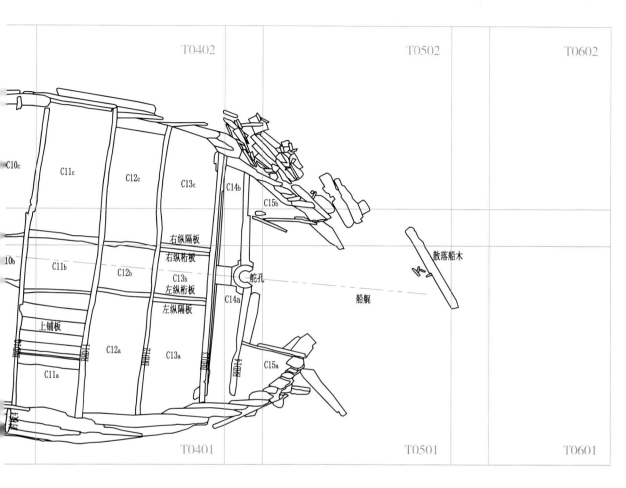

间的隔舱板（即舯封板）中部发现舵承孔一处，残存部分呈半月形，较厚重，外孔径 0.66、内孔径 0.26~0.36 米，两侧舯封板为倾斜结构。尾部左右两端发现装载瓷器船货的小舱室各一处，以舵孔为中心呈对称布局，分别距离舵孔 1.5 米，整体呈燕尾状结构。

（二）船舷板及船壳板

1. 左舷。

① 贾昌明：《"南海Ⅰ号"保护发掘阶段性成果公布确定船体结构、出土文物 14000 余件套》，《中国文物报》2016 年 1 月 12 日第 2 版。

从木船左右两侧残存的船舷板看,左舷板与水线甲板或称舷甲板相连,舷板表面残损较多,前后残断,受挤压开裂错位,向外倾凸,部分移位。整体上左船舷板南端破坏较多,已不见船舷上方疑似甲板的弧形拱起结构,而北端保护较好,部分向外侧倒塌(图4-5)。左舷甲板属水线甲板的组成部分,也疑为航行属具安置之所。呈"凹"字形槽状结构,左右略呈弧形拱起的木板,外侧接左舷侧板,内侧搭接于隔舱板之上。上下的板与板之间有白色黏性填充物即舱料痕迹,个别保存较完整的地方厚度可达0.01米,主要成分为桐油、白灰、麻丝,船板保存状况较好。艉舷纵向残长11.24米,上口残宽1~1.2米。

左船舷板和船壳板存在多重板构造工艺技术,分三重甚至四重板结构,主要为内、中、外三重板结构,如第8船舱左舷板后段和第9船舱船壳板等绝大部分为三重板结构,里侧一重厚重,厚约0.1米,外侧两重较单薄,各厚约0.05米(图4-6、4-7)。有的舷板从内到外厚度依次为0.1、0.03、0.04米,外层板有残存方形浅孔,长0.025、宽0.05米。

左舷板及船壳板已暴露一些船木板材之间的

图4-5　木船左舷甲板

图4-6　第7船舱左舷板四重与三重板交接结构

图4-7　第9船舱左舷板三重板结构

图4-8　第6船舱左舷板四重板

图 4-9　第 8 船舱左舷板四重与三重板和水线甲板交接结构

图 4-10　第 8 船舱左舷板四重与三重板交接结构

图 4-11　第 12 船舱左舷板直角同口搭接结构

图 4-12　第 12 道隔舱板左端与船壳板和水线甲板滑肩及榫槽搭接

搭接工艺，如第 6、7 船舱左舷板全部和第 8 船舱左舷板前段为较薄的四重板搭接组成（图 4-8、4-9），这种多重板结构的四层木板均较单薄，各层厚 0.05 米，船舷板和船壳板的厚度共计 0.2 米。第 8 船舱左舷板中间三重与四重板之间用单个尖插榫滑肩斜搭蛇形同口连接（图 4-10）。第 12 船舱左船壳板横向连接已暴露出直角同口搭接技术结构（图 4-11）。第 12 道隔舱板左端与船壳板和水线甲板成滑肩及榫槽搭接（图 4-12）。

左舷甲板表面残存肘板 4 处（图 4-13~4-16），

基本与第 6、7、8、10 隔舱板相对应，较厚重，残宽 0.45~0.7 米，残高 0.14~0.34 米，厚 0.09~0.15 米，下部与甲板相接的中间各开直径 0.05~0.17 米的小孔一眼，供过水和拴绑缆绳帆索之用，肘板孔部有明显的向船里侧倾斜的磨损痕迹，应属与船桅杆等结构连通的绳索磨痕。

2. 右舷。

右舷板结构严重残损，受挤压向外凸出且局部开裂错位，残存局部舷侧板，水线甲板及肘板结构大部分残断无存。已暴露船体右舷后部三重舷侧板、船壳板及底板结构较明显，但破损严重。

图 4-13　第 6 道隔舱板对应的左舷水线甲板肘板

图 4-14　第 7 道隔舱板对应的左舷水线甲板肘板

图 4-15　第 8 道隔舱板对应的左舷水线甲板肘板

图 4-16　第 10 道隔舱板对应的左舷水线甲板肘板

位于 T0302 西北角即第 8 舱的右舷侧板断裂（图 4-17），裂口长 1.2 米，呈向舱内直插形成三角形，疑似撞裂船舱壁后海水灌入冲击所致。另外，第 12 船舱右段（C12c）即 T0402 内 N：033 凝结物下方堆积泥沙、果核、草席及瓷片等，夹杂瓷片及较为完整器物的种类主要有青瓷碗、青白瓷喇叭口瓶、粉盒、大盘及酱釉碗等，其中以青白瓷碗居多。这些船载物品受凝结物的挤压拖带移动，而凝结物受到某种外力的作用而移位，由于受到船舷的阻挡而不断沉积凝结，船货及船舷则被压于船舷外侧的淤泥中，部分瓷器被凝结物凝结较难将其逐个分离，所以该部位的右舷内

外侧船舷板受损较严重。在右舷板后部，N：033 凝结物东侧之下发现船壳板与外侧护舷板材（又名大撦）及水线甲板下部结构（图 4-18、4-19），其中外表略显圆弧的护舷板材残存一段，紧贴船壳板，厚 0.06 米，而船壳板里侧残存长约 1 米的水线甲板下部搭接隔舱板和船壳板的木板条，横截面呈边长 0.07 米的菱形。

3. 船壳板。

已暴露的船体上部左右船壳板及船艉左右小船舱的底板等，绝大多数表现为三重板结构，且各处厚薄相间不同，整体厚约 0.21~0.22 米。左船壳板中部三重板厚度较为均匀，厚 0.2~0.21 米。

图 4-17　第 8 船舱右舷板断裂痕迹

图 4-18　第 12 船舱右舷板及水线甲板下部结构

图 4-19　第 12 船舱右舷水线甲板下部连接船壳板结构

图 4-20　第 10 船舱右舷板三重结构

现存右船壳板均为三重板，大部分为里侧一层厚重，厚 0.1 米，外侧两层稍薄，各厚 0.05 米，三重板合体厚约 0.2~0.22 米，还有里外两层稍厚、中间夹层较薄的现象，里外两层各厚 0.08 米，中间薄层厚 0.05 米。如第 10、15 船舱右船壳板出现的一段中间厚、里外两侧薄的三重板结构（图 4-20、4-21）。右侧船舷板和船壳板同样暴露出直角同口搭接的结构，如第 10 船舱右船壳板即是（图 4-22）。

（三）隔舱板

即舱壁板或称水密舱隔板，该木船残存厚薄不一、长短各异的隔舱板共计 14 道，按自首

至尾顺序分别编号为第 1 至 14 道隔舱板（以英文 bulkhead 的缩写 BHD 为简易编号，分别编为 BHD1 至 BHD14）。隔舱板一般厚 0.1 米，个别舱壁板厚达 0.14 米，部分隔舱板有错位甚至断裂现象。值得注意的是，可能作为加高加深船舱的做法，发现有数道较宽厚的隔舱板的上部搭接了高约 0.3 米的薄隔舱板，这些舱壁与船底、舷侧、甲板和甲板纵桁、舱口纵桁紧密接合，形成一个整体，增加了船体的刚度和强度，其中第 12、13、14 道隔舱板整体略显厚重。由于艉尖舱残缺，艏封板或称前挡板、挡浪板无存，以下分别对现存的 14 道隔舱板一一描述。

图4-21　第15船舱右后部三重船壳板

图4-22　第10船舱右侧船舷板直角同口搭接

图4-23　第1道隔舱板左前角

图4-24　第1道隔舱板右肋

第1道隔舱板（BHD1）：即现存的木质船体前端护板，位于T0101探方的西北部和T0102东南部，略呈东南—西北走向，呈15度左右斜角向内延伸，连接左右舷侧板（图4-23）。舱板外侧两端残存肋骨、加强材等（图4-24），推测前端应另有一道船舱，今后随着清理下挖，若不存在推测的第1船舱时，这道隔舱板可能为首封板或说前挡板。该隔舱板面阔3.87米（即左右舷侧板之间隔舱板的上表面残存宽度），已露出高度0.6米，板厚0.13米。舱板两端与船壳板形成斜弧状船钉穿板结构，为两重板，每层板厚0.08~0.1米，板与板之间有白色黏合填充物。

第2道隔舱板（BHD2）：位于左舷板的内侧，距前端护板2.236米，面阔5.25米，壁板厚0.145米，已露出高度0.05~0.06米。

第3道隔舱板（BHD3）：面阔6.76米，板厚0.12米。

第4道隔舱板（BHD4）：面阔7.5米，板厚0.1~0.14米。

第5道隔舱板（BHD5）：面阔8.33米，左段厚0.1米，右段厚0.06米。

第6道隔舱板（BHD6）：面阔8.5米，与抱面梁相接，抱面梁之上隔舱板厚0.1米，之下部分暂不明。

第 7 道隔舱板（BHD7）：面阔 8.61 米，左段 0.09 米，中段厚 0.06 米，右段厚 0.12 米。

第 8 道隔舱板（BHD8）：面阔 8.66 米，左段上部厚 0.07 米，下段不明。右段厚 0.115 米。自第 8 道隔舱板开始向艉部的几道隔舱板下段厚，上段卯接高约 0.3、厚约 0.6 米的薄板。

第 9 道隔舱板（BHD9）：面阔 8.79 米，左上段高 0.34 米、厚 0.065 米，下段厚 0.12 米。右上段高 0.28 米、厚 0.085 米，下段厚 0.11 米。中间小隔舱及右舱部分的上段断裂残缺。

第 10 道隔舱板（BHD10）：面阔 8.91 米，左上段高 0.28 米、厚 0.055 米，左下段厚 0.1 米。右上段缺失，右下段厚 0.1 米。该道隔舱板为木船体最宽处，因左舷板开裂塌落使船体变宽，不宜认定为木船残存的最大宽度，包括隔舱板左右面阔 8.91 米，加上残存的左右舷侧板各厚 0.22 米，则现存木船的最大残存宽度约为 9.35 米。

第 11 道隔舱板（BHD11）：面阔 8.75 米，右上段残缺、下段厚 0.12 米，左上段残存高 0.23 米、厚 0.1 米，左下段未完整暴露。中部（C11b）上段残缺，下段厚 0.13 米，已出露 0.4 米高度。隔舱板两侧有斜插贴敷的补强材。第 11 船舱右舷板内侧残存长 1.7 米的水线甲板（舷甲板）下部连接船壳板的木条结构，木条断面呈三角圆弧形，直径 0.08~0.1 米。

第 12 道隔舱板（BHD12）：面阔 7.9 米，已暴露高度 0.3~0.4 米，存在较多扭曲现象，左段较厚，主板厚 0.11 米，外侧附板厚 0.05 米；右段稍薄，厚 0.105 米。

第 13 道隔舱板（BHD13）：面阔 6.92 米，上段由里外厚薄两重板组成，整体保存较好，向船艉方向略有倾斜。主板厚 0.12~0.13 米，外侧即船尾一侧附贴薄板一重，即加强板，厚 0.05~0.065 米。薄板左段中部开一垂直榫卯槽口，口长 0.06、宽 0.04、深 0.09 米，可能为上层建筑立桩所需结构。左端发现 3 处半圆形小窝槽，直径 0.04、深约 0.08 米，应为考古调查钻探所为。隔舱板左右两端与船壳板搭接的抱梁肋骨粗大，薄板以下 0.38 米深度的隔舱板加厚 0.06 米，形成 0.24 米厚度。隔舱板从左向右约 0.6 米和 1 米处，分别斜插入加强板一根截面约为 0.04 米 ×0.06 的方木条，属于加强隔舱板强度和连接船壳板的补强材结构。

第 14 道隔舱板（BHD14）：即艉封板，又称封艄板，位于第 14 与第 15 船舱之间，呈向艉部倾斜状，倾斜度约 30°。左端最上面的一块木板存在错位，略向艉部偏移。该隔舱板上表面总阔 6.1 米，除左右两端船艉小隔舱各占据 1.8 米长度外，暴露于外表部分阔 3.5 米，其中舵孔外两侧部分各长 1.5 米。板体由里厚外薄的两重板构成，逐层收分搭接，主板厚 0.10~0.15 米，外侧附贴薄板厚 0.03 米。从左右两端厚 0.11 米至舵孔两侧变厚为 0.15 米，且舵孔外两侧附贴一层厚 0.5 米的加强薄板。舵孔与艉封板相接的里外两侧四拐角各贴木板条加固，木板条内粗圆外宽薄。左端外侧残存倾斜直插的木柱挡板，隔舱板中部暴露里侧呈半圆形、外侧开口且外撇的舵承孔一处，木胎厚重，与左右隔舱板契合。

（四）船舱

由抱梁肋骨和隔舱板将船体分隔为 15 个船舱（编号 C1~C15），各舱室间进深（指船舱的艏艉方向的上口宽度，不包括隔舱板厚度，以下同）、宽度（指船舱所在的左右舷板之间残存的上口宽度）和深度不一。以下以自艏至艉顺序对木质船体结构中船舱的进深和面阔尺寸分别描述：

第 1 船舱（C1）：即艏尖舱，残缺。

第 2 船舱（C2）：第 1、2 道隔舱板之间，舱室上口进深 2.05 米，左右面阔 3.87~5.25 米。舱内深度暂时未清理至底部。

第 3 船舱（C3）：第 2、3 道隔舱板之间，上口进深 1.9 米，左右面阔 5.25~6.76 米。舱内深度暂时未清理至底部而不详。

第 4 船舱（C4）：第 3、4 道隔舱板之间，上口进深 1.8 米，左右面阔 6.76~7.5 米。舱内深度暂时未清理至底部而不详。

第 5 船舱（C5）：第 4、5 道隔舱板之间，上口进深 1.45 米，左右面阔 7.5~8.33 米。舱内深度暂时未清理至底部而不详，部分区域已清理至 0.3 米深度。

第 6 船舱（C6）：第 5、6 道隔舱板之间，为主桅所在船舱，上口进深 1 米，左右面阔 8.33~8.5 米。舱内部分已清理至 0.3~0.6 米深度。

第 7 船舱（C7）：第 6、7 道隔舱板之间，上口进深 1.42 米，左右面阔 8.5~8.61 米。抱面梁所在深度的进深为 1.05 米。已清理至 0.3~0.7 米深度。

第 8 船舱（C8）：第 7、8 道隔舱板之间，上口进深 1.23 米，左右面阔 8.61~8.66 米。右段舱内发现铺垫有木条、木板，且右舷侧板从外向里被撞裂。

第 9 船舱（C9）：第 8、9 道隔舱板之间，上口进深 1.16 米，左右面阔 8.66~8.79 米。舱内深度暂时未清理至底部而不详。

第 10 船舱（C10）：第 9、10 道隔舱板之间，上口进深 1.1 米，左右面阔 8.79~8.91 米。舱内深度暂时未清理至底部而不详。

第 11 船舱（C11）：第 10、11 道隔舱板之间，上口进深 1.8 米，左右面阔 8.75~8.91 米。本隔舱沿船体首尾方向跨 T0401 南部与 T0301 北隔梁，

分左、中、右三部分。舱内近左舷部码放成摞青瓷碗，向右暴露左右宽约 2 米的垫板（或为甲板），垫板搭接于前后两道隔舱板内侧，再向右为银链和铁钉凝结物，两侧紧贴纵桁板和竖立的薄木隔板，形成中间小隔舱。

第 12 船舱（C12）：第 11、12 道隔舱板之间，上口进深 1.42 米，左右面阔 7.9~8.75 米。舱室分左、中、右三部分。自左至右，近左舷处码放青白瓷碗，向右侧上部大面积码放成摞铁锅，下部为成摞青瓷碗等。左舱内铁锅下部的垫板厚 0.05 米。

第 13 船舱（C13）：第 12、13 道隔舱板之间构成第 13 道隔舱，上口进深 1.35 米，左右面阔 6.92~7.9 米。隔舱分左、中、右三部分，中部暴露左右宽 1.4 米的小隔舱一处，呈左右对称结构，小隔舱板左侧立板厚 0.01~0.02 米，右侧纵桁板厚 0.08 米，贴附立板厚 0.01 米（图 4-25）。

第 14 船舱（C14）：第 13、14 道隔舱板之间，两道隔舱板保存较好，均在向船尾端一侧附贴厚 0.05 米的辅助补强板。本船舱较窄，属于本沉船的最狭隔舱，口大底小，左右两端窄，中间略宽，包括第 13、14 道隔舱板厚度在内，宽度约 0.95 米（图 4-26）。舱室空间上口进深约 0.6~0.8 米，中部以 0.75 米进深占据主要舱室，底部进深从左右两端 0.35 米至舵孔处最宽 0.48 米。船舱左右

图 4-25　第 13 船舱（自右向左）

图 4-26　第 14 船舱（自右向左）

最大面阔 6.92 米。该船舱内货物已清理完毕，舱底部有一层水平薄板，垫平船舱，便于装载和码放货物，垫板宽 0.4 米（图 4-27、4-28）。

第 15 船舱（C15）：即艉舱，第 14 道隔舱板即艉封板之后，分左右两个独立的小隔舱（图 4-29），以舵孔为中心呈左右对称，结构一致。两艉舱平面均呈半径 1.8 米的四分之一圆面，船舱进深和面阔均 1.8 米。船尾底板与纵向隔舱木板清晰，左右部船底板残存，右舱底板外侧残损较多，左舱底板保存较完好，三重板结构，上表面即船内侧一层较厚，整体厚 0.18~0.2 米，已暴露长约 1.5~1.8 米。纵隔舱板略残，厚 0.05 米。

（五）船桅

在自艏向艉的第 6 船舱即木船中心部位暴露桅夹及抱面梁结构，由于还没有发现其他部位的船桅，从所处位置和体量推测，该船桅应属中桅或说主桅构成。从向船艏一侧开口结构观察，该船桅属于朝船艏方向放置的可倒桅类型。抱面梁下部与隔舱板之间的搭接结构暂不明了，桅杆上部残缺，桅杆、桅夹板下部及桅座保存状况及结构特征等有待后续发掘。

抱面梁为固定中桅的横木，呈左右横向铺设，左右两端紧贴船舷板，主体置于第 7 船舱前部，与其下部和上部较薄的隔舱板共同组成第 6 船舱即桅舱的一道厚重的隔舱板。抱面梁表面磨损圆滑，整体中部宽厚硕壮，近左右舷板处略有变窄，与左右舷侧板和舷甲板搭接（图 4-30）。左右总长 8.5 米，断面呈长方形，上表面宽 0.5 米、高 0.3 米。在抱面梁朝船艏方向的中点处开有 1 处大榫口的桅门凹口，镶嵌桅夹和桅杆，凹口表面磨损较严重，宽度以能穿过桅杆和桅夹为准，面宽 0.9 米，进深 0.3 米。凹口的左右缘有凸榫，与桅夹的方孔榫槽契合固定。

抱面梁上表面向船艏一侧平搭高 0.35、厚 0.1 米的薄板一道，形成第 6 道隔舱板的上部，

图 4-27　第 14 船舱左半部舱底及舱壁榫槽结构

图 4-28　第 14 船舱右半部（C14b）

图 4-29　第 15 船舱左小舱（C15a）

图 4-30　主桅抱面梁右端

图 4-31　第 7 船舱右段甲板、主桅抱面梁及上部第 6 道
隔舱板

图 4-32　第 6 船舱中部主桅夹正面

且与两桅夹的左右外侧所开榫槽相嵌套，形成紧密的主桅夹、抱面梁和隔舱板套接结构（图 4-31）。抱面梁表面与第 7 道隔舱板之间残存纵向垫板，上部码放铁钉，下部码放青瓷碗，该垫板应为甲板之一部分，对判断船体结构和大小型深等较为关键。

桅夹板为两块竖立桅杆左右的厚木板条，紧贴横向抱面梁（图 4-32），已露出高度 0.65 米，两者间距即可容纳桅杆进出的宽槽面宽 0.38~0.4 米，这是自上部严重磨损部位的宽度，向下收窄成 0.26 米宽度。两桅夹略向船艉方向倾斜，左右外侧前方各残存一道左右对称的纵向薄隔板和纵桁板，向前延伸与第 5 道隔舱板相接。桅夹上端头平面近方形，左右面宽 0.28 米，前后进深 0.3 米。两块桅夹的左右外侧面各开一榫槽，口宽和槽深各 0.1 米，与平搭于抱面梁表面的薄隔舱板嵌套榫合，完整固定隔舱板、桅夹和抱面梁于一体（图 4-33）。残存桅夹顶端头稍高于抱面梁，残断磨损严重，外表亦磨损微残不平整，推测两桅夹上端应与相接的第 6 道隔舱板高度一致，即高出抱面梁上表面 0.35 米（图 4-34）。

（六）船舵

又称舵插盘或舵孔，发现于 T0401 北隔梁西部第 3 层下，仅存舵盘，属木船舵承构成（图 4-35）。舵孔及前后两侧隔舱板保存较好，向左右隔舱板即艉封板延伸，分别与左右舷板和船壳板搭接。舵盘表面圆滑，有明显磨损，左右两端各有一竖状搭接的补强材，紧密连接艉封板，与南侧较厚重隔舱板相距约 0.8 米。舵盘呈圆形，外侧开缺口且外撇，形成多半月圆形舵孔，整体呈开口部弧收的马鞍形（图 4-36），盘面直径 0.55~0.6 米，盘体宽 0.15~0.2 米，孔径 0.32~0.35 米、开口内宽 0.26、外宽 0.42 米。现暴露高度与艉封板深度相同，已显露高 0.65 米。观察现存舵盘及外围构成发现，存在加固舵盘与船舱板的坚固结构，在第 13 道隔舱板与舵孔板之间桥状嵌搭一块阔 0.5、进深 0.45、厚 0.18 米的厚重木楔板，置于第 14 船舱正中部，木楔板与第 14 船舱底之间留有口高 0.25 米的孔洞（图 4-37）。舵承孔与艉封板向里侧倾斜结构相同，倾斜度略低于艉封板，约 25°，而艉封板倾斜度约 30°。从舵盘与艉封板或说封艄板的结构关系看，盘面与艉封板平齐，下部露于艉封板之外，该舵盘应属下舵盘，而上舵盘、舵杆及舵叶已随艉楼残损无存，但可据该舵孔尺寸推算舵杆大小。

（七）甲板

艏甲板和艉甲板无存，残存左舷甲板中段，

另有部分船舱上表面已经暴露的成片垫板，应属舱盖板、上铺板或船中部的舱面甲板的一部分。发现这些木垫板一般铺垫在较宽厚的隔舱板上表面之间，而且这些木垫板的面积较宽，木垫板的前后两侧隔舱板之上另加高约 0.3 米的较薄舱壁板。木垫板之上往往整齐码放成捆成摞的铁钉和铁锅，而这些木垫板中位置较高的部分或许就是甲板的一部分。

左舷内残存舷甲板即水线甲板中部的舱口纵桁、甲板纵桁、甲板板和横向肘板，而前后的首尾甲板相接结构和舷墙板材均断裂不明。左舷甲板残宽 0.75 米，加上左舷板厚 0.2 米，左舷甲板

图 4-33　第 7 船舱中部主桅夹背面

图 4-34　第 7 船舱中部主桅夹侧面

图 4-35　第 14 船舱中部舵孔

图 4-36　木船尾部舵孔

宽度应在 1 米以上。右舷一侧的水线甲板及肘板
严重残缺，基本无存。残存的这种船舷以上的舷
甲板结构又称上舷板或称明板，是在左舷边与舱
口围板之间构造的纵向水密壳板，水线甲板的底
部与船里侧部分分别与船壳板和隔舱板、船桅抱
面梁紧固，与舱口围板重合共用，这种凹槽形的
水线甲板应属舷甲板的一部分。该甲板上残存的
4 处单孔肘板除了隔断和通水外，从残存 4 处肘
板的开孔向船内偏前方磨损痕迹观察，更重要的
功能应与一些木帆船的舷边桩的部分功能一致，
即绞系缆绳和船帆绳索，调节风向和航向等。

舱面甲板发现不多，从少数船舱内上部的木
垫板高度和结构面积推测，应属舱面甲板的一部
分。第 7、11 船舱的前后隔舱板之间保留的舭板
和垫板痕迹明显，分布面积较大。如第 7 船舱右
部（C7c）暴露厚重的桅托梁，船舯部桅夹结构
清晰，右端保留一片舭板（图 4-38）。第 11 船
舱左半部（C11a）亦残存一片疑似舭板（图 4-39、
4-40），发现于 T0401 西南部④层下，木板平铺于
第 10、11 道隔舱板之间，即凝结物 N：057 以西、
N：030 以东，暴露分布面积较大，东西长 2、南
北宽 1.68 米，由宽窄不等的 6 块长方形木板缝合

图 4-37　第 14 船舱中部舵孔及前后隔舱板

图 4-38　第 7 船舱右段（C7c）货物甲板

图 4-39　第 11 与 12 船舱左段甲板及铁器（自尾至首）

图 4-40　第 11 船舱左段甲板（自右至左）

图 4-41　第 12 船舱中部（C12b）铁钉与铁锅

图 4-42　第 13 船舱中部（C13b）

铺垫，木板厚 0.05 米，推测应属连接隔舱板的木甲板。该段木甲板保存较好，但发掘中踩踏挤压较严重，且木板之下有不同程度的空隙，部分起翘开裂，向中部倾斜、变形，但结构清楚。

（八）纵隔舱板与小隔舱

在木船舱的表面艏艉纵向沿中线设置两道薄隔舱板，与每道船舱的两道隔舱板呈纵向直角搭接，形成每道船舱中部的小隔舱，将每道船舱分隔成左、中、右三部分。自船艏第 2 船舱至船艉第 13 船舱均有分布，从第 5 隔舱至第 13 隔舱尤为明显，如第 12 船舱中部（C12b）小隔舱装载铁钉与铁锅（图 4-41），第 13 船舱中部（C13b）小隔舱成摞侧身码放青瓷碗（图 4-42）。这种纵向小隔舱面阔 1.2 米，左右两侧由里侧纵桁梁和外侧竖立薄贴板构成，结构和用材均相同。纵向桁梁多为方棱木条，断面宽 0.075~0.08 米，外侧薄隔板厚约 0.015~0.02 米，局部更薄，厚约 0.008~0.01 米。

这种分隔船舱的现象值得关注，既似木船体结构，但应可以灵活拆卸，并非固定结构。两道纵向隔板向船尾延伸后抵第 13 道横隔舱板，与舵盘间接联结，前缘木船中前部隔舱。虽然下部全部不明，但从第 6 船舱已向下清理深度近 1 米观察，这种纵向竖立的半隔舱板依然存在，可能

分层搭接，下抵船底板。从功能和结构看，这种分隔船舱的做法用两道纵向隔舱板不仅适当加强了每道横向隔舱板的横向强度和船体纵向强度，有利于木船整体平衡，也方便了大船舱内装载码放货物，且不大妨碍货物装卸。但是，从桁木、薄板用材和搭接结构看，这种纵向隔舱板在一定程度上不属于船体的真正结构，而是随着货物的装卸可以拼搭和拆卸的船舱隔断性补强结构。

（九）其他结构

1. 上部建筑。

从木船体后部几个船舱和隔舱板的结构以及散落的木构件推测，该木船应当存在一定的艉楼上部建筑。如后部的 C12、C13、C14 船舱的隔舱板厚重，且有补强的附贴薄板结构，隔舱板表面也残留多处榫卯结构。现存船体的尾部上层建筑基本无存，建筑结构一概不明，大量船木构件散落于沉船尾部外侧周缘，从一些木件结构观察，应当属于木踏板、甲板和护栏等残件。

2. 船底板。

截至 2016 年 3 月，仅暴露船尾两个小隔舱的船底板，三重板结构，大多为里侧一重厚板，外侧两重薄板，普遍整体厚 0.2 米。

3. 舱壁肋骨。

在一些隔舱板两端与船壳板搭接的两侧，发

图 4-43 第 13 船舱左端隔舱板、肋骨及船舷板

现有较多断面呈扁方形的粗木条，与隔舱板、船壳板紧密固定，这些木条板应属舱壁肋骨。如第13 船舱左端隔舱板、船舷板及肋骨结构暴露比较明了（图 4-43）。

4. 木船中下部结构。

出了少部分隔舱板清理显露深度约 1 米外，绝大部分左右舷侧板、船壳板、肋板、船底板、龙骨、桅座等船体结构，以及船舱内的舱板补强筋、分层垫板结构等，已露出很少部分或还未显露，有待后续的发掘揭露。

三　木船用材

从木质沉船的用材看，不同部位用材略有区别，也存在多样性。经相关部门对所用部分木材种属鉴定，船体木材按部位不同分别使用了马尾松木、福建柏、海南榄仁木、柄果木、江南桤木等多个树种，如船前部及右侧舷侧板、船艏隔舱板、中部隔舱板为松木科南亚松，中部桅杆的抱面梁为槭树科罗浮槭，舵承孔夹为樟科樟木属黄樟木，后部的舭封板为槭树科十蕊槭，舭封板外侧附板为藤黄科铁力木等。随着整个木质船体的完全暴露，可能还使用了杉木、樟木、槠木等。另外，在沉船尾部外侧散落大量残碎木块，包括

船木和漆木器，部分明显存在榫卯结构，具体功用难以分辨。部分船舱内和船尾外侧，发现较多自然形态的木棍、树枝等，除了部分属于瓷器、铁器等船货装载的隔离铺垫物外，部分可能属于木船体内多种性质的使用木材，也有可能属于船上取火所用木材。

四　造船工艺技术

"南海 I 号"木质古沉船的船体结构和造船技术类似于福建泉州湾后渚海船和海南"华光礁I 号"沉船，船体使用多重木板搭接构造的工艺技术，两舷上部及船壳板多为三重板结构。如残存左右两舷侧板为多重板搭接结构，主要为三重板结构，左船舷强力甲板或称舱面甲板结构保存较好，船内各隔舱板也有不同程度暴露，已发现的 14 道木质横向隔舱板大部分保存较完整，部分舱壁板上部残损，下部保存较好。目前已发现的 15 道横向隔舱中，除艏尖舱残断外，隔舱进深最宽的是第 2 船舱 1.93 米，最窄的是第 14 船舱 0.83 米。在隔舱间还存在以舵、桅为中心左右对称的两道货物隔板和小隔舱，自第 2 舱至第 13 舱呈自艏至艉纵向分布，这种设计结构和搭接技术无疑提高了木船内部的整体挤压强度。

虽然木船体中下部还未完全清理揭露，但船体中上部的船板之间的对接或搭接结构和链接方式已经暴露较多。从已暴露的木船体结构来看，局部显露出木板之间的搭接、榫卯、铆钉等传统造船工艺技术和手段。从木板之间的搭接看，存在同口、直肩同口拼搭法，如第 4、10 船舱的右侧船壳板为同口搭接，第 12 船舱的左舷板同样采用同口搭接。第 12、13 道隔舱板左端与船壳板之间采用隔板滑肩口、船壳板榫口的套搭结构。第 12 船舱左端水线甲板与船壳板、隔舱板之间的搭接结构明显，表现为在隔舱板与船壳板搭接的上表面再纵向搭接断面边长约 0.08~0.1 米的扁方形木板条，之上搭接水线甲板与船壳板共同构

成左舷甲板。左舷板与水线甲板使用较多长10余米的整块板材拼接，与第10隔舱板左端相对应的肘板处有利用肘板前后两侧直搭水线甲板中心板材的护舷木结构。第13道隔舱板左右两端里侧附板采用滑肩斜搭和木条固定等隔舱板加强板材的搭接技法，同时隔舱附板与主板之间用铁铆钉固定。

板层与板层之间多为平搭，如船壳板和部分隔舱板的上段等平面搭接中，可能内侧使用了暗装榫卯连接结构。如隔舱板上部有用暗榫卯结构对接的增高隔舱板高度的结构，左右舷板和舷侧板接缝更多地使用了搭接结构，左舷板上残存凸起的柱状木榫，应属与甲板之间的接续结构。除此而外，在主桅夹等处，广泛采用了大榫卯嵌合的做法。

在铁钉和木钉等铆合固定材料的使用上，该木船体存在使用了铲钉或小铁钉的痕迹。在船艉右后部的散落木板上发现有锔钉，显示出该木船除了使用木结构的卯榫搭接工艺外，还运用了铁钉固定船板的做法。隔舱板两侧的木条状加强筋大多使用铁钉连接固定，如第4道隔舱板左段就是如此（图4-44）。第13道隔舱板左端尾侧使用木板条嵌套和铁钉固定附板（图4-45）。在第14船舱左半部的第13、14道隔舱板之间搭架横木而嵌钉两个小拱形托木，残存有小铁钉或铆钉痕迹（图4-46）。舵孔两侧的固定竖板表面也残留两处铁钉锈蚀痕迹（图4-47）。另外，从出土的少量木质铆钉推断，该木船的局部可能使用了木钉固定法。

图4-44　第4道隔舱板左段前侧加强筋用铁钉固定

图4-45　第13道隔舱板左端尾侧用木板条和铁钉固定附板

图4-46　第14道隔舱板拱形托槽用铁钉固定

图4-47　舵孔外侧加强板上部用铁钉固定痕迹

第二节　船体散木构件

　　沉船内外散见大量解体的船体木质构件，船体前中部相对较少，主要为船舷板和隔舱板及甲板的残损木板块，而沉船后半部内外则散布较多，如艉部散木中一些木板较为宽厚，可能属于船舷板、甲板及一些承重板材，还包含木船的上部舱室建筑的一些小块木踏道或说木阶梯踏板等（图4-48）。由于这些船木构件磨损残断严重，部分仅见一些人工加工的木结构，具体属于木船的何种构件以及功能等性质判断仍需后续的发掘整理和船型研究。截至2016年3月，除了部分仍然遗留沉船现场原址保存未提取，以及有一些黏结于凝结物中外（图4-49），已清理提取各类船体散木158件（组），处于实验室清洗、脱盐、脱硫等保护处理过程中，有待今后持续的分类整理和辨识。

　　从这些散木的外部结构特征、使用痕迹和板材厚度、残存大小等因素初步分类和推测，主要包括船壳板材、水密舱壁板用材、甲板用材、艉楼建筑用材及其他船木构件。结合现存船体的各部位用材尺寸和结构形制判断，一般表现为水密舱壁板用材较宽厚，甲板用材次之，而船壳板用材较薄，艉楼建筑用材及其他船木构件的尺寸和形制则较为复杂，以下仅举数例，略作说明。

　　船尾外侧散落的较大块木板较多，厚约0.03~0.05米，应属木船甲板或上部舱壁板。标本2015NHIT0602④：木2，船木板，边缘规整，呈宽凸榫状，两长端带斜角面。残长2、宽0.5、厚0.04米（图4-50）。

　　船尾外侧散见少量带孔木板，推测应属木船艉楼木构残件。标本2016NHIT0502④c：木8，三孔木板，1件，木板表面残存三个孔，两侧对称各一近方形孔，中间一个类似椭圆形孔状结构。木板残长0.76、宽0.4、厚0.04米，方孔长0.15、宽0.1米（图4-51）。

　　船尾外侧也散落少量粗硕的棱状长木条，标本2015NHIT0502④c：木3，方棱状长木条，散落于尾舵外侧约3米处，发现于T0501与T0601之间的第④c层泥沙堆积中，保存较好，表面局部开裂残损。长木条周围淤积青灰色黏泥，包含较多小木条、木片等，有较多瓷器及残片，另有

图4-48　船尾右后部外侧散落的大量船木

图4-49　船尾右后部散落木板

图 4-50　船木板（2015NHIT0602 ④：木 2）

图 4-51　三孔木板（2015NHIT0502 ④ c：木 8）

图 4-52　方棱状长木条（2015NHIT0502 ④ c：木 3）

图 4-53　船木构件正面（2015NHIT0502 ④：木 19）

图 4-54　船木构件背面（2015NHIT0502 ④：木 19）

少量海贝残骸，之下叠压 1 方石砚及瓷器残片、木桶、木盆、铜钱等。长木条中上部轮廓完全暴露，棱角分明，一端较薄，一端有木槽和榫头结构，中间略宽厚，木质硬实，呈褐色，推测可能为舵牙，即操舵木柄，与碇石结构相近，抑或为桩木。长 2.5、宽 0.2~0.22、厚 0.12~0.17 米（图 4-52）。

在船尾散落堆积中发现较多两端带凸榫的平弧形木板，这类弧形木板较长，但弧度较小，两端有削砍榫卯结构，弓背面的两端残留铁箍或铁钉锈蚀凝结物痕迹，并有细小钉孔，与木桶、木盆壁板在端头结构、长短和弧度大小方面存在一定区别，推测为木船艉楼云梯踏板、扶手护栏挡板或木篷盖板等。标本 2015NHIT0502 ④：木 19，弧曲形木板，宽 0.1 米，厚 0.015 米（图 4-53、4-54），弓背面平滑规整，表面两端附着铆钉各一排，每排 4~5 个，间距 0.015 米，两排铆钉间距 0.43 米。标本 2015NHIT0502 ④ c：木 30，T0501 ④ c

东南角散落，弧形，略长，两端略窄，且外表有铁箍或铁钉锈蚀痕迹，长 0.61、宽 0.09、厚 0.01 米（图 4-55，上）。标本 2015NHIT0502 ④ c：木 30，两端有凸出插榫结构，长 0.6 米，宽 0.1、0.055 米，厚 0.01、0.017 米（图 4-56，中、下）。

沉船后部还发现一些表面结构制作较为规整精致的木构件，推测属于木船的一些装饰性构件。

图 4-55　船尾云梯踏板或护栏挡板正面
（2015NHIT0502 ④：木 30）

图 4-56　船尾云梯踏板或护栏挡板背面
（2015NHIT0502 ④：木 30）

图 4-57　圆锥形木雕构件
（2015NHIT0501 ④ c ：545）

图 4-58　圆木（2014NHIT0501 ③：木 3）

标本 2015NHIT0501 ④ c ：545，圆锥形木雕构件，1 件，在 T0501 ④ c 层船舵外左侧散乱堆积中发现，推测为船艉上部建筑装饰构件。表面黑灰色，圆柱状锥形，顶尖部微残，尖顶与下部圆木身之间雕刻宽深凹槽一周，下端开一圆形榫孔。总高 0.455 米，圆木身高 0.3、最大直径 0.042 米，榫孔深 0.04、榫槽高 0.04、尖锥高 0.08 米（图 4-57）。标本 2014NHIT0501 ③：木 3，圆木，1 件，圆柱状，一端完整，一端残断，中心有凹槽，表面圆滑规整，直径 0.08 米，残长 0.1 米（图 4-58）。

木柱头，标本 2016NHIT0502 ④ b ：木 7，1 件。不规则圆台形，表面刻有 4 道凹槽，底部带两凸榫。高 0.2、直径 0.1 米（图 4-59）。

图 4-59　木柱头（2016NHIT0502 ④ b ：木 7）

一 散落遗物

木船体遇险及沉没过程中，发生猛烈撞击或因其他外力因素，船载货物发生不同程度的倾斜翻滚和抛撒，在沉船周边遗存有较大范围的瓷器等遗物散落区，后期各种因素干扰也造成船载物品混乱移位，在船体内外形成了大量散落文物。2007年整体打捞过程中清理了沉船外围散落文物500余件，2013年底以来的清理发掘中发现的金银器、铜环、钱币、锡器、漆木器、朱砂和部分瓷器等散落于各舱室上表面及四周，这些都属于沉船倾沉和自然抛撒而为，原有装载位置和方式不明，且数量相对较少的漆木器、金银饰品、锡碗等，是否为贸易船货，值得关注。另外，一些石质和铅质网坠以及个别青花瓷器等，如主桅夹周围散落的大量鹅卵石碇石，应当不属于该沉船的固有承载物品，可能因后期海洋渔业生产和其他人类活动而沉积于沉船内外（图4-60）。

从发掘清理结果分析，一些相对瓷器、铁器而数量较少、体量较小的金银饰品、漆木器、铜

图4-60 主桅周围散落的鹅卵石碇石

钱等，其表现的主要散落状况存在明显的区域特性，且绝大多数散见于船体上表面及沉积泥沙土中。金银器分布较为分散，主桅前发现一竹筒盛装漆木器者，左舷前部外侧发现一黑褐漆盒金器，这是两处集中发现，其余的金器散落于第9~14船舱表面，且以第9和10船舱左半部最为集中，船体中后部其他区域也有零星发现。银铤主要发现于第9、10船舱中部。铜钱散落于船体各区域，但绝大多数分布在第9~13船舱左中部，以第10船舱左部和第13船舱左部外侧最为集中。铜环也同样在第10船舱左半部最为集中。漆器主要发现于船体后部外侧，以第15船舱左小舱外围为多。规格不一的锡珠及其他质地的穿孔珠子发现数量极大，但主要集中于船体第9、10、11船舱。朱砂主要散落于第10、11船舱左半部。这些器物的散落特征表明，其原本应与装载于船体中后部密切相关。

二 船舱内装载物

船艏至船艉各船舱表面及舱内显露的船货主体状况较为清晰，船内各舱室之间的船载货物品种多样，装载方法逐步明了，已提取出来的船货构成越来越清晰。甲板及隔舱板之间搭接的垫板以上主要装载铁锅和铁钉，舱室内主要为码放整齐的各类瓷器，部分舱室内上部也码放铁锅和铁钉（图4-61~4-63）。除第1、2、3、4船舱和第14、15船舱外，其余船舱内中上层都以中间的两道纵向薄隔板将每个船舱分成左、中、右三个小舱室，且舱内三个区域的上下层货物分装格局明显，以下依据截至目前清理发掘暴露的各个船舱中上层的明显分区，分别描述货物的装载和

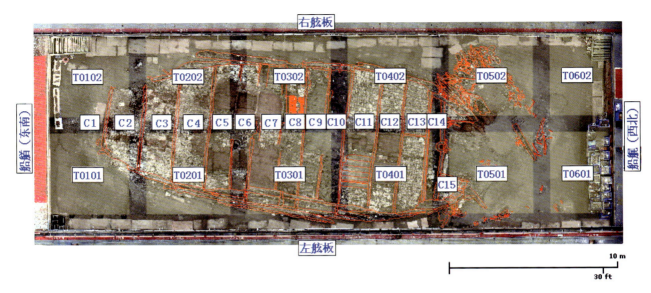

图 4-6′ 截至 2015 年 12 月 20 日清理出的船体与船货

图 4-62 沉船正射影像（2016 年 1 月 1 日）

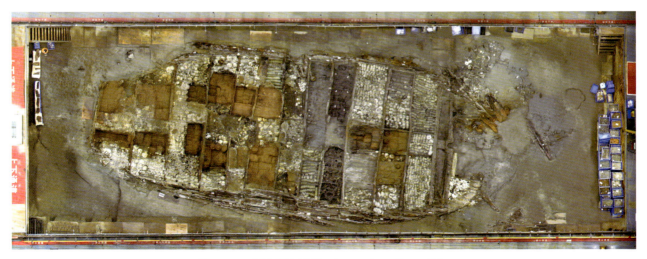

图 4-63 沉船正射影像（2016 年 1 月 23 日）

图 4-64　第 2 船舱左半部瓷器

图 4-65　第 2 船舱左半部青白瓷器局部

图 4-66　第 3 船舱左半部（C3a）瓷器

图 4-67　第 3 船舱左段铁钉

分布状况。

艏舱（C1）：又称艏尖舱，推测上部残断，而下部暂未发掘，装载物不明。

二舱（C2）：甲板以上堆放铁钉和铁锅，舱内码放瓷器。左隔舱（C2a）有德化窑青白瓷大碗（盘）、小碗、大小喇叭口瓶、大小粉盒，磁灶窑酱釉罐、梅瓶等（图 4-64、4-65）；中间小隔舱（C2b）的中间纵横码放龙泉窑的青瓷刻花碗、盘，青瓷碗 10 个一摞，两侧及靠中部码放成捆铁钉并伸入下层；右隔舱（C2c）上部码放铁锅，下层码放铁钉，再向下为磁灶窑酱釉大罐、景德镇窑的青白瓷芒口碗、花口碗及德化窑青白瓷大碗、粉盒等。

三舱（C3）：船舱上部散落青白瓷粉盒、酱釉小口罐、青白瓷花口盘及少量铜钱等，另有大小网坠、金属网坠散落其间。下部舱内船货码放整齐，装货的区位分布清晰。左小舱（C3a）自左向右分别码放青瓷碗、小口圆肩深腹瓶等，其中左前部为青白瓷大盘、葵口盘，左后部为青白瓷碗、粉盒、双系罐、执壶，绿釉碟、喇叭口瓶，酱釉小口瓶，大小青白瓷粉盒成摞摆放（图 4-66），左半部的右侧码放铁钉、铁锅（图 4-67）。摆放整齐的青瓷碗碗口朝向以侧立为主，不见倒扣和朝上者。小口罐罐口朝上立放，大部分肩部以上残损，仅存腹部和底部。中部（C3b）甲板以上堆满铁钉和铁锅，舱内上层亦可见铁钉，舱内瓷器有龙泉窑的青瓷花口碗、刻花碗、盘，磁灶窑酱釉大小罐。右部（C3c）码放成捆铁钉（图4-68），右下部为景德镇窑青白瓷花口碗，德化窑青白瓷花口大碗（盘）、大小喇叭口瓶、大小粉盒、葫芦瓶，磁灶窑梅瓶等。

四舱（C4）：上部散落铁锅与瓷器的混合体凝结物及瓷器和船木碎片，凝结物表面挂满渔网，发掘可见大小不一的石质和铅质网坠。左部（C4a）舱内瓷器自左向右依次为闽清义窑的青瓷出筋葵口碗、刻花碗、弦纹碗，磁灶窑酱釉梅瓶（小口瓶），义窑的青白瓷小碗和铁钉（图4-69）；中部（C4b）中部甲板以上分别堆有铁钉和铁锅，下层仍码放有铁钉；右部（C4c）上层自左至右

依次有龙泉窑的青瓷刻花碗、盘，德化窑青白瓷花口大碗（盘），磁灶窑酱釉梅瓶等，下层局部可见铁钉和铁锅（图4-70）。

五舱（C5）：左右部甲板以上都堆有铁锅和铁钉，多数铁锅倒扣于铁钉之上。左部（C5a）舱内瓷器有景德镇窑青白瓷菊瓣碗、婴戏纹碗、花口盘，凝结物下有成摞摆放的龙泉窑青瓷刻花大碗，德化窑青白瓷葵口盘、大小壶、粉盒、喇叭口瓶、双系罐等，码放的铁钉伸入船舱内0.25~0.30米（图4-71）。中部（C5b）上层为铁钉，下层为德化窑青白瓷刻花大碗（盘）。右部（C5c）磁灶窑酱釉梅瓶、小口罐，铁钉及下部瓷器，德化窑青白瓷大盘、粉盒、喇叭口瓶，景德镇窑青

图4-68   第3船舱右段铁钉

图4-69   第4船舱左段酱釉梅瓶与青瓷碗

图4-70   第4船舱右段青瓷碗之下码放铁钉铁锅

图4-71   第5船舱左段青白瓷喇叭口瓶与青瓷碗

白瓷葵口碟等（图4-72）。

六舱（C6）：左部（C6a）舱内的两侧为青白瓷大盘，中间甲板以上堆有铁锅、铁钉，之下为瓷器（图4-73）。中部（C6b）为酱釉梅瓶和酱釉四系大罐。右部（C6c）的部分甲板以上堆

放铁钉，之下可见酱釉梅瓶等，舱内瓷器有景德镇窑青白瓷花口盘、德化窑青白瓷刻花大碗、宽平沿大盘之间间杂青白瓷双系罐和大小粉盒、喇叭口瓶等，右段部分青白瓷大碗之下码放铁钉（图4-74）。

七舱（C7）：左部（C7a）甲板以上皆堆有铁钉。中部（C7b）舱内瓷器有龙泉窑青瓷刻花大碗、德化窑青白瓷刻花大碗（盘）。该舱对应的左舷甲板之上散落部分青白瓷和酱釉瓷器，应属船体沉没的散佚之物。右部（C7c）甲板以上堆有铁钉，瓷器有青瓷小碗、建窑系黑釉盏等，铁钉以下亦可见青瓷小碗（图4-75、76）。

八舱（C8）：左部（C8a）的左船舷边上层堆有铁钉、铁锅，下层舱内瓷器有酱釉大罐、青白瓷刻花大碗（盘）、粉盒。该舱对应的左舷甲板之上散落部分瓷器，同样应属船体沉没的散佚之物（图4-77）。中部（C8b）上层码放铁锅，下层为磁灶窑绿釉印花碟、酱釉梅瓶、酱釉四系小口罐和青瓷碗等瓷器。右部（C8c）上层为磁灶窑酱釉大罐、德化窑青白瓷双系罐、四系罐、大小喇叭口瓶、景德镇窑青白瓷花口盏或小碟（图4-78），再下层为青白瓷执壶、酱釉大罐、酱釉执壶，龙泉窑青瓷刻花大碗、盘、碟、盏、出筋小碗等。

九舱（C9）：左部（C9a）舱内上层有福建闽清义窑青瓷刻花葵口碗，再下层为龙泉窑青瓷碗等瓷器，青瓷碗用竹片捆扎痕迹明显，另有少量磁灶窑的酱釉小口罐（图4-79）。中部（C9b）侧立一大块铁钉类凝结物，下部及周围为青瓷小碗，扰动残损严重。右部（C9c）上层散见青白瓷双系罐、喇叭口瓶等，之下基本为磁灶窑的酱釉印字四系大罐，且发现有用类似竹篮的编织物包裹。

十舱（C10）：左半部（C10a）上表面为散乱瓷器、金银器等，舱内上层主要以磁灶窑酱釉四系罐为主，再下层依然为酱釉四系大罐。中部（C10b）上层散落一些银铤、锡盒、锡珠和磁

图4-72　第5船舱右段分层成摞码放铁钉

图4-73　第6船舱左段舱内顺置成摞铁锅

图 4-74　第 6 船舱右段青白瓷大碗之下码放铁钉

图 4-75　第 7 船舱右段铁钉木垫下码放成摞青瓷小碗

图 4-76　第 7 船舱左段成层成摞铁钉

图 4-77　第 8 船舱左舷甲板散落遗物

图 4-78　第 8 船舱右端上层散落瓷器

图4-79　第9与10船舱左段结构与瓷器船货

图4-80　第10船舱右半部（C10c）疑似丝织品痕迹

灶窑绿釉葵口碟，中下层铺垫的成排木棍层下装载物暂不明。右半部（C10c）上层散见银铤、金器、朱砂、龙泉窑青瓷碗、德化窑青白瓷大小粉盒、执壶、闽清义窑青瓷碗，磁灶窑绿釉瓶等等，再下层铺垫的成排木棍之上堆放成摞疑似丝织品等。右半部（C10c）舱内第①层发现大片红褐色夹杂黄色黏性物质遗迹（图4-80），厚0.015~0.07米，断面可见较明显的厚0.02~0.03米的叠压分层，应当码放于下部的多数圆木条、木垫板和草席铺成的铺垫物之上，部分区域混杂有浅黄色草席和竹篾编织物残片等，其中圆木条呈与隔舱板垂直的纵向铺垫，红褐色遗迹经检测分析无法判断性质，暂推测为丝织品、香料或药材遗存，部分已提取保护处理。该区域发现的红褐色粉末状物质呈高低不平的大面积分布，疑为木质细腻密实的木垫板或分层甲板受挤压变形所致。但木质纹理不明显，是否为成袋装的草药、成片的织物垫层等，还需做相应检测。

十一舱（C11）：左部（C11a）的左半部上表面夹杂丰富海生物贝壳的泥沙和上层瓷器间隙中夹杂一些散乱的朱砂、铜钱、铜环以及个别金牌饰等，包含青瓷、青白瓷碗及残片，有少量德化窑青白瓷大碗（盘），上层右半部垫板（疑似甲板）以上为散落的大量朱砂、铜钱、铜环，少

量菱形、球形金饰件和金饼、金耳环、金环等金器，青瓷碗以及铁锅和铁钉凝结物等，凝结物和垫板之下以成摞分层码放的闽清义窑青白瓷小碗为主（图4-81）。中部（C11b）甲板以上主要为成捆的铁钉凝结物，表面散落较多银铤、黏结金链子、朱砂、铜钱等，下层装载青瓷器。右部（C11c）上层中间为铁锅，舱内亦以闽清义窑青瓷碗为多，间有磁灶窑酱釉梅瓶、黑釉盏和银铤、铜环、铜钱、朱砂等，下层亦有少量德化窑青白瓷大盘。从整个船舱内的瓷器码放看，一般为成摞瓷碗侧身码放，形成与隔舱板垂直的纵向为主，由于木船体沉没颠簸撞击等因素而有所扭曲甚至散乱。

十二舱（C12）：左部（C12a）舱内左端主要是德化窑青白瓷大盘、锯齿口大盘和闽清义窑系青瓷碗，靠中部左侧甲板以上以铁锅凝结物为主（图4-82），铁锅垫板以下可见青白瓷大盘。中部（C12b）为成摞铁锅和成捆铁钉凝结物，表面黏结部分银铤。右部（C12c）偏左上层为成摞铁锅，之下则是闽清义窑青瓷葵口出筋碗为主的瓷器，边角处有少量磁灶窑酱釉小罐。

十三舱（C13）：整个舱室内上层基本以闽清义窑青瓷碗为主的瓷器，中部间有德化窑青白瓷大碗。其中，左部（C13a）上层散见铜钱、朱砂、金器和小块凝结物，之下为顺向码放的成摞

图 4-81　第 11 船舱左段青白瓷碗

图 4-82　第 12 船舱左段（C12a）铁锅

图 4-83　第 15 舱左小舱（C15a）船货

图 4-84　第 15 舱右小舱（C15b）船货

成捆青白瓷小碗。中部（C13b）的前端大部分为青白瓷小碗，后部间有少量青白瓷大盘，成丁顺码放。右部（C13c）全部为沿木船体首尾方向的纵向码放的青白瓷小碗。

十四舱（C14）：本船舱内承载货物已全部清理提取，船舱表面扰乱较为严重，中部有数块铁钉类凝结物，黏泥沙中散落个别带缺口金环、铜镜和铜钱、朱砂等，之下的船舱内均为瓷器。左部（C14a）表面泥沙中夹杂大小不一的贝壳，散落多种窑口的青瓷碗及青白瓷瓷片、方棱金环和无柄铜镜等，而舱内主要有德化窑青白瓷刻花大碗（盘）、四系盖罐等，成摞大盘间隙中零星分布一些小件器物，有青白瓷四系罐、酱釉小口

罐、青白瓷喇叭口瓶等。从表面器物分布来看，这一层整个船舱左侧四分之一区域为成摞青白瓷大盘，大盘横向和纵向成摞分布皆有，横向成摞分布既有平行于隔舱板也有垂直于隔舱板；纵向成摞分布既有口沿朝上也有口沿朝下，且纵向摞放的存在一定程度的倾斜。靠近左舷为成摞青白瓷大盘，大盘口沿紧贴左舷板横向摞放，由于受到巨大压力都已破碎，其中最下部大盘部分口沿压进船舷板里，取出大盘后，在船舷板上留下深约 2 毫米的弧形凹槽。右部（C14b）四分之三区域均码放龙泉窑青瓷刻花碗，多为横向摞放，顺船舱左右方向成捆错缝码放于舵承孔所在的倾斜封舱板与南侧隔舱板之间，残存 3 摞青瓷碗，保

存较好。

艉舱（C15）：又称尾尖舱或虚艄，指船尾左右纵向的两个小隔舱，上部散落大量凝结物，之下的舱室内均为瓷器，且两个小隔舱与舵孔之间区域为大片散乱铁钉和铁锅凝结物所覆盖，局部可见成摞的青白瓷菊瓣碟和青瓷碗。其中，左舱（C15a）上层码放德化窑青白瓷大碗（盘），下层为青白瓷粉盒、喇叭口大小瓶及酱釉小口罐等，较散乱，存在扰动现象（图4-83）。右舱（C15b）沿木船体首尾方向装载有成摞码放的龙泉窑青瓷刻花碗、花口盏等瓷器（图4-84）。

第四节　装货工艺

一　船载物品的装载分布特征

沉船内船载货物的装货位置分布与装货工艺特点是了解沉船性质和特征的基本内容。从该沉船部分船舱装载的瓷器来看，对不同类货物存在简单分舱处理，存在一定的随意性，但观察沉船整体装载货物则不难发现，所有不同类货物的装载和码放表现出一定的规律性特征，反映出对整体船载物品的装置码放有一些基本规划。这主要体现在三个方面，一是船舱内基本上装载瓷器，二是铁器基本上码放在船舱上部，三是一些竹木漆器和小件金属器等主要发现于船体中后部的上表面泥沙埋藏中，可能来自木船后部艉楼等部位。

自第12船舱向船艏第2船舱的甲板或船舱上部纵向搭接的垫板之上码放铁锅和铁钉类铁器，且铁器主要装载码放于沿木船艏艉中心线及左右，保持船体平衡平稳。具体来看，木船中间小隔舱两侧码放铁器，但不延伸至左右船舷及船壳板，主要分布在第2至8船舱。第11、12船舱的中间小隔舱装载铁器，且第12船舱中间小隔舱两侧上部也码放铁锅类铁器。船上铁钉铁锅除了一些明显可见码放于船舱内上部垫板或成排垫木之上外，还有一部分船舱所载铁器伸入舱内较深，基本上延伸至舱内深度可达0.3~0.45米。

第2船舱和第4船舱右部的瓷器与铁锅和铁钉的上下装载关系存在青瓷碗叠压铁钉铁锅的现象，在第5、6船舱左右局部铁器与瓷器的装载中亦表现为铁钉以上码放瓷器的现象。因此，可见不是船内所有的铁钉铁锅都装载于船舱上段木垫板之上而下部均为瓷器的装载方式。

除了上述这些区域装载铁器外，其余部位的上部还可见零散铁锅和铁钉，从散乱和较松散的出水现状观察，应属木船沉没后的散落遗存。第13、14、15船舱不见铁器码放，推测这几道木船后部隔舱之上由于搭建一定的上部建筑结构，在其下部船舱中不宜码放较沉重的铁质货物。

另外，在船舱上部的淤泥和散乱沉积层发现大量金属器、钱币、竹漆木器、朱砂等非大宗船载物品，绝大多数发现于沉船中后部，推测这些遗物原本装载于木船体的中后部甚至上部建筑内。

二　船货码放特征

对于沉船货物的发掘清理，除了需要关注整条沉船发现的船载物品的装载分布特征外，一些货物包装工艺和装货码放方式与技巧同样值得关注。如船体中间纵向小隔舱并非船体固定结构，只是装货分区的灵活性添加和卸载结构，但起到的加固隔舱板、间隔货物、方便装货等作用不可低估。

观察整条木船残存14个船舱内的货物码放状态，除了大宗的铁器和瓷器存在一定的码放特征外，大量散落于船舱上表面淤泥中的金银器、钱币、竹木漆器、锡珠、朱砂以及其他数量较少的船载物品，其原始码放乃至包装特征都不易辨识。但是，出土时的一些细微现象依然能够推测不同类器物的码放方式和包装工艺特征。例如，部分叠压平放或倒扣的八方木盘的发现，推测这些大小规格相当的木盘应是叠套平放于船后部区域。再如，一些剔犀和剔红漆盒的盒身与盒盖呈上下叠套现象，说明这些漆器应该是按同类型套装码放在船后部区域，并非单个码放。

铁钉和铁锅一般码放于船舱中部左右两侧且置于甲板或垫板之上外，且铁钉绝大多数是分层按丁顺结构成捆规整码放，而铁锅除了少数成摞侧躺放置外，绝大多数是成摞整齐排列并倒扣码放。如自尾部向船首的第12隔舱中，左、中、右舱内码放瓷器，之上均倒扣摆放排列整齐的铁锅，且铁锅均放置在隔舱板之间的垫板以上，处于舱室中间位置，两侧距离左右舷约1.5米。整体来看，铁钉与铁锅无论是在甲板之上抑或是伸入船舱内，往往发现在与隔舱板和瓷器的接触面上都垫隔有草席、竹席、木条或木板。如T0402中部编号为2014NHIN：012的凝结物，以铁锅为主体，西部滑落的铁锅与大量瓷碗黏结，铁锅口径大小一致，提取中发现每摞铁锅中每5件或10件之间用打结的竹篾条垫护，倒扣放置在木板之上，排列整齐，而木板之下为码放整齐的瓷碗。

　　瓷器的码放方式较为复杂多样，随各个船舱和器物类型的不同而存在诸多码放状态。如第2船舱左段上部大部分面积被凝结物所覆盖，下部显露瓷器船货摆放错落有致，捆扎和码放比较有特点，前部是青白瓷大盘整齐摆放，每组20个为一扎，扎与扎之间的凹窝处各放置一扎青瓷小碗，小碗可见10件为一小摞，20件为一扎，且中间分界处为大口对大口，即2摞瓷碗口对口平行侧放（图4-85）；该段中部是青白瓷小口瓶，大部分口朝上，部分侧倒，而后部靠近隔舱板为整排侧放的青白瓷粉盒。第11船舱左段分层装载的闽清义窑青白瓷碗，上部数层基本上是与隔舱板呈直角的前后方向成摞侧身摆放，且靠近前部第10隔舱板的部分是瓷碗口部朝该隔舱壁板为多，而后侧部分则是瓷碗口部多朝向第11道隔舱板的方向，这可能是装货时从舱内中部下脚，先从前后两侧贴近隔舱板摆放，再用数摞瓷碗卡装中间，逐步装载满货并退出船舱外。

　　再如第14船舱内器物已完全提取，其中右段主要码放青瓷碗，数件青瓷碗成摞捆扎，顺船舱左右方向错缝侧身平置，而左段瓷器码放较为复杂。左段舱内上部2层成摞青白瓷大盘口部均朝艉封板横向侧身码放，口沿和盘底圈足紧贴挤

压前后隔舱板和肋板而留有印痕，且成摞大盘之间的间隙除了夹杂较多碎小贝壳和少量瓷片外，还存有青白瓷四系罐、酱釉小口罐等少量小型器物，如有的青白瓷四系罐被垫在纵向摆放的成摞青白瓷大盘最外面瓷盘的圈足下，这应该是船货装舱时有意为之。该段中部紧贴前后隔舱板的上层青白瓷大盘分别为口沿朝上和朝下纵向摆放，也有数摞侧身横向摆放，大盘周围及盘底部的间隙分布有数十件青白瓷四系罐、青白瓷带纽盖、酱釉小口罐等，由于这些小罐叠压在成摞青白瓷大盘之下，推测这些小罐同样是装舱时有意摆放，充分利用舱内空间和提高装货数量；下层成青白瓷大盘口沿朝下紧贴前后隔舱板纵向摆放。船舱左侧下层成摞摆放的青白瓷大盘有几摞是口沿相对横向摆放，盘底紧贴前后隔舱板，且可见每一摞多以7件大盘为一组。该区域瓷盘间隙下露出成排叠放的小罐，最大限度地利用了舱内纵向

图4-85　第2船舱左半部（C2a）青瓷碗码放状态

空间。整体观察，不同摞放层面的成摞青白瓷大盘在垂直方向上往往并不处于同一个层面，在提取器物的位置下方，不仅有成摞的大盘，还有数十件酱釉小口罐和青白瓷四系罐，明显可见下层的小罐垫在上层的青白瓷大盘之下，这些现象说明，小型器物不仅在横向空间上起着填充固定作用，在纵向空间也起着填充垫平作用。

图4-86　第14船舱右段（C14b）青瓷碗码放方式与包装痕迹（2015NHIC14b ① ：0542~0588）

从已清理提取的船体后部数舱内瓷器的码放状态观察，船舱内一般装货顺序应是从每个船舱中间纵向隔板向左右舷即向外侧逐步移装，或从舱内左右两端向中心移步装载，且分层码放，虽然船货装载分先下后上的大致分层，但可能不一定属于水平层位。因此，船舱内下部器物不易提取，发掘中提取船舱内器物过程中应当分析分清这些装货的先后顺序、码放方式和每组船货中相同器物的集中装置的一般特征，不宜从左至右从上到下逐层机械提取，而应依装货的相反顺序即逆向先从最晚装载货物分组提取。

三　船货包装特征

"南海Ⅰ号"沉船船货包装工艺及用材是船载货物最基础的信息之一，与货物装载码放工艺特征密切相关，值得加强沉船这方面留存的多种工艺方式的信息提取和保护研究。

1. 捆包工艺及用材。

对于瓷器的捆包，随瓷器种类和形制及大小的不同而有所区别，如瓷碟、瓷碗和瓷盘等器类，一般以数件成摞为单位包装，器物之间往往垫隔草叶或秸秆，外表用薄木板条和竹条、竹篾结合捆扎包装。如第14船舱右半段（C14b）发现4摞青瓷碗采用竹条包装成摞，标本 2015NHIC14b ① ：0542~0588 为47件相同类型的青瓷碗，外侧用竹条包装，成摞侧身平直码放（图4-86）。

木质船体右后部外侧 T0502 ④层西北部也发现成串铜钱之下叠压1摞包装工整的青瓷碗，虽然这摞瓷碗船货遗物都属于从木船舱内因扰动而被搬移所致，但瓷器货物的一些包装用材和工艺技巧幸存下来。这捆青瓷碗呈倾斜状放置，1摞长0.6米，残存约32件，外表用竹条、竹篾捆扎，纵向用5条较宽竹条紧贴黏结，竹条残长0.4、宽约0.03、厚0.06米，竹条之间间隔0.04米；横向用细于竹条的竹篾缠绕紧箍，残存3条，竹

图 4-87　T0502 ④层瓷器捆绑包装痕迹

图 4-88　第 9 船舱左端青瓷碗竹木条捆包痕迹

篾宽 0.01~0.015 米，竹篾之间间隔 0.03~0.04 米（图 4-87）。该摞青瓷碗已加固提取作为包装工艺痕迹而整体保存。在第 9 船舱左部（C9a）可见顺着船舱左右码放的多摞青瓷碗均采用了这种捆包工艺及用材（图 4-88）。

在同类型瓷器的成摞捆包封装方面，也有一些规律可循。如第 9 船舱闽清义窑青白瓷葵口出筋碗是 10 件叠套一摞；第 11 船舱的闽清义窑青瓷碗存在 5 件、10 件甚至 20 件成组码放的情况；第 12 船舱的德化窑青白瓷大碗为 5 件一摞；第 13 船舱左半部的闽清义窑青白瓷小碗也存在 5 件或 10 件左右叠套一摞的情形，且发现 10 件叠套一起的头尾使用植物纤维捆扎痕迹，这和第 11 船舱出土的现象一致。

在铁器的捆包方面，往往采用竹篾和藤条垫隔及捆扎铁钉和铁锅（釜）。绝大部分铁锅成摞倒扣码放，少量成摞侧身平躺放置，一般 5 口铁锅捆扎一组，数组叠套一摞。编号为 N：003 的铁锅凝结物是该木船装运铁锅的捆扎工艺、码放特征及铁锅的厚度、大小、数量等方面的重要标本，提取后残剩断面非常清晰地反映出了铁锅套装、捆扎工艺，表现为用竹篾打结成竹条垫圈，分 5 件或 10 件不等铺垫套装成摞铁锅并码放于木船两隔舱板之间上层的垫板之上（图 4-89）。

T0402 中部凝结物 N：012 的主要包含物为铁锅掺杂个别瓷片和贝壳等，由于凝结物面积较大，坚固结实且偏重，与底部船木和成摞瓷碗发生凝结粘连，整体起吊提取过程中发生上部铁锅及其他凝结物与下部断裂，没能完整提取，只能按自然开裂缝隙拆解提取，提取过程中观察到了铁锅类船货的一些捆扎、装载以及结构尺寸等特征（图 4-90）。一是大量铁锅成摞码放，倒扣放置，并用竹篾打结成圈垫护，分 5 层或 10 层铁锅分别垫护，下部铁锅码放整齐，放置于厚 0.07~0.08 米的木板之上。二是铁锅壁厚度不均，约 2~4 毫米不等。从部分断裂铁锅与残断竹篾发现，铁锅内表面有凹旋纹，表面呈银白色光泽，光洁程度似螺纹钢，金属质地较好。三是下层成摞倒扣的铁锅内部存在一定空间，温度较高，应为封闭环境致产生化学反应。铁锅凝结物提取中发现冒烟、发热等现象，就是因铁锅倒置形成空洞空间，产生硫化氢、一氧化碳、甲烷等有害气体，里面气压大于外界，突然暴露产生外泄。四是铁锅及木板下部黏结大量青瓷碗，从断面可见，自下而上清晰表现为青瓷碗、木板、铁锅三大层凝结一体。五是铁锅的数量虽不能精确统计，但通过体积、断面暴露分层等信息，可以统计近乎原有船载数量的近似值。

船载铁钉用竹篾和藤条捆扎成数量不等的捆状，成捆分层平躺码放。成捆铁钉也分长短大小，

图 4-89　凝结物 N：003 下层

图 4-90　凝结物 N：012 铁锅内部

图 4-91　竹篾捆扎铁钉（2015NHIN：079-40）

图 4-92　藤席或竹席痕迹细部（2015NHIN：079-38）

短小捆一捆约 35 枚，大长捆一捆约 20 枚，对半尖对尖交错捆扎，一般仅在中间用竹篾捆扎一道，也有将两捆再捆扎的现象，还有用三道竹篾捆绑的。铁钉凝结物 N：079 除了竹篾捆扎外，还发现竹席状编织物和竹条粘连在一起，推测可能使用了圆形竹篓包装，或者先用竹席包裹好铁钉，外围再用竹篾包扎而成（图 4-91~4-93）。标本 2015NHIN：067-31，铁钉凝结物，也采用了竹结与草绳结合包装的方式（图 4-94）。

另外，大量铜钱、铜环等铜质文物和漆木器、锡珠、朱砂等船载品的包装用材和工艺应当比较复杂，但清理发掘出土者大量表现为散乱无序，原有包装形态基本破坏无存。部分铜钱的出土样态呈串状，少量残串的铜钱方孔中还残留绳索串

联的痕迹。在船体后部发现的粒数繁多、颗粒细小的锡珠、朱砂等颗粒状船载品，应当是利用罐、钵之类的容器盛装，但还没有发现此类物品的包装方式残存痕迹。

2. 篮箱包装。

沉船中后部发现有用竹篾编织的竹篮、竹笼、竹箱、竹篓筒套装瓷罐、银铤、漆木器等船载物品的包装痕迹。在第 9、10 船舱右部发现类似草编袋盛装香料及竹篮或称网兜包裹酱釉大罐等迹象。如标本 2015NHIC9c ①：035，套装酱釉罐的竹篮（图 4-95）。T0302 ③西部即第 10 船舱中段（C10b）的酱釉大罐外表有简易编织的竹篮套装的痕迹（图 4-96）。第 10 船舱右舱（C10c）发现用木板条、木棍做骨架、用竹篾编织竹篮而制

作的竹木结合箱体盛装银铤的迹象（图4-97），该箱内银铤凝结成一大疙瘩，推测沉船散落的银铤原本都应是码放于类似的竹木箱内。

对于漆器的包装，应采用竹篾、棕榈叶等编织的竹篓筒、草叶篮子等装置。如T0501东南角剔犀卷草纹圆漆盘（2014NHIT0501③：12）等漆器时发现，剔犀、剔红圆漆盒及黑褐漆方盘四周及上下堆积海生物残骸、瓷片、木船体碎木块、漆木器胎体、泥沙、凝结物等，漆盒表面发现果核残骸，在漆盒上部西侧堆积中发现棕榈叶编织的篮子或席子残片。主桅夹前发现使用竹筒盛装2件漆盒和3件木盒，竹筒上部残损，下部竹篾

编织纹理清晰（图4-98）。

3. 套装工艺。

1）大容量器物内套装多件小型器物。

船载货物中利用大容量器物内套装多件小型器物的"大套小"套装现象较为普遍，这种装货方式主要表现在陶瓷器货物的包装方面。如第8船舱右段（C8c）发现酱釉四系大罐里装置多件酱釉执壶（图4-99），第6船舱中段（C6b）等其他舱内发现青瓷大罐里套装青瓷粉盒和瓶等（图4-100）、青白瓷大瓷盒中套装小粉盒及器盖等，这种现象在海南西沙"华光礁I号"沉船中亦发现大缸里面套装的小白瓷粉盒等。

图4-93 铁钉的藤席或竹席铺垫痕迹
（2015NHIN：079-38）

图4-94 包装铁钉的竹结与草绳
（2015NHIN：067-31）

图4-95 套装酱釉罐的竹篮（2015NHIC9c①：035）

图4-96 第10船舱中段（C10b）套装酱釉大罐的竹篮

图 4-97   第 10 船舱右段（C10c）银铤包装痕迹

图 4-98   竹篋（T0202③：077）盛装的漆木盒

图 4-99   第 8 船舱右段（C8c）
酱釉四系罐套装酱釉执壶

图 4-100   第 6 船舱中段（C6b）
酱釉四系罐套装青白瓷盒

2）同型器物成组搭接。

在沉船内外发现较多青白瓷喇叭口小瓶均匀搭接成组码放的包装和装货工艺，尤其是第 2、3、4 船舱左段残存较多。这种同型器物成组搭接的船货捆包方式，主要是利用青白瓷瓶的束颈特征，横竖对搭，节约空间，并解决货物碰撞和移位问题。在 T0201 ②层即木船体前部的左舷外侧青黑色淤泥中发现一组 10 件青白瓷喇叭口小瓶（2014NHIT0201 ②：87~96），这 10 件瓷瓶互相搭接咬合紧密，从其任何一面看，皆为头尾相对、两口叠置、循环往复的交接结构，是一种瓷器包装和码放的重要工艺现象，外表还应当使用了草绳、藤条或竹篋捆扎，只是未发现捆扎物

和明确痕迹。对于这组瓷器已整体提取并采取了加固保护措施（图 4-101）。

3）器物组合包装。

一些不同质地的器物，存在一定的组合盛装现象。如铜环出土时多是散落各处，但也有成摞装载于瓷粉盒中者。铜钱大量发现，绝大多数散落于第 10~13 船舱表面内外，除了发现用绳索串装外，外部包装和盛装不明。另外，大量的大型酱釉罐内是否存在盛装液体或腌制物，还有的酱釉小口梅瓶似用木塞封口（图 4-102），且大多口部朝上立放，瓶中是否盛装液体物质也都不明了。

4. 垫隔技术。

图 4-101　第 5 船舱左段均匀搭接成组的青白瓷喇叭口小瓶

图 4-102　主桅前酱釉小口瓶的木塞封口

图 4-103　第 8 船舱右段（C8c）
瓷器上下层之间木条与木板垫隔层

　　沉船内装载货物采用了多种垫隔材料和工艺，首先是在船舱内外搭接宽厚垫板或铺垫成排细木垫层装载货物，应属铺垫的找平和隔离作用，保持货物稳固。如第 8、9 船舱的右段采用细木条和小木板垫隔舱内上下层的瓷器、疑似纺织品等。第 8 船舱右段（C8c）清理发现，船舷一侧铺木板，向船尾一侧整齐排列至少 13 条自然状圆木条垫层，之上平铺小圆木薄片，其下侧放青瓷碗、青白瓷执壶等瓷器，圆垫木片之上口朝下倒扣成排的酱釉瓷四系罐（图 4-103）。还有的成排平放的酱釉四系大罐口部遮盖有一略大于罐口的圆形薄木板，第 8 船舱右半部的酱釉四系大罐即是（图 4-104），这类圆形薄木板在船尾散落较多，但分成若干小片的更单薄部分可能属于漆器的底部木胎。

　　除了船舱内分层垫隔外，器物之间尤其是瓷器之间还采用了木片或植物草叶等隔垫。如第 11 船舱左部（C11a）清理闽清义窑系青瓷碗发现碗内底部残存有较多草叶或竹木片交织痕迹，标本 2015NHIC11a ①：498、508 两件的内底部残存植物纤维垫痕（图 4-105）。再如第 12 船舱左部（C12a）第 1 层几组青白瓷盘间发现有黄褐色垫草的残留，在 10 件左右瓷盘成一组的成组码放器物之间、单个器物与器物之间均采用一些植物草茎、竹篾或绳索作为铺垫和隔离，标本 2015NHIC12a ①：313 青白瓷大盘和标本 2015NHIC12a ①：318 青白瓷花口大盘内均残留铺垫的木屑和草叶痕迹（图 4-106、4-107）。同样在第 14 船舱右部出土的标本 2015NHIC14a ①：682、683 等罗东窑青瓷大碗之间发现残留草绳类填充物，这些都应属于瓷器包装中碗与碗之间的垫隔物。

　　一些酱釉四系大罐等瓷器之间用短木条隔垫，如第 10 船舱左半部的上下层成排码放的酱釉大罐空隙之间垫隔有大量错缝无序的短木条和薄木板条（图 4-108）。

　　另有一种隔垫现象较为特殊，即第 10 船舱

图 4-104　第 8 船舱右段酱釉四系罐封口圆板

图 4-105　青瓷碗内植物垫痕（2015NHIC11a①：498）

图 4-106　青白瓷大盘内垫木屑和草叶
（2015NHIC12a①：0313）

图 4-107　青白瓷花口大盘内垫木屑和草叶
（2015NHIC12a①：0318）

图 4-108　第 10 船舱左段（C10a）
酱釉四系罐及垫隔木条

右段（C10c）清理发现多层棕色编织物，虽然材质有待确认，但多层堆积的特征值得观察。该区域类似编织物的分层堆积状况是，表层厚约 0.8 厘米的棕色编织物之下铺垫多件并排木条，而粗编织物下方又铺垫一层黄色薄草席，草席之下又放置棕色编织物，这样的堆积至少可见三层。

第五节　小结

在木质船体保存、结构特征及造船工艺方面，由于船体中下部还未完全清理发掘，现阶段的船体描述仅限于木船上表面暴露迹象，随着今后的持续清理发掘，各种新的发现还会不断增加，对沉船船体的认识会越来越深入，一些初步认识和看法会不同程度地得到修正。

从现存沉船整体暴露状况看，对于沉船的舱数划分，若除去艉部左右各一个装载瓷器的小舱室外，且通常对这样的所谓"虚梢"不计为船舱，至此该木船所发现的船舱应为 13 个隔舱。但是，由于船体大部分尚未清理发掘，船体前端龙骨未完整揭示，结合已暴露的船舷舱板、肋骨和左右舷板结构以及艉部装货的两个小隔舱等因素，以现状为主将残存木船体初步确认为共有 14 道横向隔舱壁板，初步推测共有 15 个船舱，其中 C1 船舱即艏尖舱可能残断，残存含艉尖舱在内的间距约 0.62~2.01 米的 14 个隔舱。需要说明的是，沉船考古发掘的现阶段做出首舱残断的推断暂时应不成立，尾舱为船尾左右两翼尾尖舱，处于舵孔及艉封板之后，不宜划分为一个单独的第 15 舱，现有判断可能随着船舱淤积的向下清理且随龙骨的保存状况和结构等因素需要修正。

"南海 I 号"沉船的现存船舱上部进深和面阔结构及尺寸基本明了，结合与之时代相近的海南西沙"华光礁 I 号"沉船结构尺寸比较观察，

这两艘南宋中晚期沉船存在很多相似之处。例如，"华光礁 I 号"沉船船体水平残长 18.4 米，残宽 9 米，船头方向 320°，整个船体向西倾斜，残存 10 道隔舱板，中间完整的九个船舱的进深（隔舱宽）从南开始依次为 1.15、1.35、1.18、1.42、1.54、1.95、1.14、1.10、1.32 米，尤其是船体的体量和不同进深的船舱结构，表现出极大的相似性，共同反映了南宋远洋商船制造技术和工艺特征。

在船货方面，船内各舱室之间的船载货物品种具有一定的规律性，船货构成较为丰富，基本面貌清晰，残存的 14 个隔舱内显露出满舱的瓷器和铁器，且隔舱内绝大部分属于成摞码放的瓷器。据南宋朱彧《萍洲可谈》记载北宋末年广州商船大量出口瓷器的情况："海舶大者数百人，小者百余人……舶船深阔各数十丈，商人分占贮货，人得数尺许，下以贮货，夜卧其上。货多陶器，大小相套，无少隙地。"[1]该沉船隔舱内器形不同的外销瓷错落码放，有的大型器物内套装小型器物，形成整齐的船货装置，最大程度地利用了船内有限的狭小空间，这也是古代远洋商船装运外销陶瓷器的典型特点。另外，无论瓷器抑或是铁器等大宗船货的包装材料大多使用了竹篾或藤条，同时采用扭绳捆扎或隔垫的方式，整个沉船发掘清理中大量发现。

---

[1] （宋）朱彧撰、李伟国点校：《萍洲可谈》卷二，中华书局，2007 年，第 132 页。

表 4-1　残存木船体结构尺寸测量表　　　　　　　　　　　　　　　　　　　　　　（单位：米）

结构名称		残长（进深）	残宽（面阔）	厚（深）	备注
木船体总体		22.1	9.35		型深暂不明
船舵		0.6	0.42		
船桅		0.3	0.9		
左舷甲板		11.24	1~1.2		
隔舱板	BHD1		3.87	0.13	高度暂不明
	BHD2		5.25	0.145	
	BHD3		6.76	0.12	
	BHD4		7.5	0.1~0.14	
	BHD5		8.33	0.06~0.12	
	BHD6		8.5	0.1	
	BHD7		8.61	0.06~0.12	
	BHD8		8.66	0.06~0.115	
	BHD9		8.79	0.065~0.12	
	BHD10		8.91	0.055~0.1	
	BHD11		8.75	0.1~0.13	
	BHD12		7.9	0.1~0.16	
	BHD13		6.92	0.17~0.19	
	BHD14		6.1	0.13~0.18	
船舱	C1				残缺不明
	C2	2.05	3.87~5.25		
	C3	1.9	5.25~6.76		
	C4	1.8	6.76~7.5		
	C5	1.45	7.5~8.33		
	C6	1	8.33~8.5		
	C7	1.42	8.5~8.61		
	C8	1.23	8.61~8.66		
	C9	1.16	8.66~8.79		
	C10	1.1	8.79~8.91		
	C11	1.8	8.75~8.91		
	C12	1.42	7.9~8.75		
	C13	1.35	6.92~7.9		
	C14	0.6~0.8	6.92		
	C15	1.8	1.8		左右舱室对称

表 4-2　各船舱甲板以上及舱内上段船载货物分布

船舱	左舱（a）	中间小隔舱（b）	右舱（c）
C1	残断无存		
C2	左部德化窑青白瓷大碗（盘）、小碗、大小喇叭口瓶、大小粉盒、磁灶窑酱釉罐、小口鸡腿瓶，龙泉窑青瓷刻花碗、盘等；右部铁钉		上部码放铁锅，下层码放铁钉，再向下为磁灶窑酱釉大罐、景德镇窑青白瓷芒口碗、花口碗及德化窑青白瓷大碗、粉盒等
C3	自左向右分别码放青瓷碗、小口圆肩深腹瓶等，其中左前部为青白瓷大盘、青白瓷葵口盘；左后部为青瓷碗、粉盒、双系罐、执壶、绿釉碟、喇叭口瓶，酱釉小口瓶，大小青白瓷粉盒成摞摆放，左半部的右侧码放铁钉、铁锅		甲板以上堆满铁钉和铁锅，舱内上层亦可见成捆码放铁钉，舱内右下部为景德镇窑青白瓷花口碗、德化窑青白瓷花口大碗（盘）、大小喇叭口瓶、大小粉盒、葫芦瓶，磁灶窑酱釉梅瓶、大小罐，龙泉窑青瓷花口碗、刻花碗、盘等
C4	自左向右依次为闽清义窑的青瓷出筋葵口碗、刻花碗、弦纹碗，磁灶窑的酱釉梅瓶（小口瓶），义窑的青白瓷小碗，右部甲板以上分别堆有铁钉和铁锅，下层仍码放有铁钉等		上层自左至右依次有龙泉窑的青瓷刻花碗、盘，德化窑青白瓷或青白瓷花口大碗（盘），磁灶窑酱釉小口鸡腿瓶等，左部甲板以上分别堆有铁钉和铁锅，下层局部可见铁钉和铁锅
C5	景德镇窑青白瓷菊瓣碗、婴戏纹碗、花口盘，凝结物下有成摞摆放的龙泉窑青釉刻花大碗，德化窑青白瓷葵口盘、白瓷或青白瓷壶、粉盒、喇叭口瓶、双系罐等，码放的铁钉伸入船舱内	上层为铁钉，下层为德化窑青白瓷刻花大碗（盘）	磁灶窑酱釉小口鸡腿瓶、酱釉小口罐，铁钉及下部瓷器，德化窑青白瓷大盘、青白瓷粉盒、青白瓷喇叭口瓶，景德镇窑青白瓷葵口碟等
C6	两侧为青白瓷大盘，中间甲板以上堆有铁锅、铁钉，之下为瓷器	酱釉梅瓶和酱釉四系大罐	甲板以上堆放铁钉，之下可见酱釉梅瓶等，舱内瓷器有景德镇窑青白瓷花口盘，德化窑青白瓷刻花大碗、宽平沿大盘之间间杂青白瓷双系罐和青白瓷大小粉盒、青白瓷喇叭口瓶等，右段部分青白瓷大碗之下码放铁钉
C7	甲板以上皆堆有铁钉	龙泉窑青瓷刻花大碗，德化窑青白瓷刻花大碗（盘）	甲板以上堆有铁钉，瓷器有青瓷小碗、建窑系黑釉盏等，铁钉以下亦可见青瓷小碗
C8	左船舷边上层堆有铁钉、铁锅，下层舱内有酱釉大罐、青白瓷刻花大碗（盘）、青白瓷粉盒	上层码放铁锅，下层为磁灶窑绿釉印花碟、酱釉梅瓶或小口鸡腿瓶、酱釉四系小口罐和青瓷碗等	上层为酱釉大罐、德化窑青白瓷双系罐、四系罐、大小喇叭口瓶，景德镇青白瓷花口盏或青白瓷小碟，再下层为青白瓷执壶、酱釉大罐、酱釉执壶，龙泉窑青瓷刻花大碗、盘、碟、盏、出筋小碗等
C9	上层有福建闽清义窑青瓷刻花葵口碗，再下层为龙泉窑青瓷碗等瓷器，青瓷碗用竹片捆扎痕迹明显，另有少量磁灶窑的酱釉小口罐	铁钉类凝结物，下部及周围为青瓷小碗	上层散见青白瓷双系罐、青白瓷喇叭口瓶等，之下基本为磁灶窑的酱釉印字四系大罐

续表 4-2

船舱	左舱（a）	中间小隔舱（b）	右舱（c）
C10	上表面为散乱瓷器、金银器等，舱内上层主要以磁灶窑酱釉四系罐为主，再下层依然为酱釉四系大罐	上层散落一些银铤、锡盒、锡珠和磁灶窑绿釉葵口碟，中下层铺垫的成排木棍层下装载物暂不明	上层散见银铤、金器、朱砂、龙泉窑青瓷碗、德化窑青白瓷粉盒、执壶、闽清义窑青瓷碗，磁灶窑绿釉瓶等等，再下层铺垫的成排木棍之上堆放成摞疑似丝织品等
C11	左半部上表面夹杂丰富海生物贝壳的泥沙和上层瓷器间隙中夹杂一些散乱的朱砂、铜钱、铜环以及个别金牌饰等，包含青白瓷碗及残片，有少量德化窑青白瓷大碗（盘），上层右半部垫板（疑似甲板）以上为散落的大量朱砂、铜钱、铜环，少量菱形、球形金饰件和金饼、金耳环、金环等金器，青瓷碗以及铁锅和铁钉凝结物等，凝结物和垫板之下以成摞分层码放的闽清义窑青白瓷小碗为主	甲板以上主要为成捆的铁钉凝结物，表面散落较多银铤、黏结金链子、朱砂、铜钱等，下层装载青瓷器	上层中间为铁锅，舱内亦以闽清义窑青瓷碗为多，间有磁灶窑酱釉梅瓶、黑釉盏和银铤、铜环、铜钱、朱砂等，下层亦有少量德化窑青白瓷大盘
C12	左端主要是德化窑青白瓷大盘、锯齿口大盘和闽清义窑青瓷碗，靠中部左侧甲板以上以铁锅凝结物为主，铁锅垫板以下可见青白瓷大盘	成摞铁锅和成捆铁钉凝结物，表面黏结部分银铤	偏左上层为成摞铁锅，之下则是闽清义窑青瓷葵口出筋碗为主的瓷器，边角处有少量磁灶窑酱釉小罐
C13	上层散见铜钱、朱砂、金器和小块凝结物，之下为顺向码放的成摞成捆青白瓷小碗	前端大部分为青白瓷小碗，后部间有少量青白瓷大盘	纵向码放闽清义窑青瓷小碗
C14	表面泥沙中夹杂大小不一的贝壳，散落多种窑口的青瓷碗及青白瓷片、方棱金环和无柄铜镜等，而舱内主要有德化窑青白瓷刻花大碗（盘）、四系盖罐等，成摞大盘间隙中零星分布一些小件器物，有青白瓷四系罐、酱釉小口罐、青白瓷喇叭口瓶等	龙泉窑青瓷刻花碗	
C15	上层码放德化窑青白瓷大碗（盘），下层为青白瓷粉盒、喇叭口瓶、酱釉小口罐等		龙泉窑青瓷刻花碗、花口盏等瓷器

南海Ⅰ号

沉船考古报告之二

2014~2015年发掘

陶瓷器

陶瓷器，尤其是瓷器，是出水遗物中数量最多的。这些瓷器从器形及数量来看，大都不是船上的生活用品，而是该沉船上外销的大宗船货。釉色品种有青白瓷、青瓷、黑釉瓷、绿釉瓷、酱褐釉瓷等。主要来自南方地区的窑场，如江西景德镇窑、浙江龙泉窑以及福建泉州德化窑、晋江磁灶窑、闽清义窑等，也有少数其他窑场的产品。瓷器的种类有碗、盘、碟、壶、瓶、罐、盅、盆、军持、盒、瓷塑等。

第一节　景德镇窑瓷器

景德镇窑的青白瓷器发现有一定数量，种类比较丰富，在沉船中大都是集聚分布在各个船舱中，是沉船装载的重要船货之一。

景德镇窑瓷器包括青白瓷碗、盘、盒三大类。按照形制和纹饰纹样的不同，青白瓷碗可分为刻划花卉纹浅腹碗、刻划花卉纹深腹碗、菊瓣纹花口碗、菊瓣纹印花花口碗、印叶脉纹花口碗、印缠枝花卉纹芒口碗、菊瓣纹印花芒口花口碗、印花芒口小碗、刻花芒口小碗等。青白瓷盘可分为印花花口盘、印莲花纹花口盘、印叶脉纹花口盘、印叶脉纹芒口花口盘、印莲花纹芒口盘、印莲花纹折沿芒口盘、印缠枝牡丹纹芒口折沿盘、印缠枝菊花纹折沿芒口盘、印缠枝花卉纹鸟纹芒口盘、菊瓣纹花口小盘、印缠枝花莲花纹花口小盘、印缠枝花花卉纹花口小盘、菊瓣纹印花花口折沿小盘、刻花印花花口折腹小盘等类别。青白瓷盒目前仅见两类标本，包括芒口刻划纹盒和芒口葵口盒[①]。

---

① 本章陶瓷器标本号前加顺序号，从 1 】开始顺编，同时将顺序号加在彩图右下角。器物标本以流水号为序编索引作为附录五。

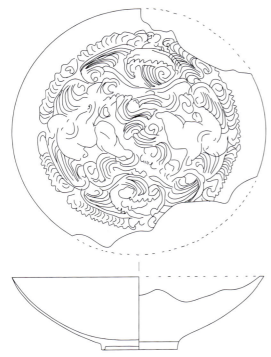

1】 T0502④：598（1/3）

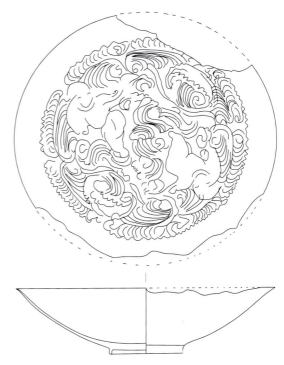

2】 T0502④：586（1/3）

一 青白瓷碗

（一）青白釉刻划花卉纹浅腹碗

1】 T0502④：598，尖圆唇，敞口，外沿下有半圈弦纹，弧腹较浅，圈足，足墙斜向内挖，挖足较浅，足底微凸。胎色白，薄胎，胎质细腻，青白釉，釉面光亮，内施满釉，外施釉至足，足内无釉。内底有一道凹线，内壁主体纹饰为刻划婴戏纹，另有刻划花卉纹及卷云

纹。足底有垫烧痕迹。口径 19.4、足径 5.8、高 5.8、厚 0.2~0.6 厘米。

2】 T0502④：586，尖圆唇，敞口，弧腹较浅，圈足，足沿较窄，足墙斜挖，挖足较浅，足底微凸。胎色白，薄胎，胎质细腻，青白釉泛绿，釉面光亮，内施满釉，外施釉至足，足内无釉且呈黄色。内底有一道凹线，内壁主体纹饰为刻划婴戏纹，另有刻划花卉纹及卷云纹。足底有垫烧痕迹。口径 19.8、足径 6、高 5.3、厚 0.2~0.4 厘米。

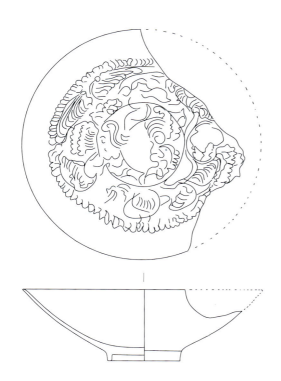

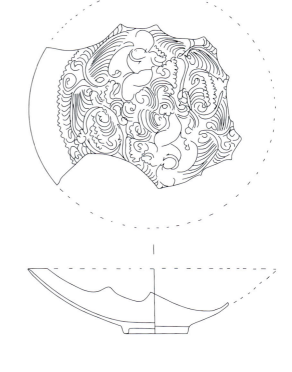

3】 T0502 ④：585（1/3）

4】 T0202 ②：7（1/3）

3】 T0502④：585，尖圆唇，敞口，弧腹较浅，圈足，足沿较窄，足墙斜挖，挖足较浅，足底微凸。胎色白，薄胎，胎质细腻，青白釉，釉面晦涩，受铁器沁蚀泛黄，内施满釉，外施釉至足，足内无釉。内底有一道凹线，内壁主体纹饰为刻划婴戏纹，另有刻划花卉纹及卷云纹。足底有垫烧痕迹。口径 19.1、足径 5.5、高 5.8、厚 0.2~0.6 厘米。

4】 T0202②：7，尖唇，敞口，弧腹较浅，圈足，足沿较窄，足墙斜挖，挖足较浅，足底微凸。胎色白，薄胎，胎质细腻，青白釉偏绿，釉面明亮，内施满釉，外施釉至足，足内无釉。内底有一道凹线，内壁主体纹饰为刻划婴戏纹，另有刻划花卉纹及卷云纹。足底有垫烧痕迹。口径 19.6、足径 5.7、高 5.6、厚 0.2~0.7 厘米。

5

6

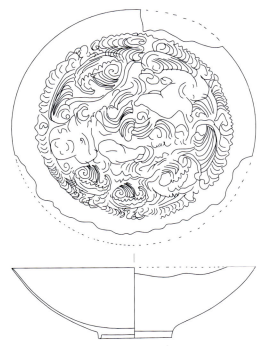

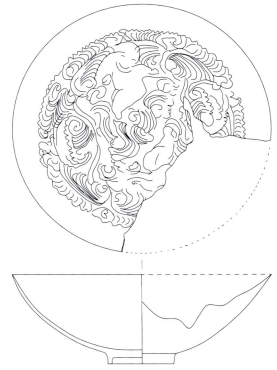

5】　T0502④：599（1/3）

6】　T0402②：100（1/3）

5】T0502④：599，尖圆唇，撇口，弧腹较浅，圈足，足沿较窄，足墙斜挖，挖足较浅，足底微凸。胎色白，薄胎，胎质细腻，青白釉，内外开片，釉面晦涩，受铁器沁蚀泛黄，内施满釉，外施釉至足，足内无釉。内底有一道凹线，内壁主体纹饰为刻划婴戏纹，另有刻划花卉纹及卷云纹。足底有垫烧痕迹。口径19.3、足径5.7、高5.7、厚0.2~0.6厘米。

（二）青白釉刻划花卉纹深腹碗

6】T0402②：100，尖唇，撇口，弧腹较深，圈足，内足心一周微凹、足心微凸，足沿极窄，足墙斜向内挖，挖足较浅。胎色白，胎较薄，胎质细腻，青白釉，釉面光亮，器壁内外开片，内施满釉，外施釉至足，足底无釉。内壁主体纹饰为刻划婴戏纹，另有刻划花卉纹及卷云纹，内底心无纹饰，足底有垫烧痕迹。口径20.4、足径5.2、高7.2、厚0.2~0.6厘米。

7】 T0502 ④：1017 (1/2)

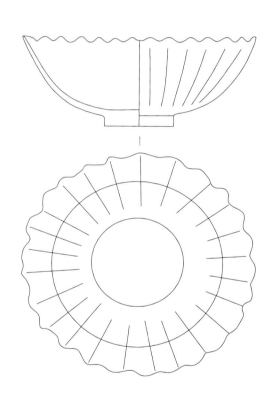

8】 T0501 ④ c：462 (1/2)

（三）青白釉菊瓣纹花口碗

7】T0502 ④：1017，尖唇，敞口，口至身
为菊瓣样式，弧腹，饼形足较矮、略收，足底平，
有切削痕迹。胎色白，胎质细腻，青白釉，釉面
光亮，足内无釉，余均施釉。碗身模印菊瓣纹。
口径 11.1、足径 3.3、高 4.5、厚 0.2~0.4 厘米。

8】T0501 ④ c：462，尖唇，敞口，口至
身为菊瓣样式，弧腹，饼形足较矮、略收，足底
内凹。胎色白，胎质细腻，青白釉，釉面光亮，
足内无釉，余均施釉。碗身模印菊瓣纹。口径
12.2、足径 3.6、高 4.9、厚 0.1~0.3 厘米。

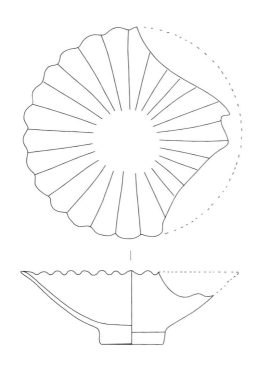
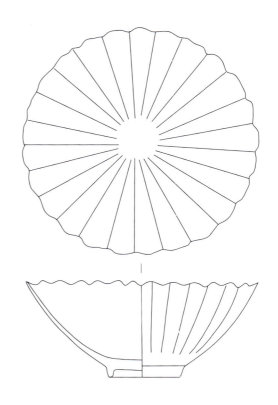

9】 T0502 ④：1006 （1/2）　　　　10】 T0501 ④ c：464 （1/2）

（四）青白釉印花菊瓣纹花口碗

9】 T0502 ④：1006，尖唇，敞口，口至身为菊瓣样式，弧腹，饼形足较矮、略收，足底微内凹。胎色白，胎质细腻，青白釉偏青，釉面光亮，足内无釉，余均施釉。碗身模印菊瓣纹，内心印花，模糊不可辨识。口径 11、足径 3.4、高 4、厚 0.2 厘米。

10】 T0501 ④ c：464，尖唇，敞口，口至身为菊瓣样式，弧腹，圈足略收，足沿较窄，挖足很浅，可见二次挖足迹象，足底平。胎色白，胎质细腻，青白釉，釉面光亮，足内无釉，余均施釉。碗身模印菊瓣纹，内心印花卉纹，模糊不可辨识。口径 12.3、足径 3.6、高 5.2、厚 0.2 厘米。

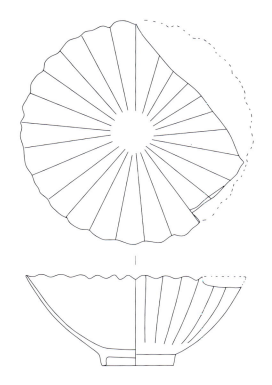

11】 T0501④c：466 (1/2)

12】 T1010②：39 (1/2)

11】T0501④c：466，尖唇，敞口，口至身为菊瓣样式，弧腹，圈足略收，足沿较窄，足墙斜向内挖，挖足很浅，足底平。胎色白，胎质细腻，青白釉偏青，釉面光亮，足内无釉，余均施釉。碗身模印菊瓣纹，内心印花卉纹。口径12.1、足径3.8、高4.9、厚0.2～0.5厘米。

12】T1010②：39，尖唇，敞口，口至身为菊瓣样式，弧腹，圈足略收，足沿较窄，挖足很浅，足底平。胎色白，胎质细腻，青白釉，釉面光亮，足内无釉，余均施釉。碗身模印菊瓣纹，内心印一朵五瓣花。口径12.7、足径3.8、高5.2、厚0.2～0.5厘米。

 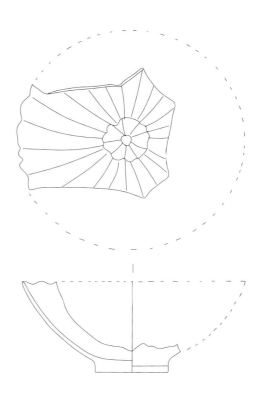

13】C10c ①：167（1/2）　　　　　　14】T0502 ④：771（1/2）

13】C10c ①：167，尖唇、敞口、口至身为菊瓣样式、弧腹、圈足略收、足沿窄、挖足浅、足底平。胎色白，胎质细腻，青白釉，釉面光亮，足内无釉，余均施釉。碗身模印菊瓣纹，内心印花瓣纹。口径 11.2、足径 3.3、高 4、厚 0.2~0.4厘米。

14】T0502 ④：771，方唇、敞口、口至身为菊瓣样式、弧腹、饼形足较矮、足底有一圈弦纹，应是准备挖足时留下的痕迹，足底略内凹。胎色白，胎质细腻，青白釉，釉面光亮，足内无釉，余均施釉。碗身模印菊瓣纹，内心印花瓣纹。口径 12.2、足径 3.9、高 5、厚 0.2~0.4 厘米。

15

16

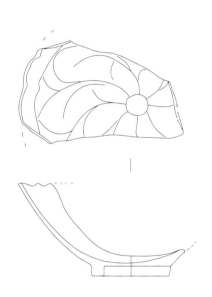
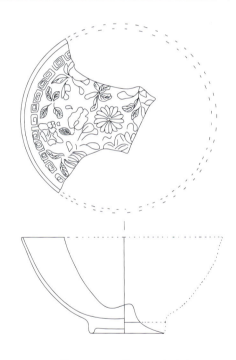

15】 T0102 ③：91 (1/2)　　　　16】 T0501 ①：4 (1/2)

（五）青白釉印叶脉纹花口碗

15】T0102③：91，方圆唇，花口，弧腹，矮圈足，足沿窄，挖足浅，足底平。胎色白，胎质细腻，青白釉，釉面光亮，足内无釉，余均施釉。内壁印叶脉纹，足底有垫饼支烧痕迹。残长8.6、足径4.2、高5.1、厚0.2~0.4厘米。

（六）青白釉印缠枝花卉纹芒口碗

16】T0501①：4，方唇，敞口，弧腹，圈足，足沿窄，斜向内挖足，足底微凸，白胎较细，青白釉，釉面较光亮。芒口，除口沿外均施釉。内口沿下印一圈回纹，内壁印缠枝花卉纹，中心印一朵菊纹。口径10.4、高5.3、足径4、厚0.2~0.4厘米。

17

18

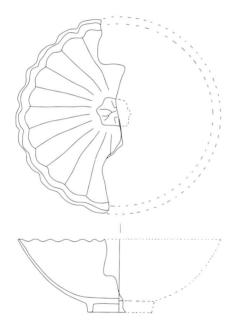

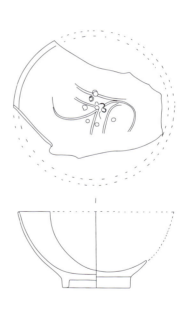

17】T0501 ④ c：1025（1/2）

18】T0501 ④ c：475（1/2）

（七）青白釉印花菊瓣纹芒口花口碗

17】T0501 ④ c：1025，方唇，敞口，口至身为菊瓣样式，弧腹，圈足略收，足沿窄，挖足，足底平。胎色白，胎质细腻，青白釉，釉面光亮，芒口，除口沿外均施釉。碗身模印菊瓣纹，内心印花瓣纹。口径 11、足径 3.4、高 4、厚 0.2~0.3厘米。

（八）青白釉印花芒口小碗

18】T0501 ④ c：475，方唇，敞口，弧腹，圈足，足墙窄，深挖足，足底微凸。胎色白，胎质细腻，青白釉，釉面光亮，芒口，除口沿外均施釉。内底心印花卉纹。外腹有轮制痕迹，足墙在上釉前破损。口径 8.5、足径 4.2、高 4.1、厚 0.2厘米。

19

20

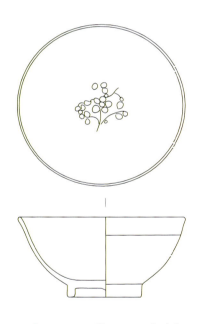

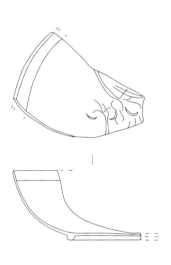

19】 T0402②：454（1/2）

20】 T0502③：3（1/2）

（九）青白釉刻花芒口小碗

19】T0402②：454，方唇，敞口，弧腹，圈足，足墙窄，深挖足，足底微凸。胎色白，胎质细腻，青白釉，釉面光亮，芒口，除口沿外均施釉。内底心刻划花卉纹。口径8.9、足径3.8、高4.3、厚0.2~0.4厘米。

20】T0502③：3，方唇，敞口，弧腹，圈足，足墙窄，挖足浅，足底微凸。胎色白，胎质细腻，青白釉，釉面光亮，芒口，除口沿外均施釉。内底心刻划花卉纹。残长6.6、高3.8、厚0.2厘米。

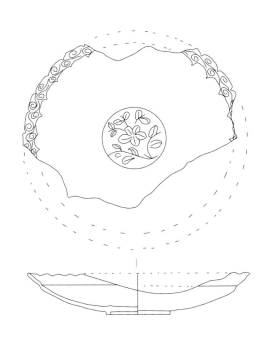

21】 T0201②：125（1/3）　　　　22】 T0402②：17（1/3）

二 青白瓷盘

（一）青白釉印花花口盘

此类盘形制基本一致，仅见内底心装饰纹饰有差别。

21】 T0201②：125，方唇，敞口，口沿处压印花边，弧腹，矮圈足，足底较平，近足墙处浅挖。胎色白，胎质细腻，青白釉，釉面光亮，有开片，足内无釉，余均施釉。内沿上印有卷草纹，内底心单圈内印有一朵缠枝花。口径18.1、足径5.1、高3.9、厚0.2~0.5厘米。

22】 T0402②：17，尖唇，敞口，口沿处压印花边，弧腹，矮圈足内收，足墙稍宽，挖足较浅，足底平。胎色白，胎质细腻，青白釉，釉面光亮，釉面开片，足内无釉，余均施釉。内沿上印有卷草纹，内底心单圈内印有花卉纹，纹饰模糊不清。口径17.8、足径5、高3.5、厚0.2~0.5厘米。

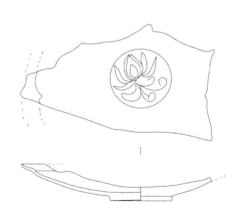

23】 T0402②：20（1/3）

24】 T0201②：164（1/3）

23】 T0402②：20，尖唇，敞口，口沿处压印花边，弧腹，矮圈足内收，足墙稍宽，挖足较浅，足底平。胎色白，胎质细腻，青白釉，釉面光亮，釉面开片，足内无釉，余均施釉。内沿上印有卷草纹，内底心单圈内印有花卉纹。口径17.6、足径5.1、高3.4、厚0.2~0.4厘米。

24】 T0201②：164，口部残，敞口，口沿处压印花边，弧腹，矮圈足内收，足墙稍宽，挖足较浅，足底内凹。胎色白，胎质细腻，青白釉影青，釉面光亮，釉面局部受沁，足内无釉，余均施釉。内沿上印有卷草纹，内底心单圈内印有花卉纹。残长13.7、足径4.8、高3、厚0.2~0.5厘米。

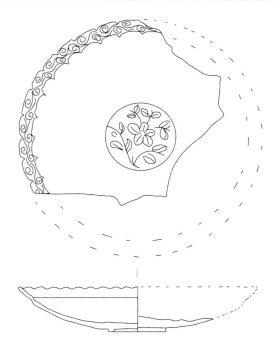

25】 T0501 ④ c：471 (1/3)

26】 T0502 ④：601 (1/3)

25】T0501 ④ c：471，方圆唇，敞口，口沿处压印花边，弧腹，饼形足略收，足底平，中部有一圈弦纹。胎色白，胎质细腻，青白釉偏黄，釉面光亮，足内无釉，余均施釉。内沿上印有卷草纹，内底心单圈内印有一朵缠枝花。口径17.6、足径4.8、高3.7、厚0.2~0.5厘米。

26】T0502 ④：601，尖圆唇，敞口，口沿处压印花边，弧腹，饼形足略收，足底微凹。胎色白，胎质细腻，青白釉偏黄，釉面光亮，足内无釉，余均施釉。内沿上印有卷草纹，内底心单圈内印有一朵缠枝花。口径19.5、足径4.6、高3.7、厚0.2~0.5厘米。

27

28

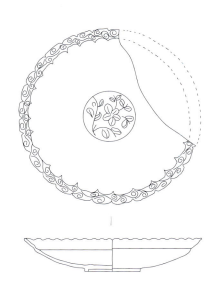

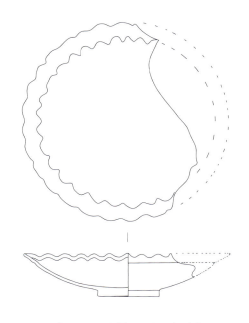

27】 T0402 ② : 15 (1/3)

28】 T0502 ④ : 600 (1/3)

　　27】 T0402 ② : 15，尖唇，敞口，口沿处压印花边，弧腹，饼形足略收，足底微凹。胎色白，胎质细腻，青白釉，釉面光亮，足内无釉，余均施釉。内沿上印有卷草纹，内底心单圈内印有一朵缠枝花。外腹有轮修痕迹。口径13.7、足径4.2、高2.8、厚0.2~0.6厘米

　　28】 T0502 ④ : 600，尖唇，敞口，口沿处压印花边，弧腹，饼形足内收，足底微凹。胎色白，胎质细腻，青白釉，釉面光亮，局部受沁泛灰，足内无釉，余均施釉。内沿上印有卷草纹，内底心单圈内印有一朵缠枝花，纹饰模糊不清晰。口径 17.5、足径 5、高 3.5、厚 0.2~0.5 厘米。

29

30

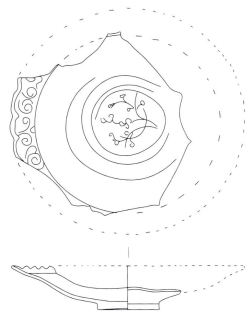

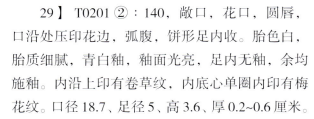

29】 T0201 ② : 140 （1/3）

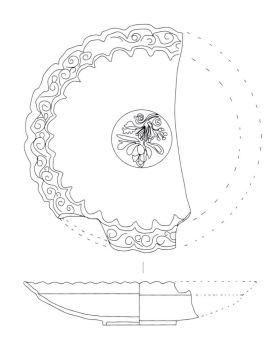

30】 T0502 ④ : 1008 （1/3）

29】 T0201 ②：140，敞口，花口，圆唇，口沿处压印花边，弧腹，饼形足内收。胎色白，胎质细腻，青白釉，釉面光亮，足内无釉，余均施釉。内沿上印有卷草纹，内底心单圈内印有梅花纹。口径 18.7、足径 5、高 3.6、厚 0.2~0.6 厘米。

（二）青白釉印花莲花纹花口盘

30】 T0502 ④：1008，敞口，花口，方唇，

口沿处压印花边，弧腹，饼形足较矮，足底有一圈弦纹，应是准备挖足时留下的痕迹，足中部有几道挖痕，足底略内凹。胎色白，胎质细腻，青白釉，釉面光亮，足内无釉，余均施釉。内沿上印有卷草纹，内底心单圈内印有莲花纹。口径 18、足径 5.3、高 3.7、厚 0.2~0.5 厘米。

31

32

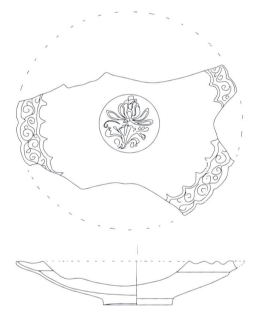

31】 T0502 ④：155 (1/3)

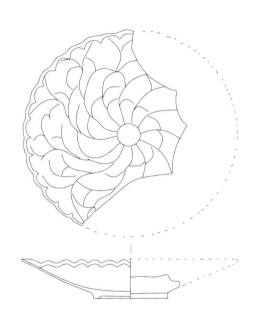

32】 C8a ①：21 (1/3)

31】 T0502 ④：155，敞口，花口，尖唇，口沿处压印花边，弧腹，饼形足较矮，足底有一圈弦纹，应是准备挖足时留下的痕迹，足底略内凹。胎色白，胎质细腻，青白釉，釉面光亮，足内无釉，余均施釉。内沿上印有卷草纹，内底心单圈内印有并蒂莲花纹。口径18.4、足径5.2、高3.7、厚0.2~0.5厘米。

（三）青白釉印花叶脉纹花口盘

32】 C8a ①：21，方圆唇，敞口，弧腹，内底心凸起，矮圈足，足底较平，足心微凹，足沿与足底之间削有一凹槽。胎色白，胎质细腻，青白釉，釉面光亮，器表受沁局部泛黄，足内无釉，余均施釉。内壁印叶脉纹。足底有垫烧痕迹。口径17.3、足径5.8、高3.2、厚0.2~0.4厘米。

33

34

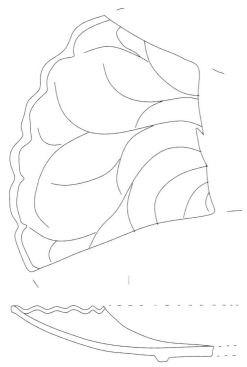

33】 T0402 ② : 326 (1/2)

34】 T0201 ② : 163 (1/2)

（四）青白釉印花叶脉纹芒口盘

33】T0402②：326，方圆唇，敞口，弧腹，矮圈足，足沿窄，挖足较浅，足底较凹。胎色白，胎质细腻，青白釉，釉面光亮，芒口，除口沿外均施釉。内壁印叶脉纹。内底有覆烧时沾釉痕迹。残长10.6、高3、厚0.3~0.4厘米。

（五）青白釉印花莲花纹芒口盘

34】T0201②：163，尖圆唇，敞口，内沿外凸，弧腹，矮圈足，足沿窄，挖足较浅，内足心一周微凹，足底平。白胎较细，青白釉，釉面光亮，芒口，除口沿外均施釉。内壁印莲花莲叶纹，内底圈内印莲花纹。残长8.2、高2.5、厚0.2~0.4厘米。

35

36

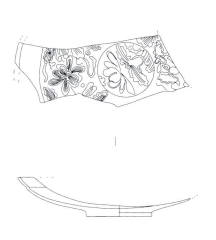

35】 T0402 ②：450（1/3）

36】 T0402 ④：368（1/3）

（六）青白釉印花莲花纹芒口折沿盘

35】 T0402 ②：450，方唇、敞口、折沿、弧腹、矮圈足，足沿窄，挖足较浅，足底平。白胎较细，青白釉，釉面受沁泛黄，芒口，除口沿外均施釉。内壁印莲花莲叶纹，内底圈内印莲花纹。口径18.2、足径5.7、高3.1、厚0.2~0.4厘米。

36】 T0402 ④：368，尖圆唇、敞口、折沿、弧腹、矮圈足，足沿窄，挖足较浅，足底平。白胎较细，青白釉，釉面光亮，芒口，除口沿外均施釉。内壁印莲花莲叶纹，内底圈内印莲花纹。残长14.9、足径5.3、高3.1、厚0.2~0.4厘米。

37

38

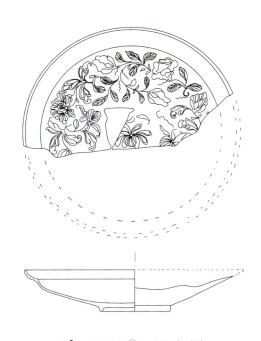

37】 T0401 ④：86 （1/3）　　　　　38】 T0202 ②：40 （1/2）

（七）青白釉印花缠枝牡丹纹芒口折沿盘　　（八）青白釉印花缠枝菊花纹芒口折沿盘

37】 T0401 ④：86，方唇、敞口、折沿、弧腹、矮圈足，足沿窄，挖足较深，足底平。白胎较细，青白釉，釉面光亮，芒口，除口沿外均施釉。内壁印缠枝牡丹纹，内底圈内印牡丹花纹。口径 17.5、足径 5.5、高 3.2、厚 0.2~0.3 厘米。

38】 T0202 ②：40，尖圆唇、敞口、折沿、弧腹、矮圈足，挖足极浅，足底平。白胎较细，青白釉，釉面光亮，芒口，除口沿外均施釉。内壁印缠枝菊花纹，底残，内底圈内印纹不清。残长 10.2、高 3.1、厚 0.2~0.4 厘米。

39

40

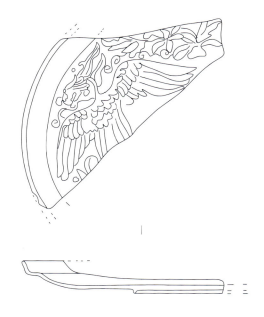

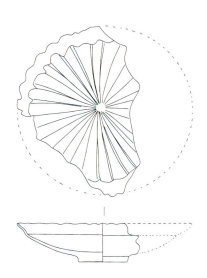

39】 T0502 ③：5（1/3）

40】 T0502 ④：1207（1/3）

（九）青白釉印花缠枝花卉纹鸟纹芒口盘

39】T0502 ③：5，圆唇，敞口，内沿上有一道凸棱，弧腹，矮圈足，足墙极细，挖足浅，足底内凹，白胎较细，青白釉，釉面光亮。芒口，除口沿外均施釉。内壁印缠枝花卉纹、鸟纹，底残。残长 14.8、高 2.6、厚 0.2~0.4 厘米。

（十）青白釉菊瓣纹花口小盘

40】T0502 ④：1207，尖唇，敞口，沿微折，弧腹，圈足，足沿窄，挖足较浅，足底平。胎色白，胎质细腻，青白釉，釉面受沁泛灰，足内无釉，余均施釉。口径 13.7、足径 4.1、高 3.1、厚 0.2~0.6厘米。

41

42

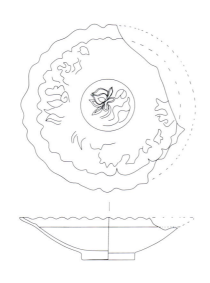

41】 T0502 ④：162 （1/3）

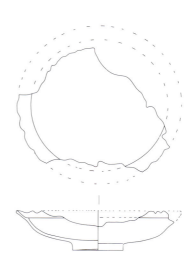

42】 T0502 ④：1007 （1/3）

（十一）青白釉印花缠枝莲花纹花口小盘

41】 T0502 ④：162，尖唇、敞口、弧腹、饼形足较矮、略收、足底微凹。胎色偏黄，胎质细腻，青白釉泛黄，釉面光亮，有明显开片，足内无釉，余均施釉。口沿处压印花边，内壁印缠枝花卉纹，内底心单圈内印莲花纹。口径14.2、足径4、高3.4、厚0.2~0.4厘米。

42】 T0502 ④：1007，尖唇、敞口、弧腹、饼形足较矮、略收、足底平。胎色白，胎质细腻，青白釉，釉面光亮，釉面受沁泛黄，有明显开片，足内无釉，余均施釉。口沿处压印花边，内壁印缠枝花卉纹，内底心单圈内印莲花纹。口径13.1、足径4、高3.2、厚0.2~0.5厘米。

43

44

43】T1010 ③：45 (1/3)

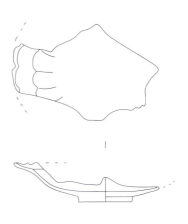

44】T0201 ②：79 (1/3)

（十二）青白釉印花缠枝花卉纹花口小盘

43】T1010 ③：45，尖唇，敞口，弧腹，矮圈足、足沿稍宽，挖足较浅，足底平。胎色白，胎质细腻，青白釉，釉面光亮，局部受沁泛黄，有明显开片，足内无釉，余均施釉。口沿处压印花边，内壁印缠枝花卉纹，盘心印有一朵花卉纹。口径 14.1、足径 3.9、高 3、厚 0.2~0.4 厘米。

（十三）青白釉印花菊瓣纹花口折沿小盘

44】T0201 ②：79，尖唇，敞口，折沿，弧腹，饼形足，足底微凹。胎色白，胎质细腻，青白釉，釉面光亮，足内无釉，余均施釉。腹部模印菊瓣纹，内底印花，纹饰不清。残长 11.6、足径 4.1、高 3.2、厚 0.2~0.5 厘米。

45

46

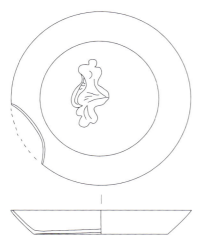

45】 T0302 ③：329 （1/2）

46】 C10c ① ：317 （1/2）

三 青白瓷碟

（一）青白釉刻划纹芒口碟

45】 T0302 ③：329，尖唇、敞口、斜直腹、大平底内凹。胎色白，胎质细腻，青白釉，釉面光亮，芒口，除口沿外均施釉。内底刻划花卉纹。口径9.5、底径7、高1.3、厚0.2~0.4厘米。

46】 C10c ①：317，方唇、敞口、斜直腹、大平底内凹。胎色白，胎质细腻，青白釉，釉面光亮，芒口，除口沿外均施釉。内底铺满刻划花卉纹。口径10.1、底径7.7、高1.5、厚0.2厘米。

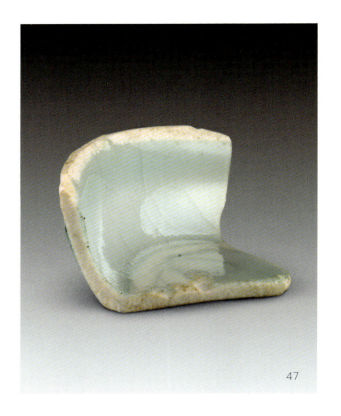

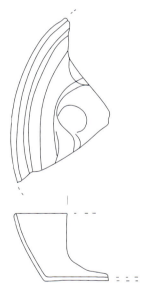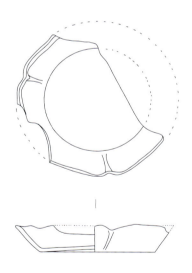

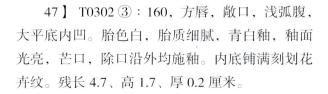

47】 T0302 ③：160（1/1）

48】 T0502 ④：1053（1/2）

（二）青白釉芒口葵口碟

47】 T0302③：160，方唇，敞口，浅弧腹，大平底内凹。胎色白，胎质细腻，青白釉，釉面光亮，芒口，除口沿外均施釉。内底铺满刻划花卉纹。残长4.7、高1.7、厚0.2厘米。

48】 T0502④：1053，方唇，敞口，葵口，浅弧腹，腹部出筋，大平底微内凹。胎色白，胎质细腻，青白釉，釉面光亮，芒口，除口沿外均施釉。口径8.4、底径6、高1.5、厚0.2厘米。

第二节　龙泉窑瓷器

龙泉窑瓷器在沉船船货中占的比重较大，在船舱前、中、后部均有分布。瓷器器形较少，以碗为最大宗，其次是盘，其他器形仅见一件青瓷四棱方瓶。装饰风格多为刻划花，纹饰多以荷花、荷叶为主题，不同风格和表现形式的荷花、荷叶呈现出不同的纹饰组合，部分器物还以篦划纹为底纹。荷花形态较饱满，主要为带长曲茎的四瓣荷花。荷叶以大张的侧覆状、侧仰状为主，较小的侧立荷叶和平展荷叶主要与篦划纹组合出现。带长曲茎四瓣荷花和大张的侧覆状、侧仰状荷叶采用写实的手法，刻划生动逼真。其他纹饰有"S"形分隔纹、卷云纹，牡丹纹、蕉叶纹等。外壁大多素面，折扇纹少量出现。从造型来看，碗以侈口为主，圈足分为两种，一种外撇，修足不甚规整；一种不外撇，修足规整。器物以厚胎薄釉为主要特点，整件器物除圈足内面其他地方皆施釉，釉色以青黄、青灰和青绿为主；胎质较好，主要

为灰色，部分呈灰白色。比较有特色的器物是几件菊瓣盘和菊瓣小碟，造型生动立体，尤其是菊瓣小碟，釉色青蓝，造型精巧，有卧足和内凹平底两种。

"南海I号"出土的龙泉窑器物，多呈长条状成摞摆放。其中14号舱保存完整的三摞碗，整摞长度约80厘米，两摞为41个器物，一摞为40个器物，包装方式为先用四根宽约3厘米的竹条包夹整摞碗，再用竹篾包扎竹条进行包装。同样的包装方式在其他船舱中也有发现，应为"南海I号"出土龙泉窑器物的主要包装方式。

"南海I号"出土的龙泉窑器物，除了仅有几件青蓝色菊瓣小碟、年代应该偏晚外，其他器物厚胎薄釉、写实的荷花荷叶主题纹饰、篦划纹底纹少见以及器内壁单面刻划花等造型装饰风格，综合来看这批器物年代大致为南宋中期。

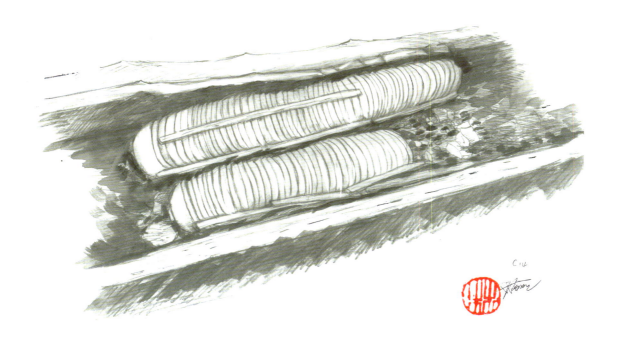

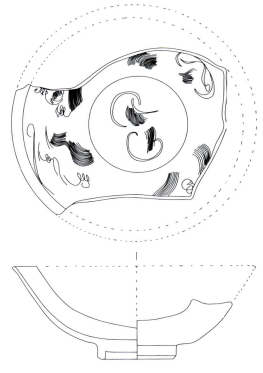

49】　T0502 ④：669 （1/3）

50】　T0101 ③：57 （1/3）

一　青瓷碗

（一）撇口碗

A 型　弧腹近垂直，腹壁中间微鼓。

49】 T0502 ④：669，残，内口沿处有一道弦纹，内壁刻划有荷花和侧立荷叶，内底饰有一张侧立荷叶，其间填以篦划纹。外壁划有折扇纹。圈足挖足较深，修足规整。表面玻化层已剥蚀，青灰色釉，灰白胎。口径 19.2、足径 6.4、高 7.5 厘米。

B 型　微束颈，弧腹上部内收。

50】 T0101 ③：57，残，内壁用四线 S 形纹分隔成六个区域，每个区域顶端有连弧纹相连，各区域内刻划有卷云纹。碗底饰有花叶纹。外壁口沿处有一圈较细的凹槽，圈足挖足较浅。米黄带青灰色釉，灰胎。口径 19、足径 6.7、高 7.6 厘米。

51

52

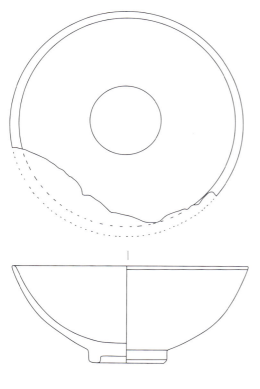
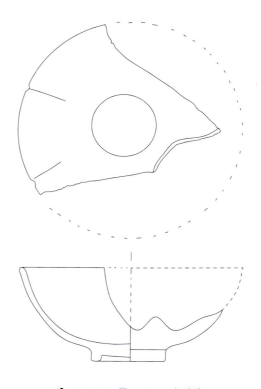

51】 C14a ① ：190 （1/3）

52】 T0502 ④ ：911 （1/3）

（二）侈口碗

A 型　斜弧腹，腹较浅。

51】 C14a ①：190，残，素面，外壁有数道较明显的轮制痕。圈足外撇，较高，挖足深浅适中，足面较宽。施釉较粗糙，釉面有很多气泡，青色釉，灰色胎。口径 18.5、足径 6、高 7.9 厘米。

52】 T0502 ④：911，残，口沿上有葵口，每个葵口下的内壁上有一条出筋。圈足微外撇，挖足深度适中，足面较宽。釉面气泡较多，青灰色釉，深灰色胎。口径 17.7、足径 6、高 7.6 厘米。

53

54

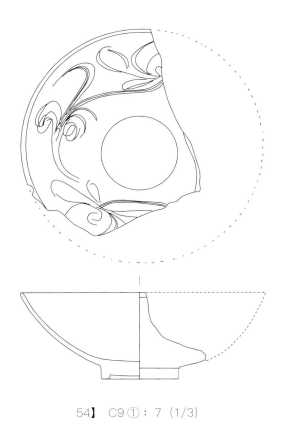

53】 T0301 ③：5 (1/3)

54】 C9 ①：7 (1/3)

53】T0301 ③：5，残，内壁刻划有两组花叶纹。圈足外撇，较矮，挖足深浅适中，足面较宽。釉面气泡分布密集，胎上孔隙较多，青黄釉，灰色胎。口径 18、足径 6.3、高 6.7 厘米。

54】C9 ①：7，残，内壁刻划有两朵长茎四瓣荷花，外壁有数道螺旋纹。圈足微外撇，挖足较浅，足面平整。青灰色釉，深灰色胎。口径19.4、足径 6、高 6.7 厘米。

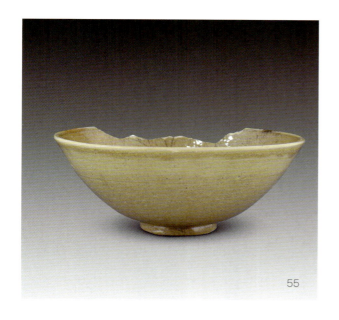

55

56

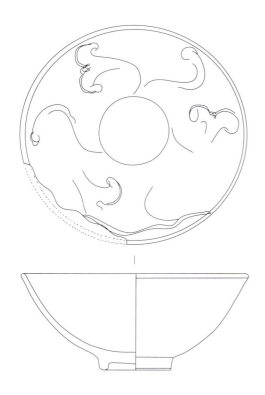

55】　C14a①：191（1/3）

56】　T0501④：422（1/3）

55】C14a①：191，残，内口沿处有一圈弦纹，内壁刻划有三朵侧立荷叶，荷叶之间有三组反"C"形纹饰。圈足外撇，挖足较浅。青黄色釉，灰色胎。口径18.9、足径5.9、高7.8厘米。

56】T0501④：422，完整，内口沿处有一圈弦纹，内壁刻划有两朵饱满的长茎四瓣荷花。圈足较矮，挖足较浅。米黄釉，灰黄胎。口径19.2、足径6.4、高7.9厘米。

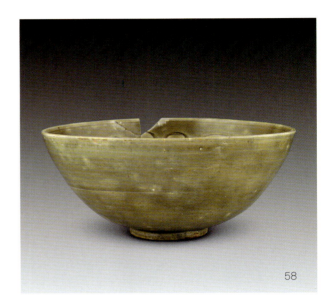

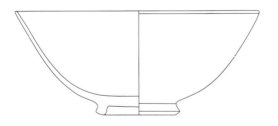

57】　C14a ①：1157（1/3）

58】　T0402 ④：31（1/3）

B 型　斜弧腹近垂直，腹较深，上部微内收。

Ba 型　圈足外撇，挖足较浅，足面较宽。

57】　C14a ①：1157，完整，内口沿处有一圈弦纹，内壁刻划有一朵牡丹和两组花叶纹。青黄色釉，灰色胎。口径 19.3、足径 6.6、高 8.5 厘米。

58】　T0402 ④：31，内壁刻划有一朵牡丹和两组花叶纹。深青灰色釉，深灰色胎。口径 19.2、足径 6.3、高 8.6 厘米。

59

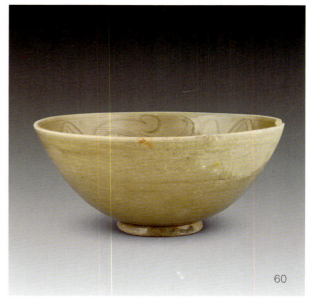

60

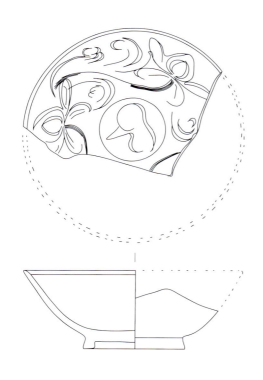

59】T0201③：8（1/3）

60】C14a①：489（1/3）

59】T0201③：8，残，内口沿处有一道弦纹，内壁刻划有三朵饱满的长茎四瓣荷花，碗底饰有一片"山"字形侧立荷叶。青釉泛灰，灰色胎。口径18.4、足径8.2、高6.5厘米。

60】C14a①：489，微残，内口沿处有一道弦纹，内壁刻划有三朵饱满的长茎四瓣荷花，荷花花苞中间有一条横向的短弧线，其中一朵花苞有圆形花心。青黄色釉，灰黄胎。口径19、足径6.5、高8.6厘米。

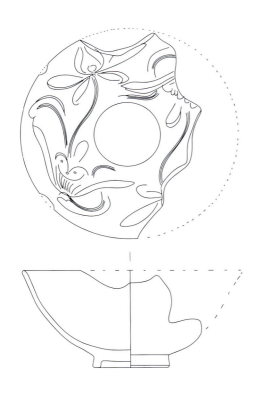

61】　C10c ① : 228（1/3）

62】　T0402 ② : 33（1/3）

　　61】　C10c ①：228，残，内壁刻划有两朵饱满的长茎四瓣荷花和两片侧覆荷叶。荷花花苞有圆形花心，覆叶下有一张笑脸状叶片。青中泛黄釉，灰白胎。口径 17.6、足径 6.3、高 7.9 厘米。

　　62】　T0402 ②：33，完整，内壁刻划有两朵较纤细的长茎四瓣荷花和一片侧覆荷叶。青釉泛黄，灰色胎。口径 18.4、足径 6.6、高 8.2 厘米。

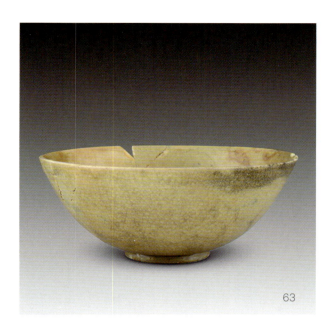

63

64

63】 C14a ① : 540 (1/3)

64】 T0501 ④ : 387 (1/3)

63】 C14a ① : 540，微残，内壁刻划有两朵饱满长茎四瓣荷花和一片侧覆荷叶，内底饰有一张"山"字形荷叶。米黄釉带青灰，灰色胎。口径 19.7、足径 6.6、高 8.4 厘米。

64】 T0501 ④ : 387，残，内壁刻划有两朵长茎四瓣荷花。釉色青黄，浅灰胎，胎质不甚致密。口径 16.3、足径 5.8、高 6.8 厘米。

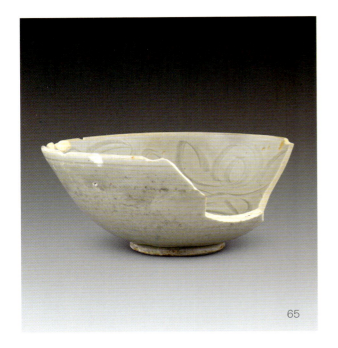

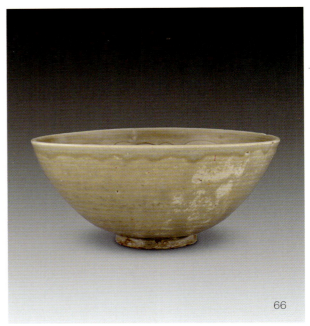

65

66

65】 T0501 ④：138（1/3）

66】 T0502 ④：371（1/3）

65】 T0501 ④：138，残，内壁刻划有相对称两朵四瓣荷花和两组仰叶纹，内底饰有一张荷叶。青灰色釉，灰白胎，胎质致密。口径 16、足径 5.8、高 6.8 厘米（图十七）。

66】 T0502 ④：371，完整，内壁刻划有三片侧立荷叶，其间填以较细密的篦划纹。青黄釉，灰色胎。口径 19、足径 6.4、高 8.5 厘米。

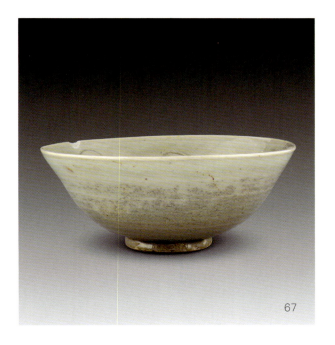

67

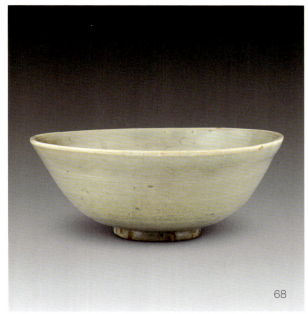

68

67】 T0302 ③：161 （1/3）

68】 T0302 ③：156 （1/3）

67】T0302③：161，完整，内壁刻划有三片侧立荷叶，荷叶之间有三组反"C"形纹饰。青灰色釉，浅灰胎，胎质致密。口径16.3、足径5.8、高7厘米。

68】T0302③：156，完整，内壁用三线"S"形纹分隔成五个区域，各区域刻划有卷云纹。青灰色釉，浅灰胎，胎质致密。口径16.5、足径5.7、高6.7厘米。

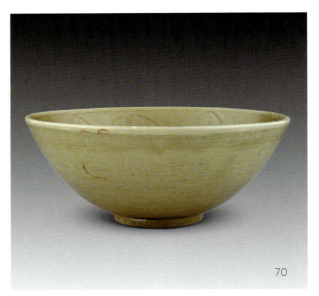

69

70

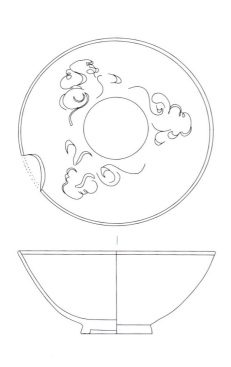

69】　C10c ① : 5 (1/3)

70】　T0501 ① : 438 (1/3)

69】C10c ①：5，残，内壁刻划有三组卷云纹。青灰色釉，浅灰色胎，胎质致密。口径 15.6、足径 5.6、高 6.8 厘米。

Bb 型　圈足不外撇，挖足较深，足面较窄，修足规整。

70】T0501 ④：438，完整，内壁刻划有四朵长茎四瓣荷花，碗底也有一朵四瓣荷花，荷花皆有圆形花心。青釉泛黄，灰黄胎。口径 19.2、足径 6.6、高 8.2 厘米。

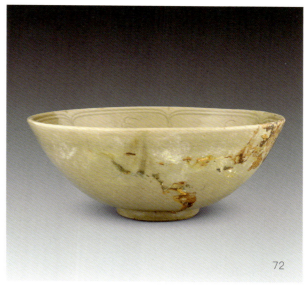

71】 C14a ① : 1106 (1/3)

72】 C14a ① : 1098 (1/3)

71】 C14a ①：1106，完整，内壁刻划有相对的两朵长茎牡丹和两组花叶纹，碗底也饰有简单的花叶纹，其间填以细短的篦划纹。青黄釉，深灰胎。口径19.2、足径6.9、高8厘米。

72】 C14a ①：1098，完整，内壁用三线S形纹分隔成六区域，每个区域顶端有双线连弧纹相连，各区域划有卷云纹，碗底饰有一张展开的荷叶。青黄釉，灰黄胎。口径19.8、足径6.6、高8.2厘米。

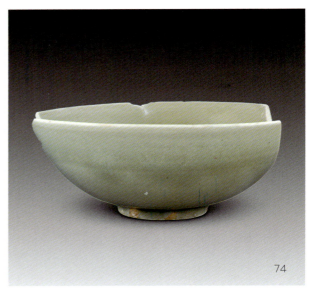

73

74

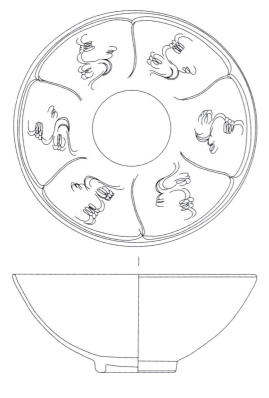
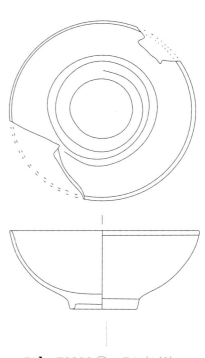

73】 T0402 ② ：98 （1/3）

74】 T0302 ② ：74 （1/3）

　　73】 T0402 ② ：98，完整，内壁用双线 S 形纹分隔成六区域，每个区域顶端有双线连弧纹相连，各区域划有卷云纹。青灰釉带青黄，灰胎。口径 19.2、足径 6.2、高 8 厘米。

　　74】 T0302 ② ：74，残，素面，圈足垂直，挖足较深，足面较窄。青釉，釉色莹润。灰白胎，胎质细腻致密。口径 15.6、足径 5.5、高 6.4 厘米。

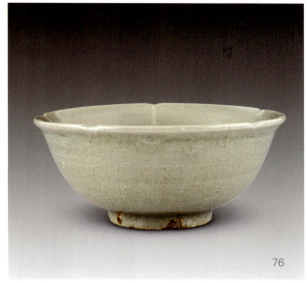

75

76

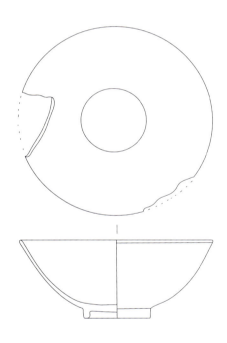

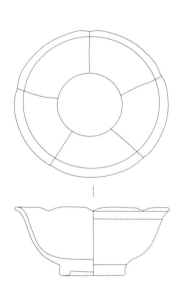

75】 T0302 ③：188 （1/3）

76】 T0302 ③：72 （1/3）

75】 T0302 ③：188，残，外壁有数道轮制痕迹。圈足微内收，挖足不深，足面较窄，足面外缘经过修整。釉面开片，釉色青中泛灰，深灰色胎，胎质致密。口径 15.5、足径 5.3、高 6.3 厘米。

（三）葵口出筋碗

葵口外撇，内壁五个葵口下各有一条白色的出筋，腹上部稍直而下部弧收，内平底，内底径稍大于外底径。圈足挖足较浅。

76】 T0302 ③：72，完整，青绿色釉，灰色胎，胎质好。口径 12.6、足径 5.3、高 5.7 厘米。

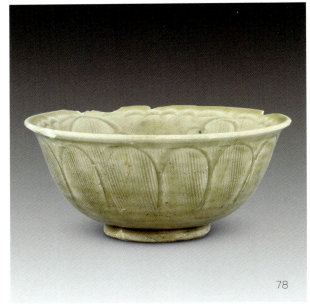

77

78

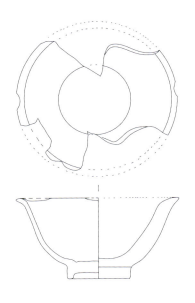

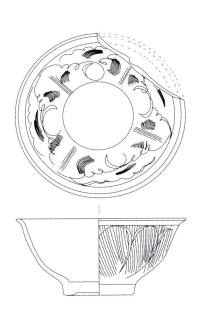

77】 T0502 ④：849（1/3）

78】 T0502 ④：110（1/3）

（四）压印花口碗

撇口向内压印出花口，腹部较直，内平底，由于内底径比外底径大较多，外壁与碗底交界处形成一个小平面。圈足较高，挖足较浅，圈足面外缘有做刮削一周修整。

77】 T0502 ④：849，残，釉色青中泛灰，浅灰色胎。口径 12.8、足径 5、高 6.6 厘米。

（五）蕉叶纹碗

撇口，腹壁较直，内平底，内底大于外底。圈足外撇，挖足较浅，足面较宽，足面外缘有做刮削一圈的修整。外壁刻划有 13 组瓣面较宽、瓣端圆弧的蕉叶纹，瓣面划有直线篦纹；内壁刻划四片带篦纹的蕉叶纹，各叶间饰有云纹。

78】 T0502 ④：110，残，青黄色釉，灰白色胎。口径 13.4、足径 5.4、高 6.2 厘米。

79

80

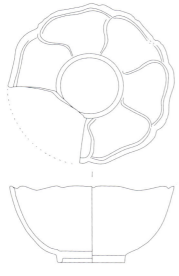

79】 T0502 ④：219 （1/3）

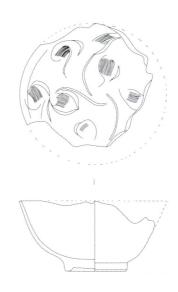

80】 T0502 ④：1076 （1/3）

（六）花口碗

侈口，近直腹，口沿上共有六个葵口，葵口间的口沿呈花瓣状。葵口下方内壁刻划有双线 S 形纹，将整个内壁分成六个区域，各区域顶部有双线连弧纹相连。内平底，内底径大于外底径。内壁与碗底交界处有一圈明显的细缝，缝里由于釉厚而显墨绿色。圈足挖足不深，足面外侧刮削较多。

79】 T0502 ④：219，残，釉色青中泛黄，灰白胎。圈足外侧施釉较厚而成墨绿色。口径 13.1、足径 5.6、高 6.4 厘米。

（七）浅腹小碗

侈口，浅弧腹，内壁口沿附近有一圈弦纹，内壁与内底过渡自然，并无明显分隔。整个碗内刻划有四组长茎荷叶纹。荷叶间填有篦划纹。圈足稍外撇，足面内外侧均有做刮削一周的修整。

80】 T0502 ④：1076，残，釉色青中泛黄，灰白胎。口径 11.4、足径 4.8、高 5.6 厘米。

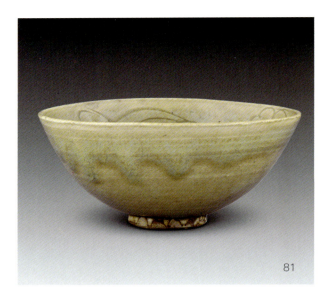

81】 T0501 ④：765 （1/3）

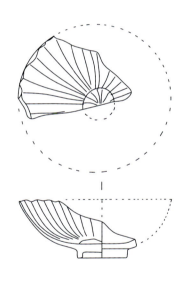

82】 T0501 ④：1008 （1/2）

（八）牡丹纹碗

侈口，弧腹，内底稍平凸，内壁与内底交界处刮削出一圈凹槽。内壁刻划有一朵牡丹和两片侧立的叶子。圈足稍外撇，足面较窄，挖足处有垫烧残留。

81】 T0501 ④：765，完整，圈足较小，青黄色釉，灰色胎。口径 12.9、足径 4、高 6 厘米。

（九）菊瓣小碗

侈口，斜弧腹。花口，内壁修刮出一道道上宽下窄上端圆弧的凹槽，凹槽之间形成出筋，外壁划有一道道竖条纹。内底微凸，划有一圈的放射状的线条，内底小于外底。圈足挖足较深，足面内外侧均做修整而呈弧形，整个圈足修整得较好。

82】 T0501 ④：1008，残，釉色青中泛黄，浅灰色胎。口径 8.2、足径 3.5、高 4.5 厘米。

83】　T0302 ③：219（1/3）　　　　　84】　C14a ①：582（1/3）

二　青瓷盘、碟

（一）折沿盘

折沿，斜弧腹下端内收。

83】T0302 ③：219，完整，内壁口沿处有两道弦纹，内壁与内底交界处有一圈凹槽，盘内刻划有两组带茎花叶纹，盘底中心刻划有一片侧立荷叶，叶片内饰有篦划纹。外壁近底处内收后形成一个小平面。圈足微外撇，挖足深浅适中，足面较窄且平整。青黄釉，灰色胎。口径 16.8、足径 5.6、高 3.2 厘米。

（二）撇口盘

A 型　斜弧腹，腹较浅。

Aa 型　内壁和内底过渡自然，无明显分隔。内底刻有一小圆圈。

84】C14a ①：582，完整，内壁刻划有一朵饱满的双瓣荷花和两片侧立荷叶。青绿色釉，灰色胎。口径 16.4、足径 5.6、高 4.6 厘米。

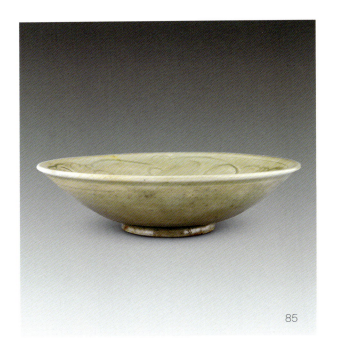

85

86

85】　C14a ①：549 （1/3）

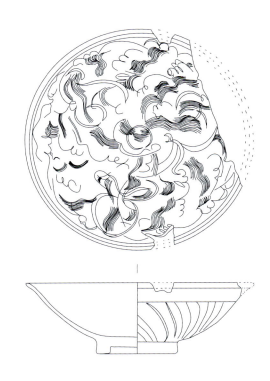

86】　T0301 ②：255 （1/3）

85】　C14a ①：549，完整，内壁刻划有三朵侧立荷叶。青绿色釉，灰色胎。口径 15.8、足径 5.7、高 4.4 厘米。

86】　T0301 ②：255，残，内壁刻划有一朵饱满的双瓣荷花和两片侧立荷叶，圆中间饰有篦划纹，外壁饰有较宽的折扇纹，近底处饰有螺旋纹。青黄色釉。灰色胎。口径 18.9、足径 6.4、高 5.6 厘米。

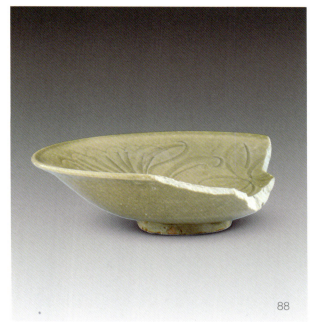

87

88

87】 T0501 ④：16 (1/3)

88】 T0102 ②：22 (1/3)

87】 T0501 ④：16，微残，盘内刻划的两朵长茎四瓣荷花和一片侧覆荷叶。青釉泛灰，灰色胎。口径 15.9、足径 5.7、高 4.2 厘米。

88】 T0102 ②：22，残，盘内刻划的两朵带茎四瓣荷花和一片侧仰荷叶。青釉泛黄，灰色胎。口径 16.1、足径 5.1、高 4 厘米。

89

90

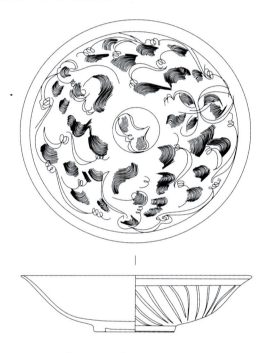

89】 T0501 ④ : 64 (1/3)

90】 C14a ① : 1134 (1/3)

Ab 型　内壁折收过渡到内底，内壁和内底交界处有一圈凹槽。

89】T0501 ④ : 64，残，内壁口沿处有一道弦纹，内壁和内底交界处有一圈凹槽，盘内刻划有两朵四瓣荷花和一片侧立荷叶。圈足挖足不深，足面不甚平整。青灰色釉，灰黄胎。口径15.5、足径5.6、高3.6厘米。

B 型　近垂直腹。

Ba 型　内壁和内底过渡自然，无明显分隔。内壁口沿处划有一道弦纹，内平底，底中心划有

一小圆，圆心多饰有带篦划纹的荷叶。外壁口沿处有一圈凹槽，近底位置折收后形成一个小平面。圈足微外撇，挖足相对较深，足面较窄且规整。

折扇纹盘，盘内刻划有一朵饱满的双瓣荷花和两片侧立荷叶，其间填有篦划纹。外壁饰以较疏朗的折扇纹。

90】C14a ① : 1134，完整，盘底小圈内为侧立荷叶。青中泛黄釉，灰色胎。口径18.9、足径6.7、高4.6厘米。

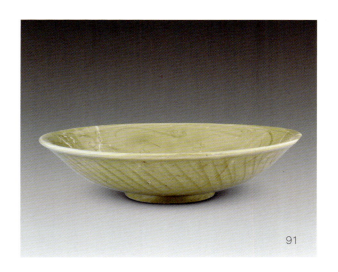

91

92

91】 C14a①：1135（1/3）

92】 T0501④：149（1/3）

91】C14a①：1135，完整，盘底小圈内为"山"字形荷叶。黄色釉，灰黄胎。口径18.8、足径6.5、高4.5厘米。

92】 T0501④：149，完整，盘底小圈内无荷叶。青釉带黄，灰胎。口径18.5、足径6.2、高5.1厘米。

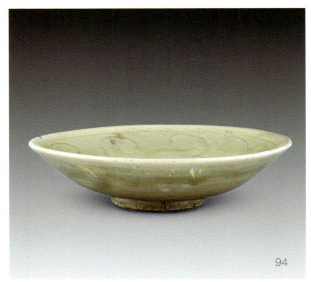

93

94

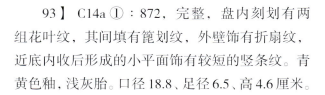

93】 C14a ① ：872 （1/3）

94】 C10c ① ：45-1 （1/3）

　　93】 C14a ① ：872，完整，盘内刻划有两组花叶纹，其间填有篦划纹，外壁饰有折扇纹，近底内收后形成的小平面饰有较短的竖条纹。青黄色釉，浅灰胎。口径18.8、足径6.5、高4.6厘米。

　　花叶纹盘，盘内刻划有两组带茎花叶纹，其间填有篦划纹。

　　94】 C10c ① ：45-1，完整，盘底小圆内饰有一张叶脉加四组篦划纹式荷叶。青灰色釉，灰色胎。口径15.2、足径5.4、高3.3厘米。

95

96

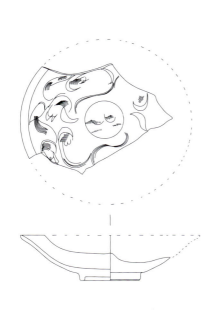

95】 T0502④：1125 (1/3)

96】 T0102②：8 (1/3)

95】 T0502④：1125，残，豆青色，灰色胎。口径 14.2、足径 5.3、高 4.2 厘米。

Bb 型　内壁折收过渡到内底。内壁和内底交界处有一圈凹槽，外壁口沿处有一道凹槽。

96】 T0102②：8，完整，内壁刻划有双线"S"形纹将内壁分成六个区域，每个区域顶端用双线连弧纹相连，各区域刻划有卷云纹。内底饰有一张展开荷叶。圈足挖足较深，足面较窄且规整。釉色青中泛灰泛黄，灰色胎。口径 18.9、足径 6.3、高 4.6 厘米。

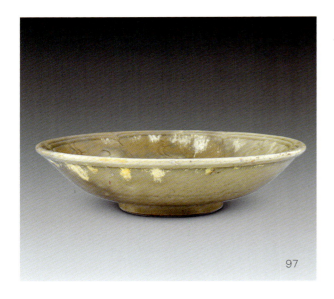
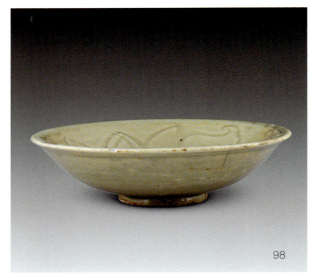

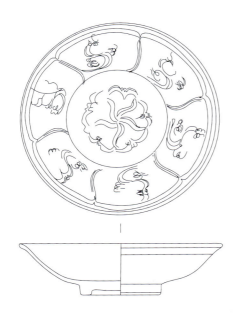

97】　C10c①：63-2（1/3）　　　　　98】　C14a①：568（1/3）

97】 C10c①：63-2，完整，内壁用三线"S"
形纹分成6个区域，各区域刻划有卷云纹，内底
饰有一张展开荷花。外壁近底处有一圈跳刀痕。
釉色青中泛灰泛黄，灰胎。口径15.9、足径6.3、
高4.2厘米。

98】 C14a①：568，完整，口沿内壁处有
一道弦纹，盘内刻划有两朵长茎饱满四瓣荷花。
圈足微外撇，挖足很浅，足面较宽。釉色青中泛灰，
深灰色胎。口径16.1、足径5.2、高4.5厘米。

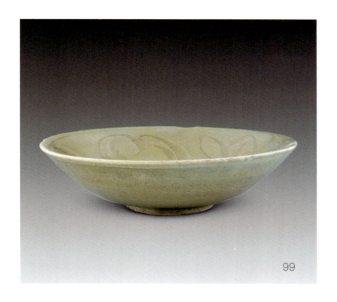

99

100

99】 T0402 ② ：59 （1/3）

100】 T0502 ④ ：105 （1/3）

99】T0402②：59，微残，口沿内壁处有一道弦纹，整个盘内刻划有三朵荷花和一片侧仰荷叶，盘中心饰有一片"山"字形荷叶。圈足微外撇，挖足浅，足面宽。釉色青中泛黄，深灰色胎。口径16.1、足径5.2、高4.4厘米。

（三）侈口盘

近垂直腹，内平底，内壁和内底交界处有一圈凹槽。

A型　圈足微外撇，挖足稍浅，足面不甚平整。

100】T0502④：105，微残，内壁口沿处有一道弦纹，盘内刻划有两朵饱满长茎四瓣荷花和两片侧覆荷叶。青色釉，浅灰胎。口径18.4、足径6.9、高4.3厘米。

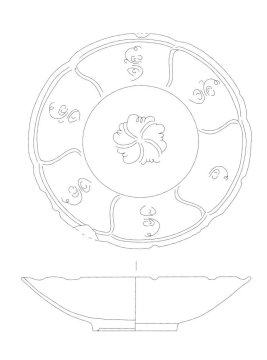

101】 C10c ① : 45-2 (1/3)

102】 C14a ① : 1129 (1/3)

　　101】 C10c ① : 45-2，完整，盘底刻划有两朵饱满的带长曲茎荷花和一张侧覆状的荷叶。青中泛黄釉，浅灰胎。口径 16.4、足径 4.5、高 4 厘米。

　　花口，六个葵口下用双线"S"形纹将内壁分成六个区域，每个区域顶端有双线连弧纹相连，各区域刻划有卷云纹，内底饰有一张展开荷叶。圈足挖足深浅适中，修整不甚规整。

　　102】 C14a ① : 1129，残，青绿色釉，灰白胎。口径 18.5、足径 6.6、高 4.4 厘米。

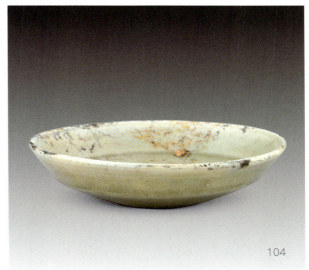

103】 T0102②：125（1/3）

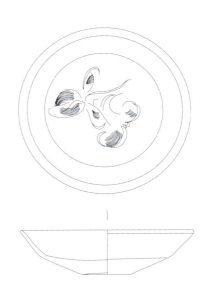

104】 C10c①：115（1/3）

103】T0102②：125，残，青釉泛黄，浅灰胎。口径 18.9、足径 6.2、高 4.5 厘米。

B 型　平底微内凹，折腰。内平底中心微乳突，内底径大外底径很多。外底为小平底内凹。

内底刻划有一张侧立的荷叶和一朵饱满的四瓣荷花，荷叶和荷花间饰有篦划纹。

104】C10c①：115，完整，青黄色釉，灰色胎。口径 13.4、底径 4、高 3.6 厘米。

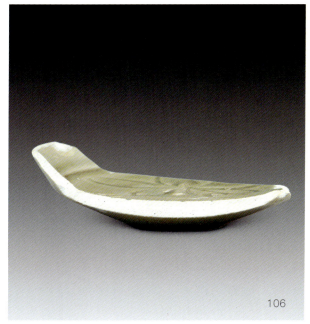

105

106

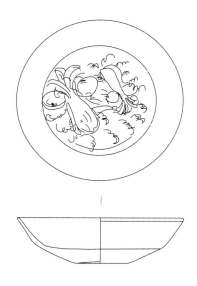

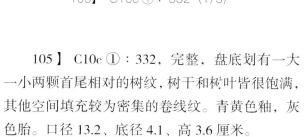

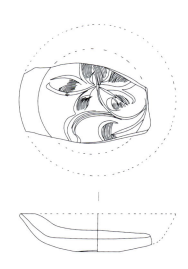

105】 C10c ① : 332 (1/3)

106】 T0502 ④ : 4 (1/3)

105】 C10c ①：332，完整，盘底划有一大一小两颗首尾相对的树纹，树干和树叶皆很饱满，其他空间填充较为密集的卷线纹。青黄色釉，灰色胎。口径 13.2、底径 4.1、高 3.6 厘米。

106】 T0502 ④：4，残，内底刻划有长茎四瓣荷花，外壁近底处有一圈较短的竖条纹。残，青黄色釉，浅灰胎。口径 12.2、底径 4.2、高 3.7 厘米。

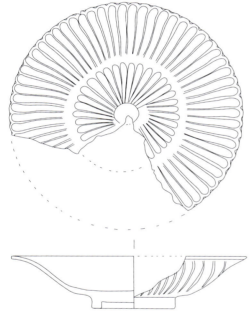

107】 T0302 ③：179 (1/3)

108】 T0302 ③：180 (1/3)

（四）菊瓣盘

花口外撇，斜直腹。内壁修刮出一道道上宽下窄、上端圆弧的凹槽，凹槽之间形成出筋。内平底，内底径大外底径许多。整个外壁划有较疏朗的竖条纹。圈足制作规整，挖足较深，足面较窄且平整。

107】 T0302 ③：179，残，内壁和盘底交界处划有一圈弦纹，盘底中心划有一个小圆，弦纹和小圆之间修刮出一道道上宽下窄、上端圆弧

的凹槽，凹槽之间形成出筋。圈足挖足处有垫烧物残留。青黄色釉，浅灰色胎。口径 19.1、足径 6.7、高 4.3 厘米。

108】 T0302 ③：180，残，盘底中心为一个微平凹的圆，外围微凸，划有一道道上宽下窄、上端圆弧、略呈弧形的菊瓣纹。外壁折收处划有一圈弦纹，弦纹上下各划有较疏朗的竖条纹，外壁折收后形成一个微凹的面。浅黄色釉，灰白色胎。口径 18.8、足径 5.8、高 4.4 厘米。

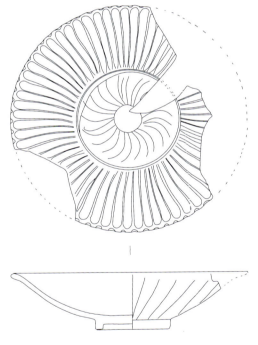

109】　T0302 ③：178（1/3）

110】　T0502 ④：580（1/2）

109】 T0302 ③：178，残，内壁与盘底交界处划有两道弦纹，盘底中心划有一小圆，弦纹与小圆之间划有一道道呈放射状较宽的弧线纹。青黄色釉，浅灰色胎。口径19.2、足径6.1、高4.7厘米。

（五）菊瓣卧足碟

花口外撇，腹壁较直，内壁修刮出一道道上宽下窄的凹槽，凹槽之间形成出筋，外壁饰有三道较浅的弦纹，花口和最外面近底处的弦纹之间划有一道道竖条纹。内底四周平中间略圆凸，刻划有一朵五瓣或七瓣荷花，内底径大外底径很多。外底为平底卧足，挖足很是规整。

110】 T0502 ④：580，完整，釉色青中泛红、灰白胎，胎质细腻。口径11.6、底径3.4、高2.8厘米。

111

112

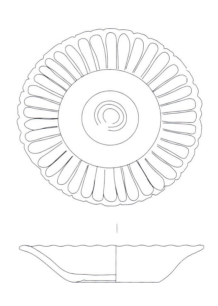

111】 T0502 ④：560 （1/2）

112】 T0502 ④：519 （1/2）

111】 T0502 ④：560，残，青绿色釉，施釉较厚，釉色莹润。白色胎，胎质细腻致密。口径 11.4、底径 3.4、高 2.5 厘米。

（六）菊瓣内凹平底碟

花口外撇，斜直腹，内壁修刮出一道道上端圆弧的凹槽，凹槽之间形成出筋。内平底，内底径大外底径许多。外底为平底微内凹，底外缘有一圈凹槽，底部施釉后有做刮釉处理。

112】 T0502 ④：519，完整，青绿色釉，灰白胎，胎质细腻。外壁近底有处有积釉现象。口径 10.4、底径 5、高 2 厘米。

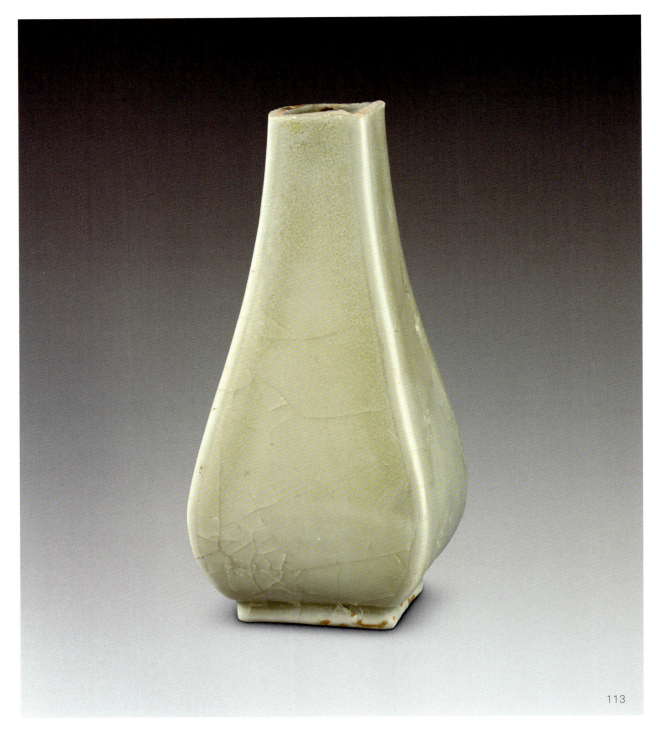

113

113】 C10c ① : 197 (1/2)

三 其他产品

（一）四方瓶

113】 C10c ① : 197，残，口沿脱落。釉色青灰泛黄，灰色胎。整个器物由四个相同的面组成，颈部较细长，腹部微鼓，线条简洁流畅。方形圈足规整，挖足较浅。口径2.7、腹径6.5、残高14.3厘米。

第三节　德化窑瓷器

　　德化窑瓷器数量众多，各个船舱均有分布，器形有器盖、壶、执壶、军持、三足炉、碗、罐、碟、粉盒、大盘、葫芦瓶、喇叭口瓶等类别，皆为青白瓷，执壶、罐、喇叭口瓶等器物为分段模制后接胎成型，纹饰以印花卉纹为主，部分大盘等器物饰以篦划纹，粉盒、执壶、罐、大盘、喇叭口瓶等器物底部常见墨书，大部分器物与德化碗坪崙等窑口所出瓷器在釉、胎和纹饰造型方面均较一致。另外发掘中发现船货装载有套装现象，如四系罐内套装喇叭口小瓶等。

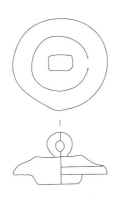

114】 T0302 ③：240 （1/1）

115】 T0502 ④：1052 （1/1）

一 青白瓷器盖

德化器盖多为圆形，亦有少量呈六边形，按盖纽的不同形状可分为青白釉管纽器盖、青白釉乳纽器盖、青白釉兽纽器盖、青白釉页瓣纽器盖、青白釉僧帽纽器盖，另有一件无纽的青白釉穿孔器盖。

A 型 青白釉管纽器盖。

Aa 型 青白釉管纽小器盖。

114】 T0302 ③：240 ，圆形，盖面微鼓，盖顶一管状纽，宽沿，底部突起，刮沿处胎泥捏制，留有手工痕。白胎，青白釉，盖内不施釉，素面。直径 2.5、高 1.4 厘米。

115】 T0502 ④：1052，圆形，盖似笠状，盖顶一管状纽，宽沿，另做圆柱胎接，留有手工痕。白胎，青白釉，盖内不施釉，绕纽印有一圈花瓣纹，近沿处印有一圈缠枝纹。直径 2.7、高 2.1 厘米。

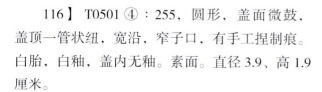

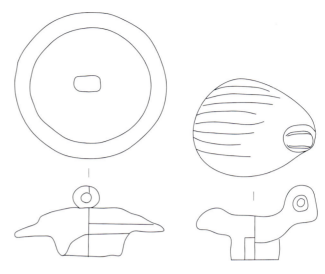

116】 T0501④：255 (1/1)　117】 T0502④：726 (1/1)

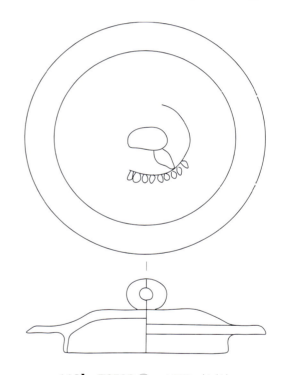

118】 T0502④：1055 (1/1)

116】 T0501④：255，圆形，盖面微鼓，盖顶一管状纽，宽沿，窄子口，有手工捏制痕。白胎，白釉，盖内无釉。素面。直径3.9、高1.9厘米。

117】 T0502④：726，叶瓣形，叶尖处一管状纽，管状子口。白胎，青白釉，盖内不施釉。

叶瓣印叶脉纹。直径3.1、高2厘米。

Ab型　青白釉管纽器盖。

118】 T0502④：1055，圆形，盖面鼓出，盖顶一管状纽，窄沿，矮子口。白胎，釉色青白，盖内不施釉。盖顶绕纽印一圈弦纹，弦纹外侧印一圈乳丁纹。直径6、高2厘米。

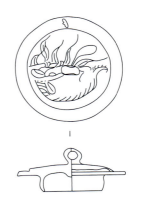

119】 C14a ① : 96 (1/2)

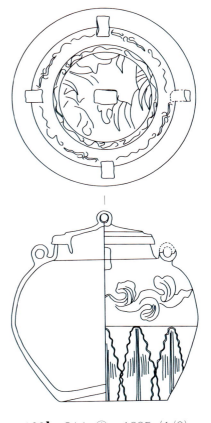

120】 C14a ① : 1295 (1/2)

　　119】C14a ①：96，圆形，盖面微鼓，高
低分两级，盖顶一管状纽，宽沿，子口较高，下
部收敛，有手工捏制痕。白胎，釉色青白，盖内
不施釉。盖面同心圆内压印叶类植物盆景纹，外
为盖沿。直径 5.8、高 2.4 厘米。

　　120】C14a ①：1295，四系罐盖，罐盖圆形，
盖面微鼓，盖顶一管状纽，宽沿，子口较高，
下部收敛，有手工捏制痕。白胎，釉色青白，
盖内不施釉。盖面分两级，同心圆内印假山、
叶脉、牡丹纹，圆外盖沿印缠枝纹。罐盖直径
5.8、高 2.5 厘米。

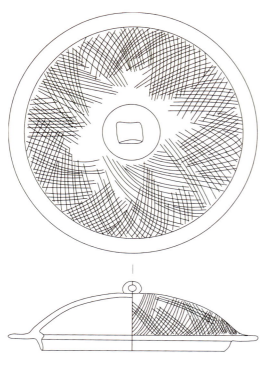

121】 T0501 ④：299 （1/2）

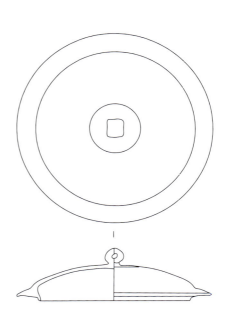

122】 T0402 ②：254 （1/2）

121】 T0501 ④：299，圆形，盖面鼓出，盖顶有一管状纽，宽平沿，有子口。白胎、青白釉，口沿下无釉，子口内施釉。盖顶绕纽印一圈凹弦纹，盖身饰细绳交错菱形纹，盖沿印一圈弦纹，直径 13.2、高 3.8 厘米。

122】 T0402 ②：254，圆形，盖面鼓出，盖顶有一管状纽，宽沿，有子口。白胎、青白釉，口沿下无釉，子口内施釉。盖沿处一圈弦纹。直径 10.3、高 2.8 厘米。

123

124

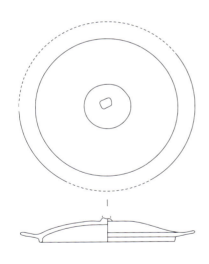

123】 T0502 ④：247 (1/2)

124】 T0501 ④：229 (1/2)

123】T0502 ④：247，圆形，盖面微鼓出，盖顶有一管状纽，宽平沿，有子口。白胎，青白釉，口沿下无釉，子口内施釉。盖顶绕纽印一圈凹弦纹，盖沿印一圈弦纹。直径 9.6、残高 1.4 厘米。

124】T0501 ④：229，圆形，盖面微鼓，盖顶一管状纽。宽沿，矮子口。白胎，青白釉，盖内不施釉。盖面两圈弦纹分割三部分，围绕纽印七片叶纹，弦纹间印三组缠枝纹，外沿印 28 片叶纹。直径 7.2、高 2.1 厘米。

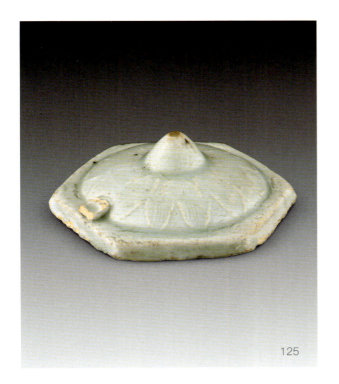

125

126

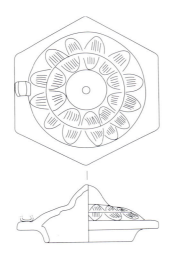

125】 T0501 ④：136 (1/2)

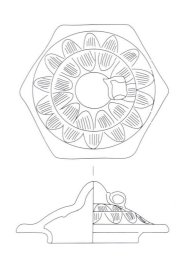

126】 T0501 ④：26 (1/2)

B 型　青白釉乳突纽器盖。

125】 T0501 ④：136，六边形似竹笠状，乳突纽，宽沿，有子口，盖边有一管状系。白胎，青白釉。盖内无釉。盖顶印花瓣纹。直径 7.5、高 3.1 厘米。

126】 T0501 ④：26，六边形似竹笠状，乳突纽，纽边有一管状系。宽沿，有子口。白胎，青白釉，盖内无釉。盖顶印一圈弦纹，弦纹两侧印花瓣纹，内侧 11 片花瓣向纽，外侧 14 片花瓣向沿。直径 7.5、高 3.1 厘米。

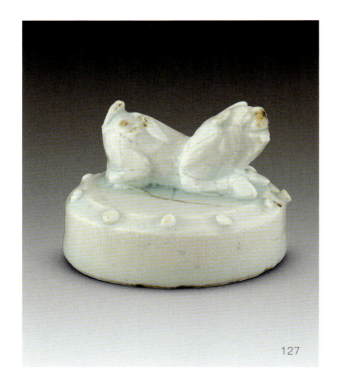

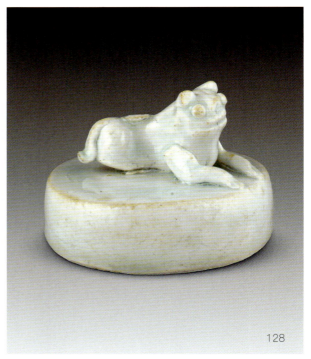

127

128

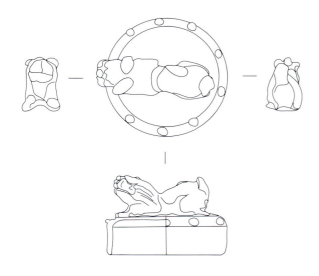

127】 C10c ① : 95 (1/2)

128】 T0502 ④ : 144 (1/2)

C 型 青白釉兽纽器盖。

127】C10c ① : 95，圆形，平盖上一兽纽，兽背部有系，已脱落，边沿处分布 10 枚乳丁，母口。白胎，青白釉，盖内无釉。兽头微仰，张口，竖耳，颈部鬃毛，尾巴翘起，四足屈起趴于盖面。母口外印细绳交错菱纹。直径 6.6、高 4.2 厘米。

128】T0502 ④ : 144，圆形，平盖上一兽纽，兽背部有系，已脱落，母口。白胎，青白釉，盖内无釉。兽头朝右，张口，瞪眼，竖耳，垂尾，四腿屈起，趴于盖面。直径 6.8、高 5 厘米。

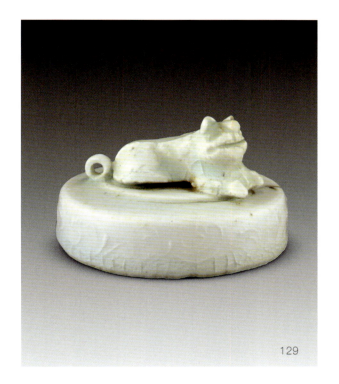

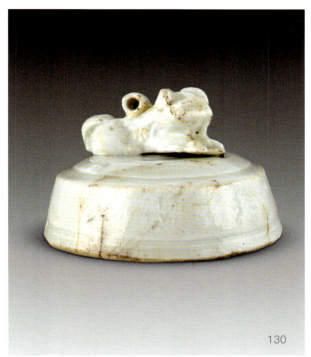

129

130

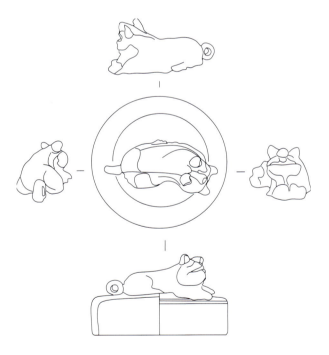

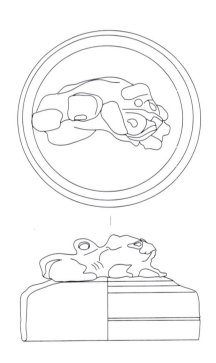

129】C10c ① : 108 (1/2)

130】T0402 ④ : 59 (1/2)

129】C10c ① : 108，圆形，盖面高低分两级，中心凸起处有一兽纽，兽头朝右，张口竖耳，趴卧，尾卷起作一系。白胎，青白釉，盖内无釉。母口外印缠枝纹。直径 7.2、高 4.5 厘米。

130】T0402 ④ : 59，圆形，盖面高低分两级，中心凸起处有一兽纽，兽头朝右，竖耳，趴卧，尾翘起，背部一管状系。白胎，青白釉，盖内无釉。母口下部印两圈弦纹。直径 7.4、高 4.5 厘米。

131

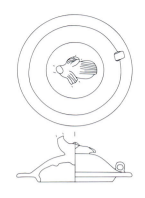

131】C9 ① : 19 (1/3)

132

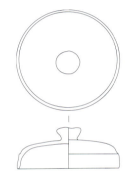

132】C10c ① : 59 (1/3)

133

133】C8a ① : 19 (1/3)

D 型　青白釉叶瓣纽器盖。

131】C9 ① : 19，圆形，盖面微鼓出，盖顶有三片叶瓣作纽，盖沿有一管状系，宽沿，有子口。白胎，青白釉，盖底不施釉。盖顶绕纽印一圈弦纹。盖身沿交接处有刮釉痕迹，直径 9、残高 3.8 厘米。

E 型　青白釉僧帽纽器盖。

132】C10c ① : 59，圆形，盖面微鼓，盖口向下微敞，盖顶一柱状纽。白胎白釉，盖内施釉较薄少。素面。直径 8.1、高 3.3 厘米。

F 型　青白釉穿孔器盖。

133】C8a ① : 19，盖顶下凹，饼状塞，边缘有两穿孔。白胎，青白釉，釉面开片，盖内面及塞无釉露胎。直径 7.7、高 1.4 厘米。

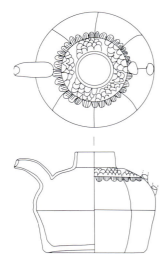

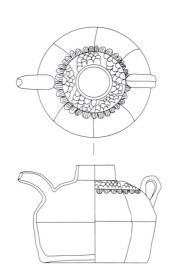

134】 T0402 ② : 72 （1/3）

135】 T0501 ④ c : 286 （1/3）

二 青白瓷执壶

执壶器形差别较大，可分为青白釉小执壶、青白釉印花执壶、青白釉印花六棱执壶和青白釉长颈方流执壶四类，均为分段模制后接胎成型。所出土青白釉小执壶数量较少，高身葫芦形执壶较有特点，纹饰均模印，壶身中部有一道疑似接缝，或为分两段模制后黏结。青白釉印花执壶壶身或印花或印竖条纹，据此又将其分为两个亚型。

A 型　青白釉小执壶。

Aa 型　青白釉印花矮身鼓腹执壶。

134】 T0402 ② : 72，敛口，溜肩，短流，

执残缺，鼓腹，平底内凹。白胎，胎质坚硬，壶身内外施青白釉，釉面开片，壶底不施釉。壶肩部饰有一圈凸起弦纹，弦纹内印对向交错波浪纹8组，弦纹外印24朵花瓣纹。壶身8条凹槽。壶底有"米"字形印痕。口径3.1、腹径9.3、底径7.4、高8厘米。

135】 T0501 ④ c : 286，敛口，溜肩，短流，小执，鼓腹，平底。白胎，胎质坚硬，壶身内外施青白釉，壶底不施釉。壶肩印一圈叶脉纹，分成五组，壶身对应叶脉纹印五组竖纹线分割，每组含三条突起线。壶底有轮制拉胚痕。口径2.9、腹径9.1、底径7.6、高7.4厘米。

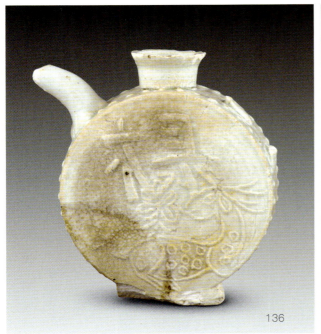 

136

137

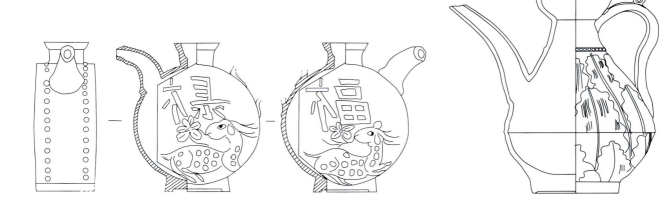

136】 T0502④：170（1/2）

137】 T0302③：103（1/3）

Ab 型   青白釉扁执壶。

136】T0502④：170，口微残、执残缺、流微残、足微残。口略呈喇叭形，壶身鼓状，足为方形饼足。胎色白，质细密，外壁施青白釉，足底露胎。正面阳印"禄"、花和鹿组合图案，局部釉面开片，被凝结物污染呈红褐色—黑色；背面微鼓，阳印"福"、花和鹿组合图案；侧面边缘各有一圈乳丁纹。器物口径2.4、高8.4、腹径6.9、足径3.4、宽3.1厘米。

Ac 型   青白釉葫芦型执壶。

137】T0302③：103，似葫芦形，子母口，壶身垂腹，浅圈足，长流，弧形柄，柄顶一管状系。白胎，施青白釉，壶内和底无釉，局部釉面开片。壶颈部印一圈乳丁纹，下印五组蕉叶纹，每组三片蕉叶，腹部对应印蕉叶纹，叶片内用篦划纹表现出叶脉。柄部正面刻两条竖纹。口径5.7、腹径12、高17.2、足径6.8厘米。

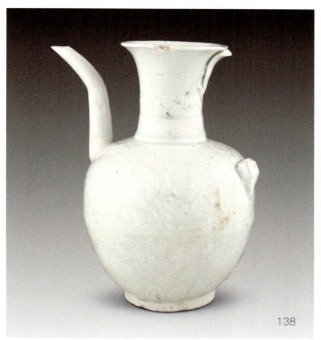 

138　　　　　　138

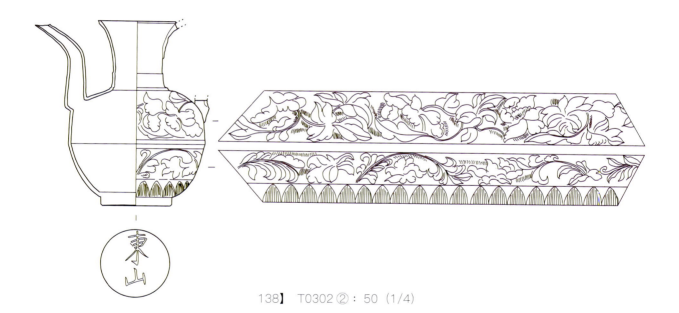

138】 T0302②：50（1/4）

B 型　青白釉印花执壶。

Ba 型　青白釉印花执壶。

138】T0302②：50，喇叭形口，方唇，口沿处平削，束颈，圆肩，鼓腹，腹下端弧收，饼形足，足底微凹。肩部装曲状流，流口平削，颈、肩相对部位装执，执残缺，执流均为胎接单装。胎色白，质细密，青白釉，外壁施釉至腹底端，器内施釉至内口沿下，足部无釉，釉面光洁莹润。

颈中下部、腹中部有胎接痕，口沿至颈部下端、颈部下端至腹上部、腹下部至底足分三段模制而成，内壁可见明显挖削修胎痕迹。颈、肩衔接处有一道凸棱，腹上部印缠枝牡丹纹，腹下部印缠枝花卉纹，腹底端双弦纹下印一周仰莲纹。足底有墨书"東山"。口径8.1、腹径14、足径7.5、高20.5厘米。

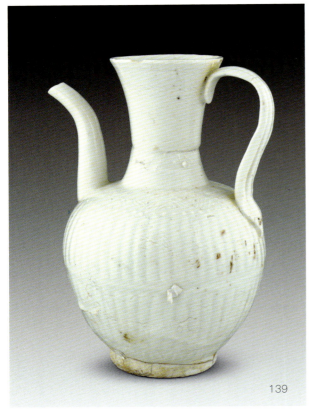

139

139

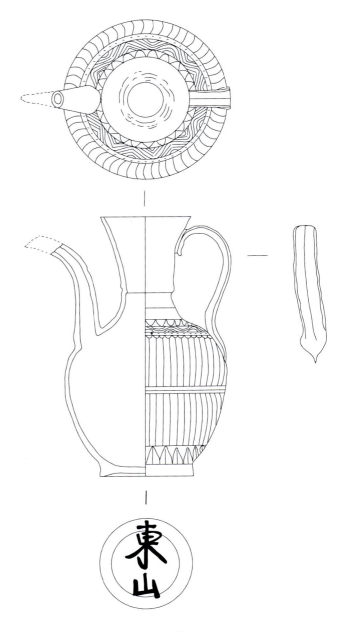

139】T0302②：48（1/3）

Bb 型　青白釉印花竖条纹执壶。

139】T0302②：48，喇叭形口，尖唇，口沿处平削，细长颈微束，圆肩，鼓腹，腹下端弧收，矮圈足，挖足浅，足底平。肩部装曲状流，流口残；颈、肩相对部位装带状执，执外侧有三道深刻划纹，流执均为胎接单装。胎色白，质细密，青白釉偏白，外壁施釉至腹底端，局部流至饼足上，器内施釉至内口沿下，足部无釉，釉面光洁莹润，局部受沁泛黄。颈中下部、腹中部有胎接痕。口沿至颈部下端、颈部下端至腹上部、腹下部至底足分三段模制而成，内壁可见明显挖削修胎痕迹。颈中部接胎处印一圈卷草纹，肩部印卷草纹，肩下部贴塑乳丁纹一周。腹部模印竖条纹，以中部接胎处分野，腹底端印一周仰莲纹。足底有墨书"東山"。口径 7、腹径 12.8、足径 7.3、高 21.2 厘米。

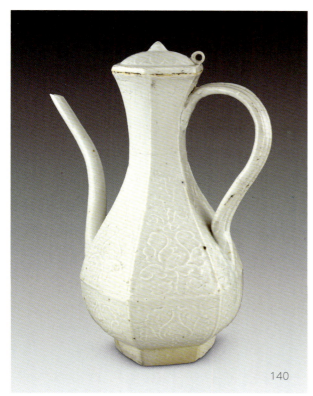

140

140

140】 T0301 ② : 10 (1/3)

C 型　青白釉印花六棱执壶。

140】 T0301 ② : 10，执壶含盖，盖口和壶口均为芒口六边形，烧制时粘连在一起。盖面为穹隆形，顶部有一乳丁，对应执壶柄的一侧有一横系，盖面印莲花纹。执壶模印成六棱形，喇叭形口，束颈，溜肩，矮鼓腹，下腹弧收，六棱饼状足，足底内凹，底心微凸。鼓腹处装细长流，流口残，流对侧颈、腹部装带状柄，柄外侧有四道刻划纹，流柄均为胎接单装。胎色白，质细密，青白釉偏白，外壁施釉至腹底端，局部流至饼足上，足部无釉，釉面光洁莹润。颈中下部、腹中

部有胎接痕，口沿至颈部下端、颈部下端至腹上部、腹下部至底足分三段模制而成。壶身中部印牡丹花纹，卷草纹，下部印牡丹花纹。口径 6.7、腹径 13.9、足径 7.6、高 26.6 厘米。

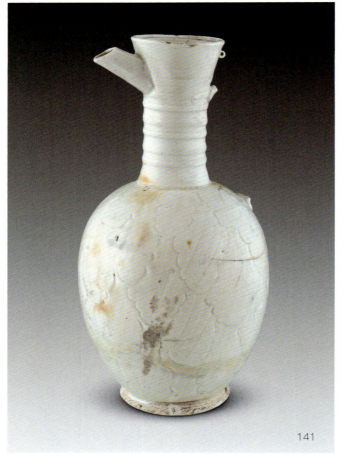

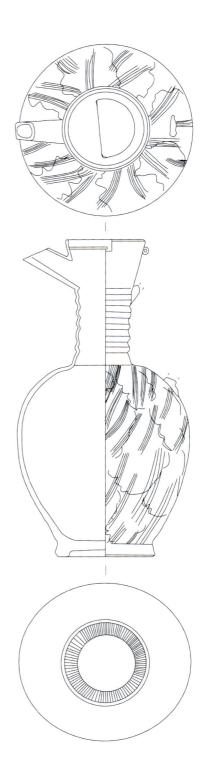

D 型   青白釉长颈方流执壶。

141】C10c ① ：165，敞口，口内半圆形挡板，口下一管状系，对向一短方流，束颈，缺执，溜肩，弧腹，平底，圈足外撇。白胎，胎质坚硬，器内外施青白釉，局部釉面开片，足底不施釉。颈部有七道凸弦纹，壶身印蕉叶纹，分五层，叶片交错呈菱形，叶片划篦纹。壶底有轮制拉胚痕，圈足内有一圈竖条纹。口径 8.4、腹径 18、足径 10.4、高 34.5 厘米。

141】 C10c ① ：165 （1/4）

142

142

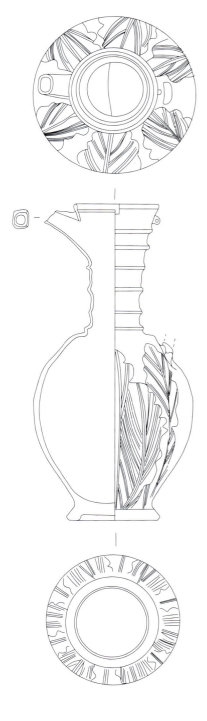

142】N033-22（1/4）

142】N033-22，敞口，口内半圆形挡板，口下一管状系，以穿绳子，对向一短方流，束颈，缺柄，溜肩，弧腹，平底，圈足外撇。白胎，胎质坚硬，器内外施青白釉，局部釉面开片，足底不施釉。颈部有五道凸弦纹，壶身印上下交错的蕉叶纹，腹蕉叶边缘连弧纹刻刀痕明显，壶底有轮制拉胚痕。口径 9、腹径 16.8、足径 9.4、高 34.6 厘米。

143

143

143】 T0402 ②：65 (1/2)

三 青白瓷军持

目前出土军持只有一件，胎、釉与德化窑的其他器物较一致，军持腹部也有接胎痕迹。

143】T0402 ②：65，直口，口沿下一圈凸棱，棱沿间一管状系，已残。束颈，溜肩，短流，流上端作一箍圈。扁腹，平底。白胎，青白釉，颈内施釉，壶腹内和底不施釉。颈部中间印一圈凸棱，下部印两圈弦纹，肩部四组卷草纹，两圈弦纹，其下印一圈缠枝花卉纹，腹部印花叶纹，其下两圈弦纹，近底处印仰莲瓣纹。口径 6、腹径 10.6、底径 6.2、高 12.1 厘米。

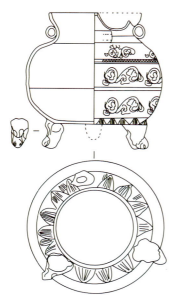

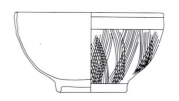

144】 T0401 ④：53 (1/3)

145】 T0501 ④：233 (1/3)

四 青白瓷三足炉

三足炉发现较少，器形单一，胎、釉与德化窑的其他器物较一致，印花，腹部也有接胎痕迹。

144】T0401 ④：53，敞口、束颈，颈部三管状系，溜肩，鼓腹，平底，三蹄状足（缺一足）。白胎，青白釉，底不施釉。肩部一圈卷草纹，其下两圈弦纹间印乳丁纹，腹部印两圈卷草纹和四个衔环纹，近底处两圈弦纹下，印仰莲瓣纹。口径8.3、腹径12.2、底径6.7、高11.1厘米。

五 青白瓷碗

出土的碗数量也较少，器形单一，胎厚，整体较厚重。

145】T0501 ④：233，直口、弧腹，圈足。白胎，胎质坚硬，施青白釉，口沿和底不施釉。腹部印一圈凹弦纹，弦纹下印篦划交错菱纹。口径12.1、足径5.7、高6.7厘米。

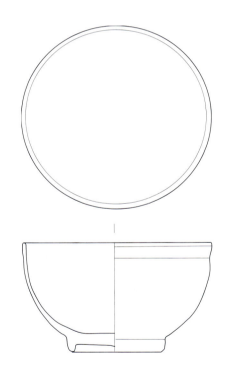

146】 C10c① : 122 (1/2)

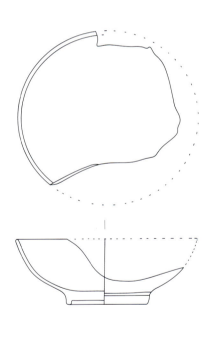

147】 T0502④ : 832 (1/2)

146】C10c①：122，直口，弧腹，圈足。白胎，胎质坚硬，施青白釉，口沿和底不施釉。口沿下印一圈弦纹。口径10.1、足径4.7、高6厘米。

147】T0502④：832，敞口，弧腹，浅圈足。白胎，胎质坚硬，施青白釉，口沿和底不施釉，腹底刮釉露胎。口径9.7、足径4.3、高3.6厘米。

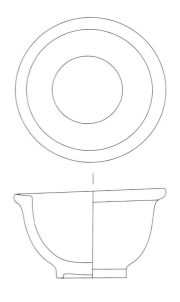

148】 T0601④：3 (1/2)

149】 C10c①：44 (1/2)

148】T0601④：3，撇口，弧腹，浅圈足。白胎，胎质坚硬，仅碗内壁施青白釉，余处露胎，留有指纹痕。口径 8.1、足径 3.7、高 4.8 厘米。

六　青白瓷罐

罐按器形可分为青白釉小罐、青白釉刻划花双系罐、青白釉印花四系罐、青白釉印花双系罐四类，其中青白釉印花四系罐包括了青白釉印花高四系罐和青白釉印花广口四系罐。数件青白釉印花四系罐出土时内藏四个小喇叭口瓶，应是有意地船货装载方式。

A 型　青白釉小罐。

149】C10c①：44，唇口外撇，束颈，鼓腹，平底。白胎，胎质坚硬，器内外施青白釉，腹下部和底不施釉。口径 5.1、底径 2.7、高 4 厘米。

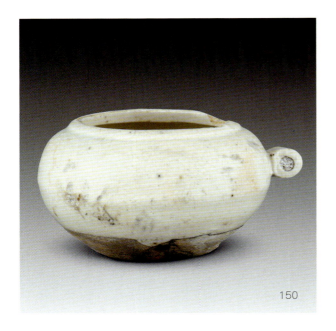

150

151

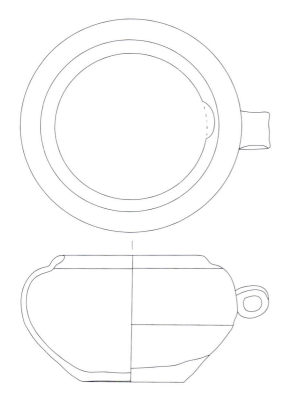

150】　C10c①：47（1/1）

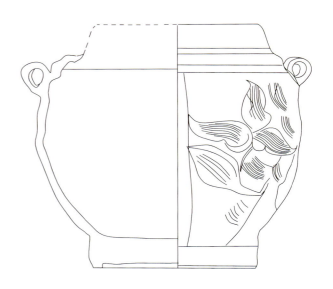

151】　T0401④：57（1/2）

150】C10c①：47，敛口，口沿微突，鼓腹，腹侧一管状系，平底。器内外施青白釉，腹下部和底不施釉。口径 3.8、底径 2.7、高 3.4 厘米。

B 型　青白釉刻划花双系罐。

151】T0401④：57，高敛口，口下一斜台，溜肩有两耳，弧腹，圈足。白胎，器外施釉，器内部分施釉，口沿和底不施釉，两耳各刻三道弦纹，腹部用凹槽分成五块，每块刻划花叶纹、一枝两叶三花瓣，其间杂箆划纹。口径 9、腹径 14.4、足径 8.7、高 13.6 厘米。

152

153

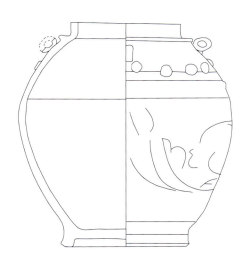

152】 T0502 ④ ： 450 （1/2）

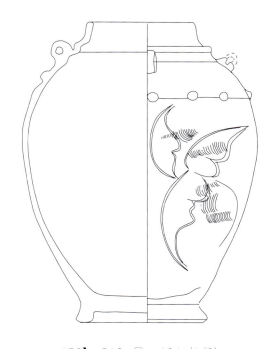

153】 C10c ① ： 134 （1/2）

C 型　青白釉刻划花四系罐。

Ca 型　青白釉印花高四系罐。

152】T0502 ④：450，高敛口、口下一平台、溜肩，有四个管状系（三系残），弧腹，圈足。白胎，器内外施青白釉，口沿和底不施釉。肩部两圈弦纹，上弦纹处有一圈乳丁（18 枚），腹部刻划花叶纹，底部有轮制拉胚痕。口径 5.9、腹径 11.1、足径 6.5、高 12 厘米。

153】C10c ①：134，敛口、口下一平台、溜肩，有四个管状系（三系残），弧腹，圈足。白胎，器外施青白釉，口和底不施釉，器内部分施釉，肩部一圈弦纹，弦纹下饰有一圈乳丁（16 枚），腹部凹棱分成六块，刻划花卉纹。口径 5.8、腹径 12.2、足径 6.7、高 16.2 厘米。

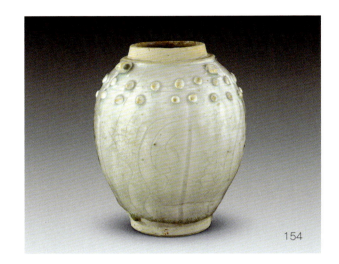

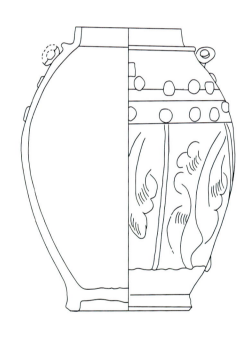

154】 C10c ① : 64 (1/2)

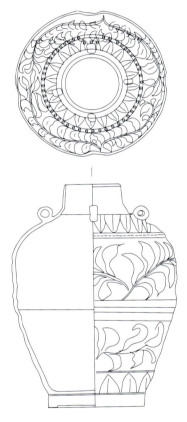

155】 T0501 ④ c : 794 (1/2)

154】 C10c ① ：64，敛口，口下一平台，溜肩有四个管状系（一系残），弧腹，圈足。白胎，器内外施青白釉，口和底不施釉。肩部一圈弦纹，弦纹上有乳丁16枚，腹部凹槽分成五块，刻划花卉纹。口径5.5、腹径12、足径6.2、高15.3厘米。

Cb 型　青白釉印花矮四系罐。

155】 T0501 ④ c ：794，高敛口，圆唇，溜肩有四系，腹部五道凹槽，浅圈足。器内外壁施青白釉，器底不施釉，局部釉面开片。肩部一圈弦纹，弦纹上印叶瓣纹，下有两圈弦纹，弦纹上有一圈乳丁，腹部上下各印一圈缠枝纹，腹部中间印两条弦纹。腹底部上下各印两条弦纹，弦纹中间印一圈叶瓣纹。底部有拉胚痕，写有墨书"莊直"。口径3、足径5、腹径8.5、高12厘米。

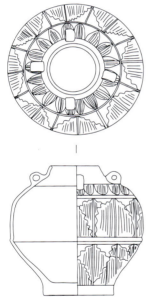
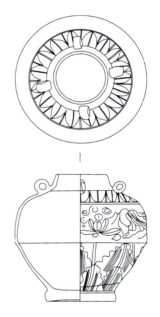

156】 T0302 ② : 22 （1/3）

157】 T0302 ② : 21 （1/3）

156】 T0302 ② : 22，矮敛口，圆唇，溜肩有四系，弧腹，底部收敛，平底，底中心微内凹。白胎，胎质坚硬，器外施青白釉，器内下部施釉，器底和器内上部不施釉，有冰裂纹。肩部印一圈弦纹，弦纹上一圈叶瓣纹，叶片内有六竖条形叶脉，外有两圈弦纹，腹部印上下两圈蕉叶纹，蕉叶相互交错排列，上下纹饰相间处印两圈弦纹，腹底部印两圈弦纹。口径 3.9、底径 5.5、腹径 10.4、高 10.5 厘米。

157】 T0302 ② : 21，矮敛口，圆唇，溜肩有四系，弧腹，底部收敛，平底，底中心微内凹。白胎，胎质坚硬，器外和口沿内侧施青白釉，器内底施釉，器底和器内腹壁不施釉，部分腹壁沁入墨色物。肩部印一圈叶瓣纹，叶片间和叶片上印两条竖纹，外有两圈弦纹，腹部上方印莲叶荷花纹，下方印蕉叶纹，蕉叶上下两层交错排列，腹底部印两圈弦纹。口径 4.1、底径 5.5、腹径 10.4、高 10.3 厘米。

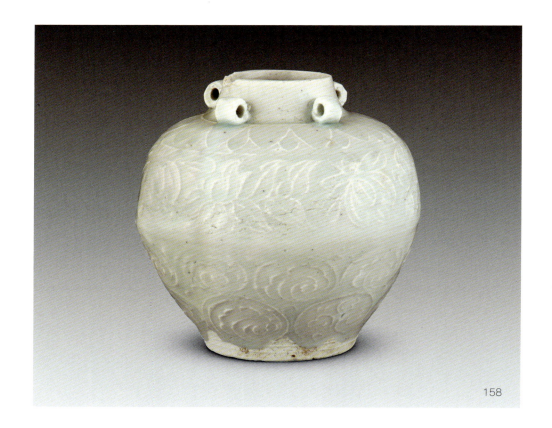

158

158】 T0302②：30 （1/3）

158】 T0302②：30，矮敛口，圆唇，溜肩有四系，弧腹，平底，底中心微内凹。白胎，胎质坚硬，器外壁和口沿内侧施青白釉，器内底施釉，器外底和内壁不施釉。肩部饰一圈弦纹，弦纹上饰一圈叶瓣纹，叶瓣两层交错，下有两圈弦纹，腹部上方印枝叶荷花纹，下方印两圈团花纹，腹底两圈弦纹。口径3.9、底径5.5、腹径10.3、高10.3厘米。

159

159】T0402 ④：64（1/3）

159】T0402 ④：64，矮敛口，圆唇，溜肩有四系，弧腹，平底。白胎，胎质坚硬，器内外施青白釉，底不施釉。肩部印一圈弦纹，弦纹上印一圈叶瓣纹，下有两圈弦纹，第二条弦纹上同时印一圈乳丁，腹部上方印枝叶荷花纹，中间两圈弦纹，下方印缠枝花卉纹，腹底部印三圈弦纹。出土时罐内装有四个青白釉小喇叭口瓶。口径4.4、底径7.1、腹径11.2、高9.8厘米。

160

161

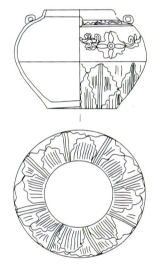

160】　T0501④c：702（1/3）

161】　C14a①：120（1/3）

Cc 型　青白釉广口四系罐。

160】T0501④c：702，直口内敛，口较大，方唇、矮颈、圆肩、鼓腹，下腹弧收，平底内凹。肩部装四管状小系，罐腹中部有明显的胎接痕迹，上、下分别模制，粘接而成。胎色白，质细密，内外施青白釉，内壁荡釉，外壁施釉至腹下端，腹底端及外底无釉，口沿处刮削，无釉，釉面光洁莹润。肩部印卷草纹，其下为双弦纹，上腹部印一周缠枝花卉纹，下腹部印一周蕉叶纹。足底有花押款墨书。口径 5.6、腹径 10.5、底径 5.5、高 8.1 厘米。

161】C14a①：120，直口内敛，口较大，方唇、矮颈、圆肩、鼓腹，下腹弧收，平底内凹。肩部装四管状小系，罐腹中部有明显的胎接痕迹，上、下分别模制，粘接而成。胎色白，质细密，内外施青白釉，内壁荡釉，外壁施釉至腹下端，腹底端及外底无釉，口沿处刮削，无釉，釉面光洁莹润，局部受沁泛黄，细小开片。肩部印卷草纹，其下为双弦纹，上腹部印一周缠枝花卉纹，下腹部印一周花草纹。口径 4.9、腹径 10.7、底径 3.8、高 8 厘米。

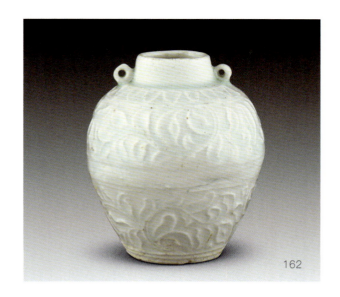
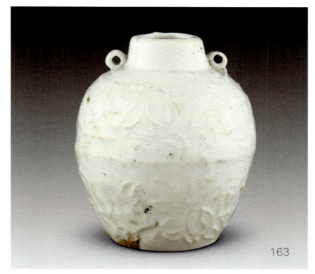

162

163

163】 T0402 ④：37

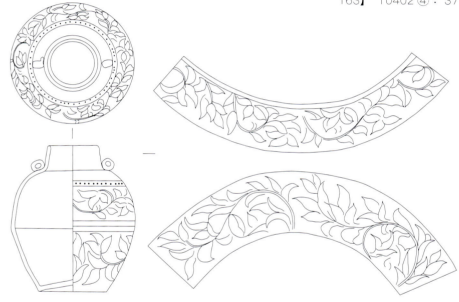

162】 T0302 ③：142 (1/2)

D 型　青白釉印花双系罐。

162】T0302③：142，直口，圆唇，高领，圆肩，深鼓腹，下腹端弧收，平底内凹。颈、肩衔接处装双管状系，罐腹中部有明显的胎接痕迹，上、下分别模制，粘接而成。胎色白，质细密。内外施青白釉。内壁荡釉，外壁施釉至腹近底端，腹底端及外底无釉。釉面光洁莹润。肩部双弦纹之间印一周覆莲纹，腹上部、腹下部双弦纹之间各印两组缠枝花草纹。口径 2.8、腹径 6.7、底径 3.5、高 8 厘米。

163】 T0402 ④：37，直口，圆唇，高领，圆肩，深鼓腹，下腹端弧收，平底内凹。颈、肩衔接处装双管状系，罐腹中部有明显的胎接痕迹，上、下分别模制，粘接而成。胎色白，质细密。内外施青白釉，内壁荡釉，外壁施釉至腹近底端，腹底端及外底无釉，釉面光洁莹润，局部受沁泛灰。肩部两道凸弦纹间印一周细乳丁纹，腹上部、腹下部各印两组缠枝花草纹。口径 2.7、腹径 6.8、底径 4、高 8.1 厘米。

164】 T0501 ④： 17 （1/3）　　　　　165】 T0501 ④c： 1187 （1/3）

七　青白瓷碟

　　碟仅出土四件，风格与景德镇同类产品相似，但也有特点，如器内底纹饰为刻划花而不同于景德镇的印花，胎质较之也更粗糙。

　　164】T0501④：17，花口，折沿，浅腹，圈足。白胎，胎质坚硬，施白釉，底不施釉，口沿印缠枝莲叶纹，器底印两圈弦纹，弦纹内印荷花莲叶纹。口径 16.3、足径 5.5、高 2.5 厘米。

　　165】T0501④c：1187，折沿，浅腹，圈足。胎色白，胎质细腻，青白釉偏白，釉面光亮，足内无釉，余均施釉。口沿处压印花边，内沿上印有卷草纹，内底心双圈内刻划双莲花纹。残长 14.7、高 2.7、足径 5.5 厘米。

166

167

166】 T0302③：636（1/2）

167】 T0502④：11（1/2）

166】T0302③：636，口部残，折沿，折腹，矮圈足。胎色白，胎质细腻，青白釉偏白，釉面光亮，足墙底无釉，余均施釉。内沿上印有卷草纹，内腹印有花卉纹，内底心双圈内刻划双莲花纹。残长12.3、足径5.6、残高1.8、厚0.2~0.4厘米。

167】T0502④：11，残存底部，矮圈足。胎色白，胎质细腻，青白釉偏白，釉面光亮，足墙底无釉，余均施釉。腹部印花，内底心双圈内刻划双莲花纹。残长10.6、足径5.3、残高1.1、厚0.3~0.5厘米。

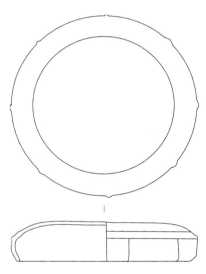
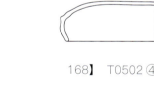
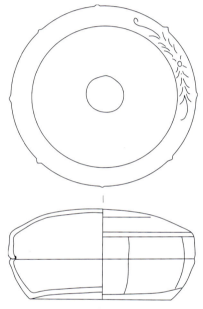

168】 T0502 ④：482 （1/2）

169】 T0501 ④ c：590 （1/2）

八 青白瓷粉盒

粉盒数量较多，出土时大多盖、身分离。类型多样，根据明显的形制区别将粉盒分为五类，即青白釉八角粉盒、青白釉粉盒、青白釉瓜棱粉盒、青白釉印竖条纹粉盒和青白釉外印花内捏塑花粉盒。其中青白釉瓜棱粉盒包含一件高身粉盒，青白釉外印花内捏塑花粉盒根据盒内捏花造型的不同又可分为四个亚型，即三荷苞型、两莲蓬一荷苞型、三莲蓬型、三莲蓬一荷苞型。

A 型 青白釉八角粉盒。

168】 T0502 ④：482，平面呈八角形，俯

视近圆形。芒口，弧顶，折肩、直壁。白胎，胎质细腻坚硬，青白釉，外壁满釉，内壁不完全施釉，局部釉面开片。盖面素面无纹饰，盖壁模印八道竖棱。口径 9.9、高 2.4 厘米。

169】 T0501 ④ c：590，平面呈八角形，俯视近圆形；盒盖芒口，弧顶，折肩、直壁；盒身斜直腹，内凹底，与盒盖粘连。白胎，胎质细腻坚硬，青白釉，下腹部、底露胎，局部腹外壁流釉至近底处。盖面模印一组双圈弦纹，圈内模印四瓣花卉纹，圈外模印四组卷草纹，盖壁、腹壁模印八道竖棱。口径 9.8、底径 7.7、高 4.9 厘米。

170

171

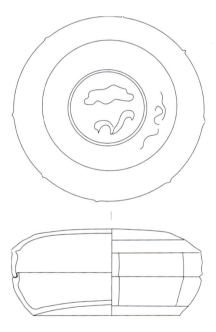

170】　T0102 ② : 52 （1/2）

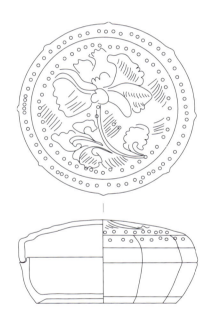

171】　T0302 ③ : 449 （1/2）

　　170】 T0102 ②：52，平面呈八角形，俯视近圆形。盒盖芒口、弧顶、折肩、直壁；盒身斜直腹，内凹底。白胎，胎质细腻坚硬，青白釉，内壁不完全施釉，下腹部、底露胎，局部釉面开片，局部腹外壁流釉至近底处。盖面模印两组双圈弦纹，中心模印莲花纹，两圈之间模印三组卷草纹，盖壁、腹壁模印八道竖棱。口径 9.9、底径 7.7、高 4.6 厘米。

　　171】 T0302 ③：449，平面呈八角形，俯视近圆形。盒盖芒口、弧顶、折肩、直壁；盒身斜直腹，平底略凹，与盒盖粘连。白胎，胎质细腻坚硬，青白釉，色偏灰，下腹部、底露胎，局部腹外壁流釉至近底处。盖面模印一组单圈弦纹，弦纹两侧饰以凸点纹，中心模印牡丹纹，盖壁、腹壁模印八道竖棱。器盖釉面有凝结物粘连痕迹。口径 9.5、底径 7.5、高 4.6 厘米。

172

173

172】 T0502④：198〔1/2〕

173】 T0502④：299 (1/2)

172】T0502④：198，平面呈八角形，俯视近圆形。芒口，弧顶，折肩，直壁。白胎，胎质细腻坚硬，青白釉，色偏灰，外壁满釉，内壁不完全施釉，局部釉面开片。盖面模印两组双圈弦纹，中心模印牡丹纹，两圈之间模印四组卷草纹，两两对称，盖壁模印八道竖棱。口径10.4、底径8.6、高5厘米。

173】T0502④：299，盒盖，平面呈八角形，俯视近圆形。芒口，弧顶，折肩，直壁。白胎，胎质细腻坚硬，青白釉，外壁满釉，内壁不完全施釉。盖面模印两组双圈弦纹，两圈间模印四组卷草纹，两两对称，中心模印团花纹。口部有凝结物粘连痕迹。口径10.1、高2.6厘米。

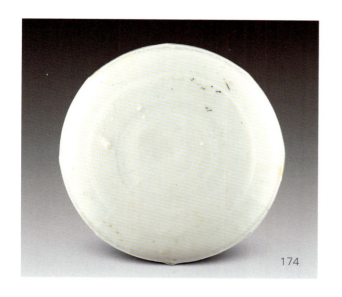 

174

175

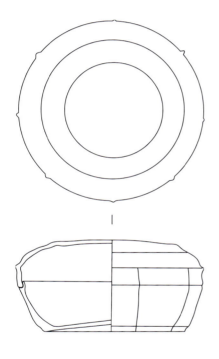 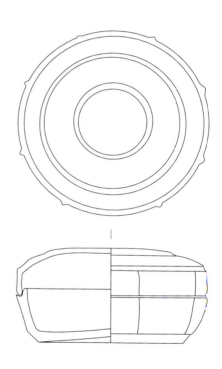

174】 T0102②：50（1/2）　　　　　175】 T0502④：1090（1/2）

174】 T0102②：50，平面呈八角形，俯视近圆形；盒盖芒口，弧顶，折肩、直壁，盒身斜直腹，内凹底；白胎，胎质细腻坚硬，青白釉，内壁不完全施釉，下腹部、底露胎，局部腹外壁流釉至近底处，腹外壁近足部分有刮釉痕迹，粘连凝结物。盖面主要纹饰为一组模印弦纹，盖壁、腹壁模印八道竖棱。口径9.8、底径7.5、高5厘米。

175】 T0502④：1090，平面呈八角形，俯视近圆形。盒盖芒口，弧顶，折肩，直壁。盒身斜直腹，内凹底，底部开裂。白胎，胎质细腻坚硬，青白釉，内壁不完全施釉，下腹部、底露胎，局部釉面开片，局部腹外壁流釉至近底处；盖面模印两组双圈弦纹，盖壁、腹壁模印八道竖棱。盖、身连接处局部有釉面粘连痕迹。口径10、底径7.5、高5.1厘米。

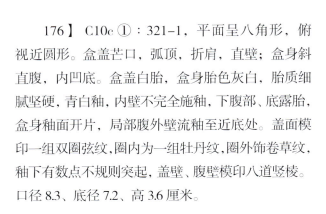

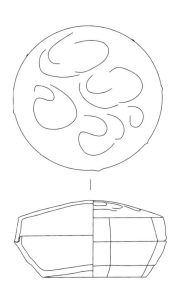

176】 C10c ① ： 321-1 （1/2）

177】 C10c ① ： 305 （1/2）

176】 C10c ① ：321-1，平面呈八角形，俯视近圆形。盒盖芒口、弧顶、折肩、直壁；盒身斜直腹、内凹底。盒盖白胎，盒身胎色灰白，胎质细腻坚硬，青白釉，内壁不完全施釉，下腹部、底露胎，盒身釉面开片，局部腹外壁流釉至近底处。盖面模印一组双圈弦纹，圈内为一组牡丹纹，圈外饰卷草纹，釉下有数点不规则突起，盖壁、腹壁模印八道竖棱。口径 8.3、底径 7.2、高 3.6 厘米。

177】 C10c ① ：305，平面呈八角形，俯视近圆形。盒盖芒口、弧顶、折肩、直壁。盒身斜直腹、假圈足，内凹底，与盒盖粘连一起，腹、足合为一体。胎色灰白，胎质细腻坚硬，青白釉，局部釉面开片。盖面模印卷草纹，有两处粘疤，腹壁中部模印一道弦纹，盖壁和腹壁模印八道竖棱。口径 8.1、底径 5.4、高 4.2 厘米。

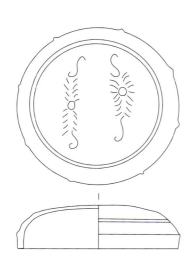

178】 T0402 ② : 140 (1/2)

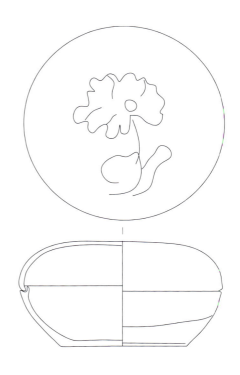

179】 T0501 ④ c : 344 (1/1)

B 型 青白釉粉盒。

178 】T0402 ② : 140，盒盖，平面呈八角形，俯视近圆形。芒口、弧顶、折肩、直壁。白胎，胎质细腻坚硬，青白釉，内壁不完全施釉。盖面模印一组三圈弦纹，圈内印两组卷草纹。盖壁模印八道竖棱。口径 8.5、高 2.2 厘米。

179 】T0501 ④ c : 344，平面呈圆形。盒盖芒口、弧顶、弧壁；盒身弧腹、假圈足、内凹底。白胎，胎质细腻坚硬，青白釉，釉面光洁莹润，内壁不完全施釉，下腹部、底露胎，黏结胎土颗粒，盒身釉面开片。盖面釉下有胎裂痕迹，模印荷花纹。口径 5.4、底径 3.3、高 2.8 厘米。

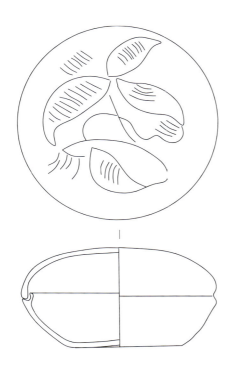 

180】T0502④：279（1/1）　　　　181】T0501④c：407（1/1）

180】T0502④：279，平面呈圆形。盒盖芒口，弧顶、弧壁，盒身弧腹，假圈足，平底略内凹。白胎，胎质细腻坚硬，青白釉，内壁不完全施釉，下腹部、底露胎，黏结胎土颗粒，盒盖釉面开片，伴有开裂。盖面模印三叶纹。口径5、底径2.9、高2.6厘米。

181】T0501④c：407，平面呈圆形。盒盖弧顶、弧壁；盒身弧腹，假圈足，内凹底，与盒盖粘连。白胎，胎质细腻坚硬，青白釉，釉面光洁莹润，下腹部、底露胎，黏结胎土颗粒，局部釉面开片。盖面模印八瓣莲花纹。口径5.4、底径3.2、高2.8厘米。

182

183

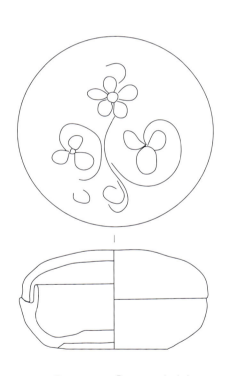

182】 T0101 ③：56 (1/1)

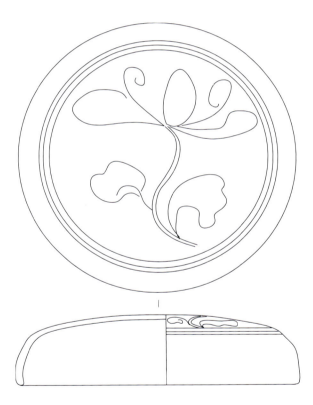

183】 C10c ①：232-1 (1/1)

182】 T0101③：56，平面呈圆形。盒盖芒口，弧顶，弧壁；盒身弧腹，假圈足，平底略内凹。白胎，胎质细腻坚硬，青白釉，釉面光洁莹润，内壁不完全施釉，足、底露胎，黏结胎土颗粒，盒盖与盒身胎体各有一道裂痕。盖面模印花卉纹。口径4.9、

底径2.7、高2.7厘米。

183】 C10c①：232-1，盒盖，平面呈圆形，芒口，弧顶，弧壁。胎色灰白，胎质细腻坚硬，青白釉，内壁不完全施釉。盖面模印一组四圈弦纹，圈内为荷花纹。口径7.4、高1.9厘米。

184   185

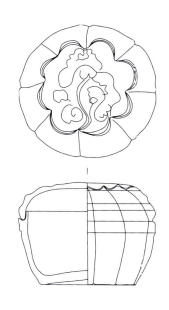 

184】 T0102 ③：51 （1/2）   185】 T0302 ③：175 （1/2）

C 型　青白釉瓜棱粉盒。

Ca 型　青白釉瓜棱高身粉盒。

184】 T0102 ③：51，平面呈圆形，盒盖与盒身模印八道瓜棱。盒盖芒口，弧顶、弧壁，底部突出一圈宽约 0.6 厘米的包围；腹、足一体，内凹底，盒身顶部突出一圈宽约 0.7 厘米的包围。白胎，胎质细腻坚硬，青白釉，内壁不完全施釉，下腹部、底露胎，凡露胎处被铁锈侵蚀呈红褐色，盒身釉面开片，亦被铁锈侵蚀呈红褐色。盖面以三层八瓣花口纹开光，内为花卉纹。底部粘有凝结物。

口径 6.9、底径 4.8、高 5.4 厘米。

Cb 型　青白釉瓜棱矮身粉盒。

185】 T0302 ③：175，圆形，芒口，盖面鼓起，盖沿有八道瓜棱；盒身八道瓜棱，分两级，近底处收敛，底部向中心凹。白胎，胎质坚硬，盖面施青白釉，盖内部分施釉，盖内底和盒身部分施釉，子口处和外底不施釉。盖面中心印凤鸟花卉纹，向外两圈弦纹，弦纹间印斜线纹，盖沿处印三组蝙蝠纹。盖底有拉胚痕。口径 9.9、底径 8.3、高 5.2 厘米。

186

187

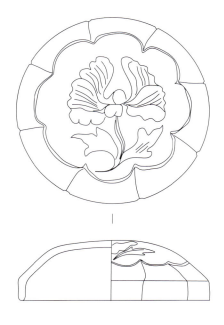

186】 T0402④：40 (1/2)

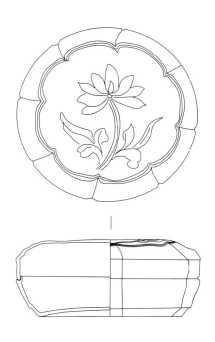

187】 T0402②：245 (1/2)

　　186】 T0402④：40，盒盖，圆形，芒口，盖面鼓起，盖沿有八道瓜棱，盖沿有八道瓜棱和一圈凸弦纹。白胎，胎质坚硬，盖面施青白釉，盖内部分施釉，且较薄。中心印枝叶牡丹纹，两叶，花茎弯曲，花瓣绽放，围绕花卉印八段连弧纹，每段弧有三条曲线组成，连弧相接处对应瓜棱。口径9.9、高3.2厘米。

　　187】 T0402②：245，圆形，芒口，盖面微鼓，盖沿有八道瓜棱和一圈凸弦纹。盒身八道瓜棱，分两级，近底处收敛，底部向中心凹。白胎，胎质坚硬，盖面施青白釉，盖内部分施釉。中心印枝叶花卉纹，花枝向左弯，花瓣绽放，围绕花卉印八段连弧纹，每段弧由三条曲线组成，连弧相接处对应瓜棱。口径9.9、底径7.5、高4.3厘米。

188】 T0502 ② : 79 (1/2)

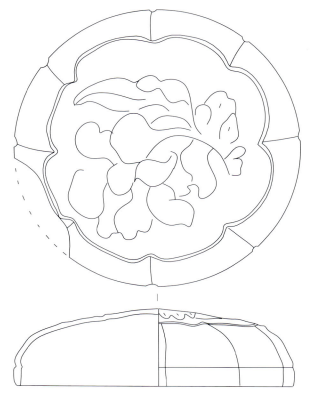

189】 T0501 ④ c : 659 (1/2)

188】T0502②：79，圆形，芒口，盖面微鼓，盖沿有八道瓜棱和一圈凸弦纹；盒身八道瓜棱，分两级，近底处收敛，底部向中心凹。盒盖和底粘连。白胎，胎质坚硬，施青白釉，底有流釉。中心印枝叶花卉纹，花卉的左右和上方各印三叶瓣，围绕花卉印八段连弧纹，每段弧由三条曲线组成，连弧相接处对应瓜棱。口径9.9、底径8.3、高5厘米。

189】T0501④c：659，盒盖，圆形，芒口，盖面鼓起，盖沿有八道瓜棱，盖沿有八道瓜棱和一圈凸弦纹。白胎，胎质坚硬，盖面施青白釉，盖内部分施釉，且较薄。中心印枝叶牡丹纹，围绕花卉印八段连弧纹，每段弧由三条曲线组成，连弧相接处对应瓜棱。口径14.8、高4.2厘米。

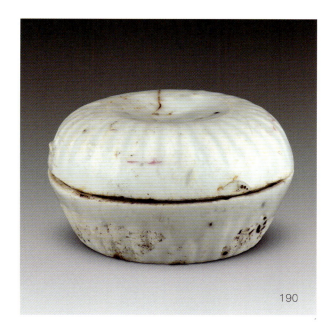

190

191

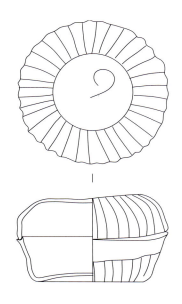

190】 T0402 ② : 92 （1/1）

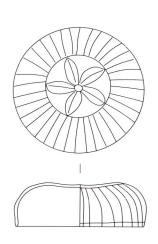

191】 T0501 ④ : 40 （1/1）

D 型　青白釉印竖条纹粉盒。

190】 T0402 ②：92，圆形，盒盖芒口，盖面边沿微鼓，中心内凹；盒身敛腹，平底，底中心微凹。施青白釉，底不施釉。盖面中心一圈弦纹，弦纹内印一朵喇叭花，盖沿和底印竖条纹。口径 3.8、底径 2.7、高 2.2 厘米。

191】 T0501 ④：40，盒盖，圆形，芒口，盖面边沿微鼓，中心内凹。施青白釉，底不施釉，盖面中心一圈弦纹，弦纹内印一朵五瓣小花，每片花瓣内有一竖线，盖沿压印竖条纹。口径 3.6、高 1.2 厘米。

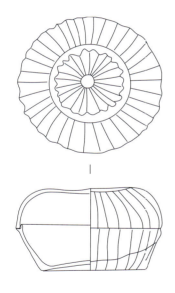

192】 T0102 ③：18（1/1）

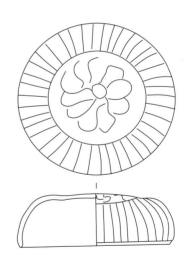

193】 C10c ①：321-2（1/1）

192】 T0102 ③：18，盒盖圆形，芒口，盖面边沿微鼓，中心内凹；盒身敛腹，平底，底中心微凹。施青白釉，底不施釉。盖面中心一圈弦纹，弦纹内印一朵团花，花心印一小圈弦纹，盖沿和底印竖条纹。口径 3.8、底径 2.7、高 2.2 厘米。

193】 C10c ①：321-2，盒盖，圆形，芒口，盖面平整。施青白釉，盖内中心刷少量釉。盖面中心印一圈弦纹，弦纹内印 10 条 "S" 形曲线，旋转排列呈花形，盖沿压印竖条纹。口径 3.9、高 1.4 厘米。

194

195

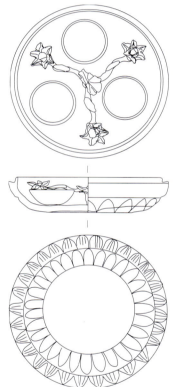

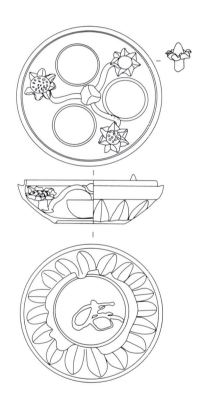

E 型　青白釉外印花内捏塑花粉盒。

Ea 型　三荷苞型。

194】T0501 ④ c：483，仅存盒底，子口，弧腹，平底，底中心微凹。白胎，胎质细腻坚硬，青白釉，外壁满釉，内壁大部分施釉，局部釉面开片。盒身上、下腹部各有一圈仰莲纹。盒内三个捏塑荷苞构件将盒内均分为三份，每份中间粘贴一小杯。口径 15.3、高 3.5、底径 8 厘米。

Eb 型　两莲蓬一荷苞型。

195】C5a ①：2，仅存盒底，子口，弧腹，平底，底中心微凹。白胎，胎质细腻坚硬，青白釉，外壁满釉，内壁大部分施釉，局部釉面开片。盒身印一圈莲瓣纹。盒内捏塑一个荷苞和两个莲蓬构件将盒内均分为三份，每份中间粘贴一小杯。底部墨书。口径 13.9、高 4、底径 6.5 厘米。

196

197

196】 C5a① : 3 (1/3)

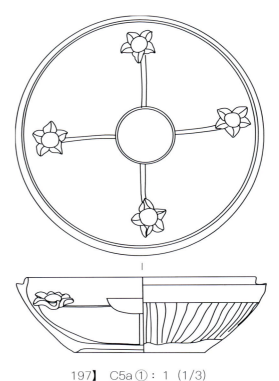

197】 C5a① : 1 (1/3)

Ec 型   三莲蓬型。

196】C5a① : 3，子母口，弧腹，平底，底中心微凹。白胎，胎质细腻坚硬，青白釉，外壁满釉，内壁大部分施釉，局部釉面开片。盖面中心印串珠纹和折枝花卉，外印一圈竖条纹，盒身印莲瓣纹；盒内捏塑三个折枝莲蓬花朵、莲蓬间粘贴三只小杯。口径13.8、底径6.5、高7.2厘米。

Ed 型   三莲蓬一荷苞型。

197】C5a① : 1，盒盖残裂，盒身完整，子口，弧腹，平底，底中心微凹。白胎，胎质细腻坚硬，青白釉，外壁满釉，内壁大部分施釉，局部釉面开片，局部被凝结物浸染呈黑色。盒身印竖条纹，盒内四分隔近盒身的上端各捏塑有三朵莲蓬和一朵荷苞，底有墨书，暂未辨识。口径19.3、底径10.2、高6厘米。

198

199

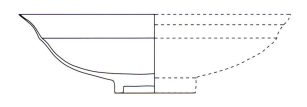

198】 T0301③：111 （1/4）

九 青白瓷大盘

　　大盘数量较多，类型丰富，可分为青白釉敞口大盘、青白釉刻划花花卉纹敛口大盘、青白釉折沿大盘三类，其中青白釉敞口大盘根据纹饰不同又可分为青白釉刻划蕉叶纹大盘、青白釉刻划花花卉纹大盘、青白釉篦划纹大盘、青白釉弦纹大盘四种亚型，青白釉折沿大盘据纹饰和口沿差别可分为青白釉刻划花花卉纹折沿花口大盘、青白釉刻划花花卉纹折沿大盘、青白釉篦划纹折沿大盘三种亚型。

　　A 型　青白釉敞口大盘。

　　Aa 型　青白釉刻划蕉叶纹大盘。

　　198】 T0301③：111，敞口微撇，尖圆唇，斜直腹，圈足。青白釉，足底露胎，有流釉现象；胎色灰白，胎质细腻坚硬。残存部分盘内壁口沿下刻划一道弦纹，弦纹下刻划两组蕉叶纹，篦划蕉叶纹理，内底刻划弦纹，弦纹内饰一组蕉叶纹。外壁有明显的拉坯痕迹，底有墨书，暂未辨识，

199】 C15a①：54 （1/4）

圈足内侧有贝壳附着痕迹。口径 29、足径 8.7、高 8.7 厘米。

　　Ab 型　青白釉刻划花花卉纹大盘。

　　199】 C15a①：54，敞口，圆唇，斜直腹，圈足。胎质细腻坚硬，白胎，施青白釉，足底露胎。盘内壁口沿下刻一道单圈弦纹，腹部为刻划和篦划的三组花卉纹，外壁素面。内底有五个支钉痕，外壁有明显的拉坯痕迹。口径 26.2、足径 8.7、高 8.1 厘米。

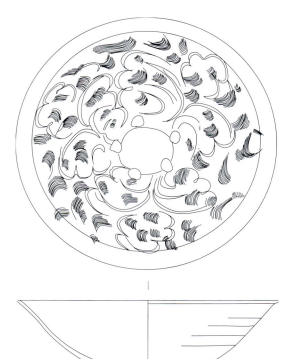

200】 C14a① : 354 (1/4)

201】 C14a① : 128 (1/4)

200】C14a①：354，敞口，圆唇，斜直腹，圈足；胎质细腻坚硬，白胎，施青白釉，外壁有开片，足底露胎，圈足部分粘釉。盘内壁口沿下刻一道单圈弦纹，腹部为刻划和篦划的三组花瓣纹，外壁素面。内底有五个支钉痕，外壁有明显的拉坯痕迹。口径27.2、足径9.4、高9厘米。

201】C14a①：128，敞口，圆唇，斜直腹，圈足。胎质细腻坚硬，白胎，施青白釉，足底露胎。盘内壁口沿下刻划一道弦纹，腹部为刻划的三组花瓣纹，三组花瓣之间有一定的间隔。圈足小部粘釉，稍有缺损；内底有五个支钉痕，外壁有明显的拉坯痕迹，圈足有支圈残留。口径26.9、足径9、高8.1厘米。

202

203

202】 C14a ①：1289 (1/4)

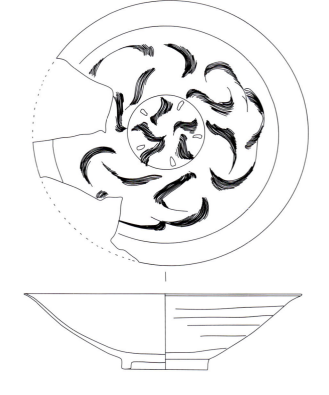

203】 T0101 ③：39 (1/4)

202】 C14a ①：1289，敞口、圆唇、斜直腹、圈足。胎质细腻坚硬，白胎，施青白釉，足底露胎。盘内壁口沿下刻一道单圈弦纹，腹部为刻划和篦划的两朵牡丹和两朵花卉纹，内底饰刻划纹和篦划纹，外壁素面。内底有五个支钉痕，外壁有明显的拉坯痕迹。口径27.5、足径8.8、高7.8厘米。

Ac 型 青白釉篦划纹大盘。

203】 T0101 ③：39，撇口、尖唇、斜直腹、圈足。胎质细腻坚硬，白胎，施青白釉，略偏黄，足底露胎，圈足部分粘釉，釉面有开片，局部缩釉。盘内壁口沿下和内底各刻划一道单圈弦纹，腹部为三组篦划纹，内底饰五道花瓣状篦划纹。内底有五个支钉痕，外壁有明显的拉坯痕迹。口径29.5、足径9.2、高8.3厘米。

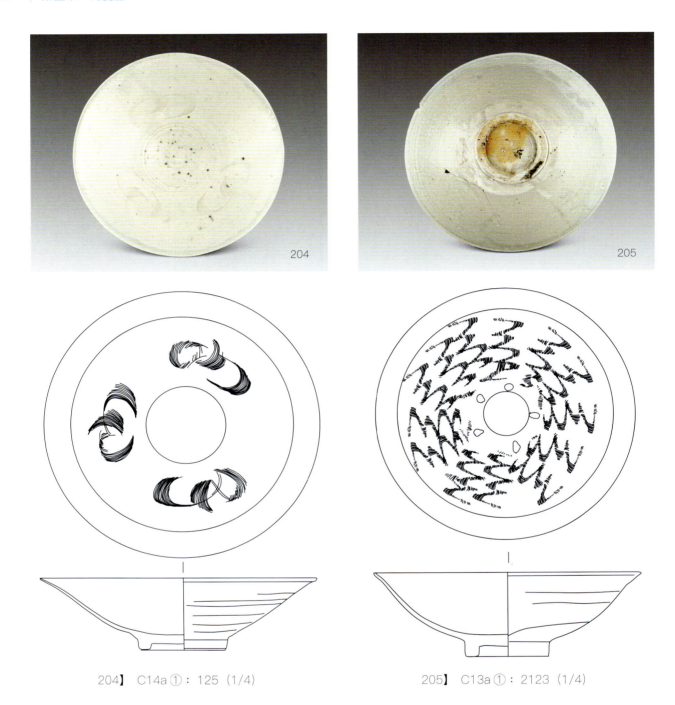

204】C14a ① : 125（1/4）

205】C13a ① : 2123（1/4）

204】C14a ①：125，敞口、尖唇、斜直腹、圈足。胎质细腻坚硬，白胎，施青白釉，施釉不及底，足底露胎。釉面有缩釉现象，口沿下有流釉现象。盘内壁口沿下和内底各刻一道单圈弦纹，腹部为三组篦划纹饰，每组篦划纹由三道篦划纹组成，三组之间间隔较大，内底无纹饰，外壁素面。内底有落渣，外壁有明显的拉坯痕迹。口径28.6、足径8.6、高7.7厘米。

205】C13a ①：2123，敞口、圆唇、斜直腹、圈足。胎质细腻坚硬，白胎，施青白釉，施釉不及底，足底露胎，圈足有流釉；釉面有开片，局部缩釉。盘内壁口沿下和内底各刻一道单圈弦纹，腹部篦划14组折线纹，内底无纹饰，外壁素面。内底有五个支钉痕及窑渣，外壁有明显的拉坯痕迹。底部有一墨书"蔡"。口径28.1、足径8.5、高9.1厘米。

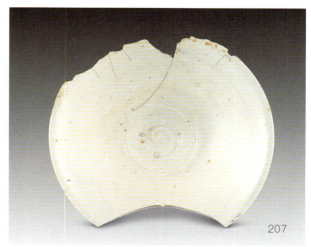

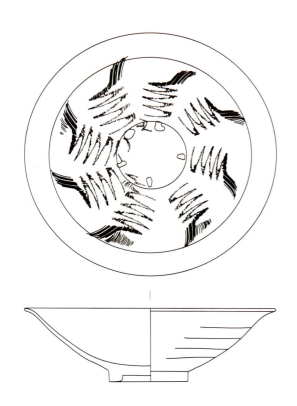

206】 T0501④c：419 (1/4)

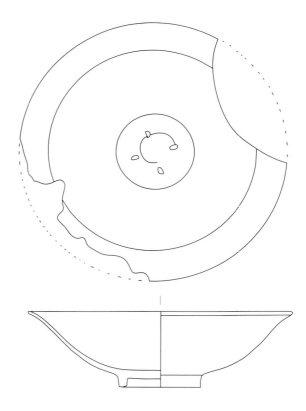

207】 C15a①：26 (1/4)

206】T0501④c：419，敞口，圆唇，斜直腹，圈足。胎质细腻坚硬，白胎，施青白釉，圈足整体粘釉，足底亦粘少量釉，大部露胎。盘内壁口沿下和内底各刻一道单圈弦纹，腹部篦划八组折线纹，内底无纹饰，外壁素面。内底有五个支钉痕，外壁有明显的拉坯痕迹。口径26.6、足径8.3、高7.9厘米。

Ad型 青白釉弦纹大盘。

207】C15a①：26，敞口，圆唇，斜直腹，圈足。胎质细腻坚硬，白胎，施青白釉，圈足部分粘釉，足底露胎，釉面有缩釉现象。盘内壁口沿下和内底各刻一道单圈弦纹，腹部和内底均素面，外壁素面。内底有四个支钉痕，外壁有明显的拉坯痕迹。口径27.8、足径8.5、高8.1厘米。

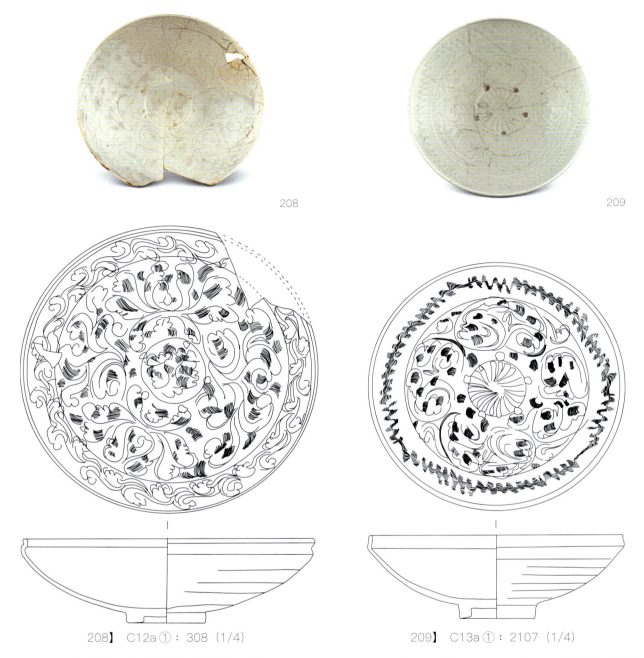

208

209

208】C12a①：308（1/4）

209】C13a①：2107（1/4）

　　B 型　青白釉刻划花花卉纹敛口大盘。

　　208】C12a①：308，敛口，高内弧沿，宽沿，圆唇、弧腹、圈足。胎质坚硬较粗糙，白胎，施青白釉，圈足部分粘釉，足底露胎，局部釉面有开片。盘内壁腹部和内底各刻一道单圈弦纹，两道单圈弦纹将盘内纹饰分三部分，外部为刻划云纹，中部为刻划的两组流云牡丹纹，内底为刻划的流云牡丹纹，其间饰以篦划纹，外壁素面。内底有五个支钉痕，外壁有明显的拉坯痕迹。口径30.5、足径8.7、高9.3厘米。

　　209】C13a①：2107，敛口，高内折沿，宽沿，沿微内凹，圆唇，弧腹，圈足。胎质坚硬较粗糙，白胎，施青白釉，圈足大部分粘釉，足底露胎，釉面有开片。盘内壁腹部和内底各刻一道单圈弦纹，两道单圈弦纹将盘内纹饰分三部分，外部为篦划的折线纹，中部为刻划的四组花卉纹，其间饰以篦划纹，内底为刻划的变形的放射状菊瓣纹，外壁素面。内底有五个支钉痕，外壁有明显的拉坯痕迹。口径27.3、足径8.2、高9.2厘米。

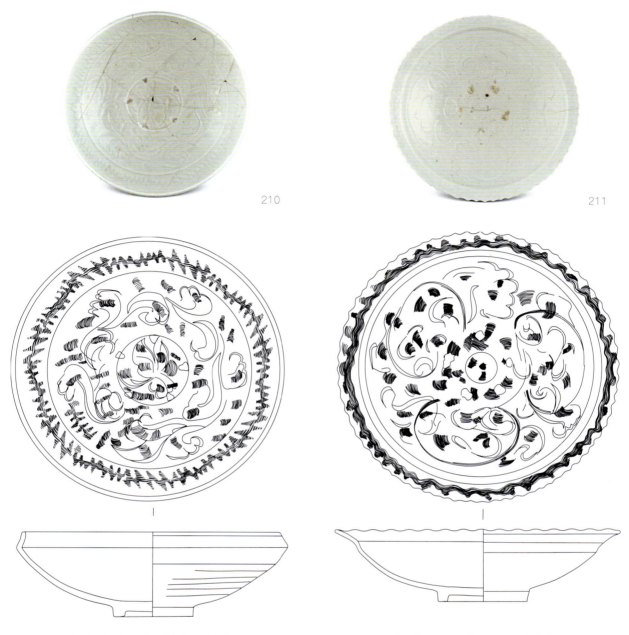

210】 C13a①：2108（1/4）　　　　211】 C12a①：159（1/4）

210】C13a①：2108，敛口，高内弧沿、宽沿，圆唇，弧腹，圈足；胎质坚硬较粗糙，白胎，施青白釉，圈足大部分粘釉，足底露胎，外壁口沿处有开片。盘内壁腹部和内底各刻一道单圈弦纹，两道单圈弦纹将盘内纹饰分三部分，外部为篦划的折线纹，中部为刻划的连枝卷草纹，内底为刻划的花卉纹，其间饰以篦纹，外壁素面。内底有五个支钉痕，外壁有明显的拉坯痕迹。口径27.1、足径8.8、高9厘米。

C型　青白釉折沿大盘。

Ca型　青白釉刻划花花卉纹折沿花口大盘。

211】C12a①：159，敞口，口部呈小连弧形花瓣状，唇边起棱，外折宽沿，弧肩，斜直腹，圈足。胎质坚硬，白胎，施青白釉，圈足部分粘釉，足底露胎。宽沿上饰篦划曲线纹，盘内底刻划半道单圈弦纹和一小圆圈，盘内纹饰分两部分，外部为刻划的三组花卉纹，其间饰以篦纹，内底为几道篦划纹饰，外壁素面。内底有五个支钉痕，外壁有明显的拉坯痕迹。口径30.6、足径9.5、高8.1厘米。

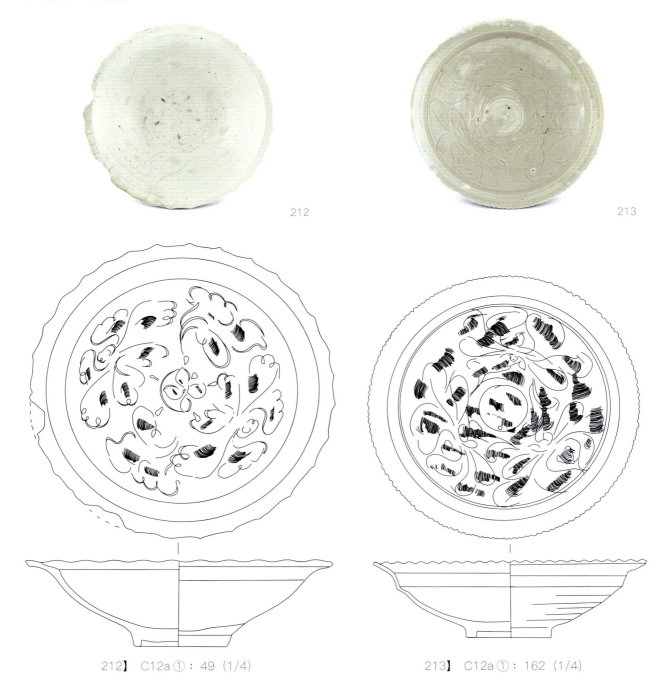

212

213

212】C12a①：49 (1/4)   213】C12a①：162 (1/4)

212】C12a①：49，敞口，口部呈大连弧形花瓣状，唇边起棱，外折宽沿，弧腹，圈足。胎质坚硬较粗糙，白胎，施青白釉，圈足部分粘釉，足底露胎。宽沿上无纹饰，盘内壁口沿下和内底各刻一道单圈弦纹（内底弦纹实际仅见刻划一半），内底刻划的圆圈较深较宽，盘内纹饰分两部分，腹部为刻划的两组牡丹花，间饰篦划纹，内底为刻划的四瓣纹，间饰篦划纹，外壁素面。内底有五个支钉痕，外壁有明显的拉坯痕迹。口径

32.3、足径9.4、高9.1厘米。

213】C12a①：162，敞口，口部呈锯齿状，外折宽沿，弧折肩，弧腹，圈足。胎质坚硬较细腻，白胎，施青白釉，圈足大部分粘釉，足底部分粘釉部分露胎。宽沿上无纹饰，盘内壁弧折肩处刻一道单圈弦纹，腹部刻划三组牡丹花，间饰篦划纹，内底为三道篦划纹，外壁素面。内底下凹呈一小圆形平台，有窑渣，外壁有明显的拉坯痕迹。口径29、足径9、高8.3厘米。

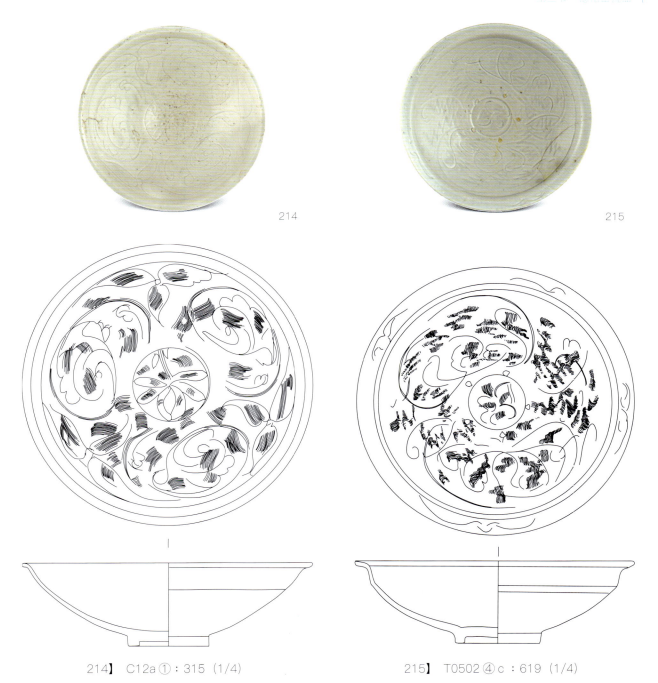

214

215

214】 C12a①：315（1/4）

215】 T0502④c：619（1/4）

Cb 型　青白釉刻划花花卉纹折沿大盘。

214】 C12a ①：315，敞口，圆唇，外折窄沿，沿上折，弧折肩，弧腹，圈足。胎质坚硬，白胎，施青白釉，外壁有流釉现象，圈足部分粘釉，足底露胎。盘内壁口沿下和内底各刻一道单圈弦纹，腹部刻划三组花卉纹，其间饰以篦纹，组与组之间饰分割符号（三叶纹），内底刻划一朵荷花，间饰篦划纹，外壁素面。外壁有明显的拉坯痕迹。口径30.7、足径9、高9.1厘米。

215】 T0502④c：619，敞口，圆唇，外折宽沿，沿上折，弧折肩，弧腹，圈足。胎质坚硬，白胎，施青白釉，圈足大部分粘釉，足底露胎。宽沿上有四组刻划纹，内壁口沿下和内底各刻一道单圈弦纹，腹部刻划两组花卉纹，其间饰以篦纹，组与组之间饰分割符号（篦划纹），内底为较为随意的刻划纹，间饰四道篦划纹，外壁素面。内底有五个支钉痕，外壁有明显的拉坯痕迹。口径29.9、足径9、高8.8厘米。

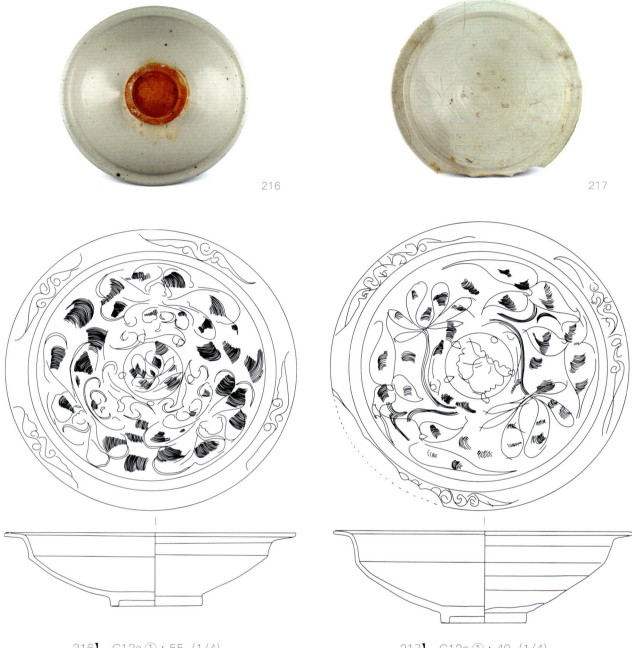

216

217

216】C12a①：55（1/4）　　　　217】C12a①：40（1/4）

216】C12a①：55，敞口，圆唇，外折宽平沿，弧折肩，弧腹，圈足。胎体较厚，胎质坚硬，白胎，施青白釉，施釉不及底，足底露胎。宽沿上四组刻划纹饰，内壁口沿下和内底各刻一道单圈弦纹，腹部刻划三朵折枝牡丹，间饰篦划纹，朵与朵之间饰分割符号（篦划纹），内底刻划一简单折枝牡丹，间饰篦划纹，外壁素面。内底有五个支钉痕，外壁有明显的拉坯痕迹。口径30.8、足径9.5、高8厘米。

217】C12a①：40，敞口，圆唇，外折宽平沿，弧折肩，深腹，圈足。胎体较厚，胎质坚硬，白胎，施青白釉，大部分施釉不及底，圈足挂少量釉，足底露胎。宽沿上三组刻划纹饰，内壁口沿下和内底各刻一道单圈弦纹，腹部刻划两朵折枝牡丹，间饰篦划纹，两朵折枝牡丹两边都饰分割符号（刻划的两朵三叶纹，其间饰以篦纹），内底刻划团花，外壁素面。内底下凹明显，有五个支钉痕，外壁有明显的拉坯痕迹。口径31.5、足径9、高9.7厘米。

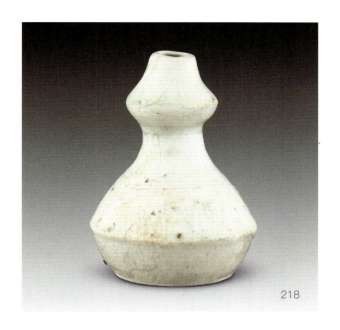

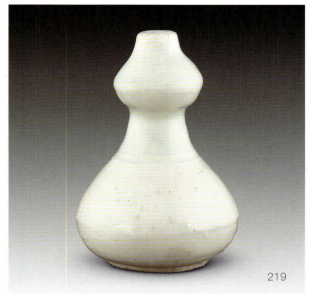

218

219

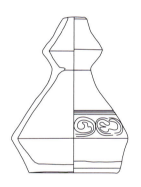

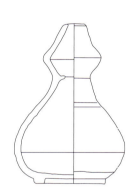

218】 T0402 ② : 229 (1/2)

219】 T0302 ③ : 23 (1/2)

十　青白瓷葫芦瓶

葫芦瓶造型精致，瓶身素面或印有花纹，据此分为两型，均分四段胎接成型。

A 型　青白釉印花葫芦瓶。

218】 T0402 ②：229，器作葫芦形，小口，圆唇，上腹圆鼓，下腹扁鼓，上小下大，足部出矮台呈圆饼状，小平底内凹。口部至上腹中部、上腹下部、下腹上部、下腹下部分四段胎接而成，四段分别模制，粘接而成，上下腹鼓腹处在粘接时对接不好，成凸棱状。胎色白，质细密。外壁施青白釉，色偏白，施釉至腹近底端，外底无釉，内壁除内沿外无釉，釉面光洁莹润，开细碎纹片，

局部受沁泛黄。下腹上端有四道凸弦纹，其下至鼓腹处印花卉纹。口径 1.2、高 8.4、最大腹径 6.1、底径 4.5 厘米。

B 型　青白釉葫芦瓶。

219】 T0302 ③：23，器作葫芦形，小口，圆唇，上腹圆鼓，下腹扁鼓，上小下大，足部出矮台呈圆饼状。口部至上腹中部、上腹下部、下腹上部、下腹下部分四段胎接而成，四段分别模制，粘接而成，上下腹鼓腹处在粘接时形成凸棱状。胎色白，质细密。外壁施青白釉，施釉至腹近底端，外底无釉，内壁除内沿外无釉，釉面光洁莹润。下腹上端有两道凸弦纹。口径 1、高 8.8、腹径 6、足径 3.8 厘米。

一 酱釉器

磁灶窑酱釉器有罐、梅瓶、执壶、盆、器盖、盘和流嘴残件等。

（一）罐

罐类主要有四系罐、双系罐、小口罐等几类，部分罐的肩部有印花款，或在底部有墨书款。

226】T0502 ④：946，兽首桥状耳，瓷片酱黄釉带器耳腹片三片。腹片上刻划垂帘纹，附有桥状器耳，耳面两道沟槽，桥下有一兽首。

227】C10a ①：67，酱釉印章四系罐，侈口，圆唇，卷沿状，束颈，鼓上腹，平底内凹。肩上附四条桥状耳，四耳间有三处盖印"丙子年号"长方形章。胎质致密坚硬，胎色灰黄。口部至下腹皆施酱釉，釉色深浅不一，中腹以上较深色，中下腹有流釉，局部釉质较好，稍光滑发亮。颈下饰凸弦纹一道，其下另一道弦纹外附四耳。中腹有一道波浪纹，器表有一些制作弦痕。口径 12.9、通高 36.2、底径 15.7、腹径 32.5、耳宽 1.3 厘米。

226】 T0502 ④：946

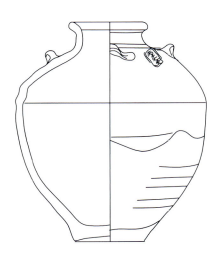

227】 C10a ①：67 (1/6)

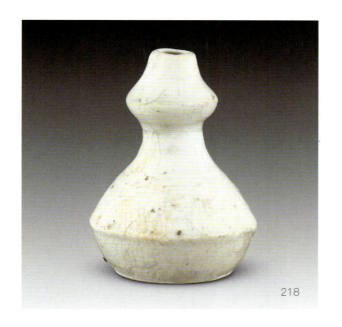
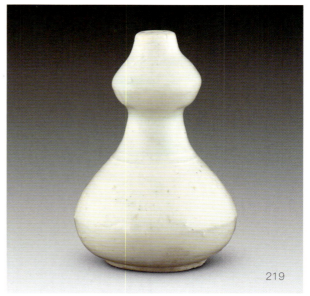

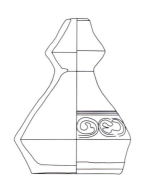
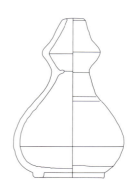

218】 T0402②：229 （1/2）　　　219】 T0302③：23 （1/2）

十　青白瓷葫芦瓶

葫芦瓶造型精致，瓶身素面或印有花纹，据此分为两型，均分四段胎接成型。

A 型　青白釉印花葫芦瓶。

218】T0402②：229，器作葫芦形、小口、圆唇、上腹圆鼓、下腹扁鼓、上小下大，足部出矮台呈圆饼状，小平底内凹。口部至上腹中部、上腹下部、下腹上部、下腹下部分四段胎接而成，四段分别模制，粘接而成，上下腹鼓腹处在粘接时对接不好，成凸棱状。胎色白，质细密。外壁施青白釉，色偏白，施釉至腹近底端，外底无釉，内壁除内沿外无釉，釉面光洁莹润，开细碎纹片，局部受沁泛黄。下腹上端有四道凸弦纹，其下至鼓腹处印花卉纹。口径1.2、高8.4、最大腹径6.1、底径4.5厘米。

B 型　青白釉葫芦瓶。

219】T0302③：23，器作葫芦形、小口、圆唇、上腹圆鼓、下腹扁鼓、上小下大，足部出矮台呈圆饼状。口部至上腹中部、上腹下部、下腹上部、下腹下部分四段胎接而成，四段分别模制，粘接而成，上下腹鼓腹处在粘接时形成凸棱状。胎色白，质细密。外壁施青白釉，施釉至腹近底端，外底无釉，内壁除内沿外无釉，釉面光洁莹润。下腹上端有两道凸弦纹。口径1、高8.8、腹径6、足径3.8厘米。

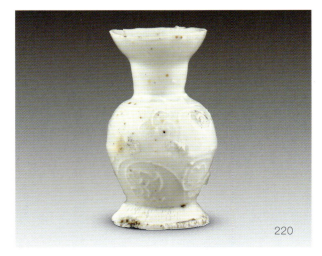
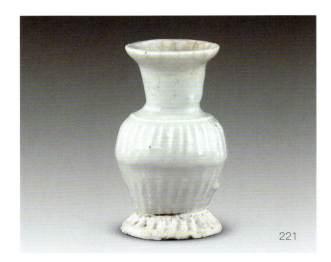

220

221

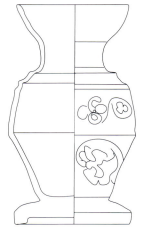
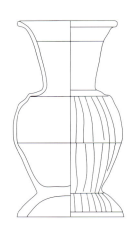

220】C10c①：196（1/1）

221】C8a①：11（1/1）

十一 青白瓷喇叭口瓶

喇叭口瓶按尺寸分为青白釉喇叭口瓶和青白釉喇叭口小瓶两类，青白釉喇叭口瓶包括青白釉喇叭口印莲瓣纹瓶和青白釉喇叭口印花瓜棱瓶。喇叭口小瓶包括青白釉喇叭口印花小瓶、青白釉喇叭口瓜棱小瓶和青白釉喇叭口小瓶。

A 型 喇叭口小瓶。

Aa 型 青白釉喇叭口印花小瓶。

220】C10c①：196，器形小巧。喇叭口，尖唇，平沿，口沿至颈部弧收，细长颈，圆肩，鼓腹，下腹弧收，高圈足，足外撇，足沿刮削宽平。口颈部、上腹部、下腹部、圈足部分四段胎接而成，四段分别模制，粘接而成，颈下部、腹部接痕明显成凸棱状。胎色白，质细密。外壁施青白釉，施釉至足部，外底无釉，内壁施釉至颈部，釉面光洁莹润。肩部印有两圈凸弦纹，上下腹部各模印一周花草纹。器身有烧制时落渣、沾釉等痕迹。口径3.1、高6.3、腹径3.5、足径3.1厘米。

Ab 型 青白釉印竖条纹喇叭口小瓶。

221】C8a①：11，器形小巧。喇叭口，尖唇，沿部微折，细长束颈，圆肩，鼓腹，下腹弧收，高圈足，足外撇，足沿刮削宽平。口颈部、上腹部、下腹部、圈足部分四段胎接而成，四段分别模制，粘接而成，腹部接痕明显成凸棱状。胎色白，质细密。外壁施青白釉，施釉至足部，外底无釉，内壁施釉至颈部，釉面光洁莹润。肩部印有一圈凸弦纹，上下腹部及圈足模印竖条纹。口径2.7、高5.5、腹径2.9、足径2.9厘米。

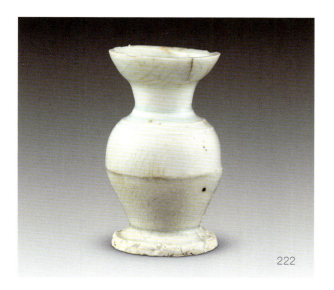

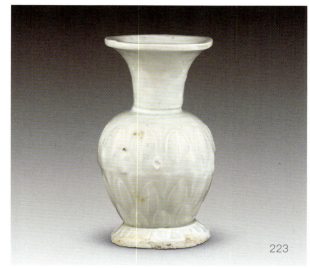

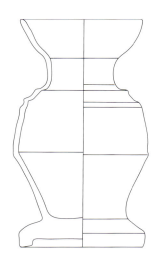

222】 C8a ①：8（1/1）

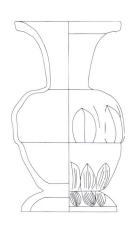

223】 T0302 ③：549（1/2）

Ac 型　青白釉喇叭口小瓶。

222】C8a ①：8，器形小巧。喇叭口、尖唇，口沿至颈部弧收，束颈，圆肩，鼓腹，下腹弧收，高圈足，足外撇，足沿刮削宽平。口颈部、上腹部、下腹部、圈足部分四段胎接而成，四段分别模制，粘接而成，颈部、腹部接痕明显成凸棱状，颈内部有制作时的抹削痕迹。胎色白，质细密。外壁施青白釉，施釉至足部，外底无釉，内壁施釉至颈部，釉面光洁莹润，有细小开片。肩部印两道细凸弦纹。口径 3.2、高 6、腹径 3.5、足径 3.2厘米。

B 型　喇叭口瓶。

Ba 型　青白釉喇叭口印莲瓣纹瓶。

223】T0302 ③：549，喇叭形口．方唇，束颈，圆肩，鼓腹，下腹弧收，圈足较高，足外撇，足底端出有矮台，足沿宽平。口颈部、上腹部、下腹部、圈足部分四段胎接而成，四段分别模制，粘接而成，颈部、腹部接痕明显成凸棱状。胎色白，质细密。外壁施青白釉，施釉至圈足上，圈足局部及足底无釉，内壁施釉至颈底部，釉面光洁莹润。上下腹部各模印两周莲瓣纹，圈足外侧印一周覆莲纹。足底有海生物附着。口径 5.5、高 10.5、腹径 5.9、足径 5.1 厘米。

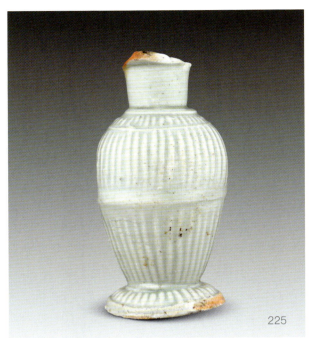

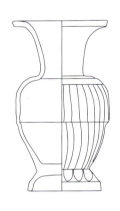

224】　T0402④：80（1/2）

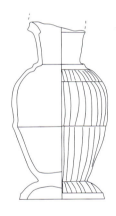

225】　T0302③：382（1/2）

Bb 型　青白釉喇叭口印花瓜棱瓶。

224】　T0402④：80，喇叭形口，方唇，细长束颈，圆肩，鼓腹，下腹弧收，圈足较高，足外撇，足底端出有矮台，足沿宽平。口颈部、上腹部、下腹部、圈足部分四段胎接而成，四段分别模制，粘接而成，颈部、腹部接痕成凸棱状。胎色白，质细密。外壁施青白釉，施釉至圈足上，部分圈足及足底无釉，内壁施釉至颈部，釉面光洁莹润，局部受沁泛黄，釉面开片。上下腹部各模印竖条纹，圈足外侧印一周覆莲纹。口径5、高9.5、足径4.1厘米。

225】　T0302③：382，口残，束颈，溜肩，腹部瘦长，弧腹较深，下腹弧收，圈足较高，足外撇，足底端出有矮台，足沿宽平。口颈部、上腹部、下腹部、圈足部分四段胎接而成，四段分别模制，粘接而成，颈部、腹部、圈足各接痕明显，成凸棱状。胎色白，质细密。外壁施青白釉，施釉至圈足上，足底无釉，内壁施釉至颈部，釉面光洁莹润。上下腹部及圈足上皆模印成瓜棱状，肩部一道凸弦纹。残高10、腹径5、足径4.5厘米。

第四节　磁灶窑瓷器

　　磁灶窑是宋元时期泉州重要的陶瓷外销窑口，位于福建省泉州之南的古镇晋江市磁灶镇。始烧于南朝晚期，终于元，是具有浓厚的地方特色和时代风格的民窑。其所处的地理位置邻近泉州港口，易于外销运输，故与泉州港的兴衰也有着密切关系。历年来在日本、菲律宾、印度尼西亚、马来西亚、新加坡、泰国、斯里兰卡、肯尼亚等东亚、东南亚、南亚和东非国家中多有磁灶窑产品出土，亦频频发现于东海、南海的沉船中。"南海Ⅰ号"中所见产品为研究磁灶窑的发展、传播提供了重要的材料。

　　磁灶窑瓷器从釉色看主要为酱釉，其次为绿釉，还有少量黑釉和青釉。从器形上看则以罐、瓶等为主，其他有器盖、碗、粉盒、军持等。胎体一般颗粒较粗，胎质不够致密，多呈灰白色，也有泥黄色。装饰技法有模印、堆贴、剔刻、刻划、彩绘等，为适应外销需要，部分装饰花纹有的带有异域色彩。器物的制作，一般采用轮制，也有相当部分模制，瓶、军持、执壶均分段模制，然后粘接而成，其中绿釉和釉下彩器物极富特色。磁灶窑瓷器主要分布沉船中前部，后部第十一舱以后很少见到，仅有的都是填缝式的放置小口罐。第十舱以及第九舱 c 舱基本都是各种四系罐，间以木条，个别瓷罐还可见外部套装竹篓。第九舱至第七舱中部 b 舱，以及第三舱至第一舱两侧都是以梅瓶为主或占据大部分位置。其中第八舱还可见体型巨大的多系罐，罐内还装有其他产品。绿釉印花碟、玉壶春瓶、喇叭口瓶、长颈瓶等器形多出现在第三舱到第二舱中。

　　磁灶窑四系罐的戳印图样特色鲜明，其中"玉液春""酒橙""丙子年号"等字款尤其值得注意。个别四系罐以及器盖上还写有墨书。

一　酱釉器

磁灶窑酱釉器有罐、梅瓶、执壶、盆、器盖、盘和流嘴残件等。

（一）罐

罐类主要有四系罐、双系罐、小口罐等几类，部分罐的肩部有印花款，或在底部有墨书款。

226】T0502 ④：946，兽首桥状耳，瓷片酱黄釉带器耳腹片三片。腹片上刻划垂帘纹，附有桥状器耳，耳面两道沟槽，桥下有一兽首。

227】C10a ①：67，酱釉印章四系罐，侈口，圆唇，卷沿状，束颈，鼓上腹，平底内凹。肩上附四条桥状耳，四耳间有三处盖印"丙子年号"长方形章。胎质致密坚硬，胎色灰黄。口部至下腹皆施酱釉，釉色深浅不一，中腹以上较深色，中下腹有流釉，局部釉质较好，稍光滑发亮。颈下饰凸弦纹一道，其下另一道弦纹外附四耳。中腹有一道波浪纹，器表有一些制作弦痕。口径 12.9、通高 36.2、底径 15.7、腹径 32.5、耳宽 1.3 厘米。

226】　T0502 ④：946

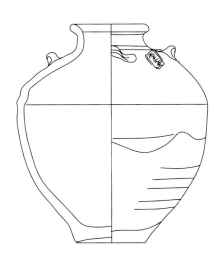

227】　C10a ①：67（1/6）

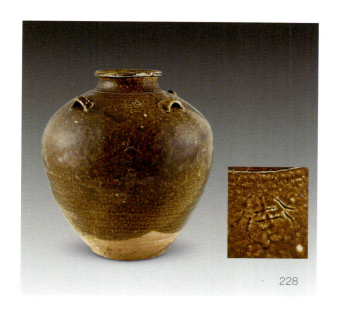

228

229

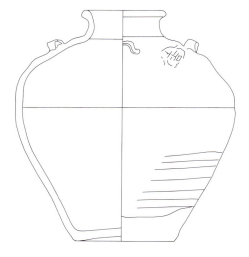

228】 C9c ① : 53 (1/6)

228】C9c ①：53，酱黄釉印章四系罐，侈口，圆唇，卷沿状，束颈，鼓上腹，平底。肩上附四条桥状耳，四耳间盖印"上吉"花式章。胎质致密坚硬，夹砂较多，胎色灰黄。口部至下腹皆施酱黄釉，釉质较好，光滑发亮。颈下饰凸弦纹一道，弦外附四耳。器表有一些制作弦痕和接合痕。口径13.4、高37.3、底径15.5、腹径34.4、耳宽1.6厘米。

229】T0402 ②：43，酱黄釉印章四系罐，侈口，圆唇，卷沿状，束颈，鼓上腹，平底略内凹。肩上附四条桥状耳，四耳间盖印"王"字长方形章，"王"字上下有花饰。胎质致密坚硬，

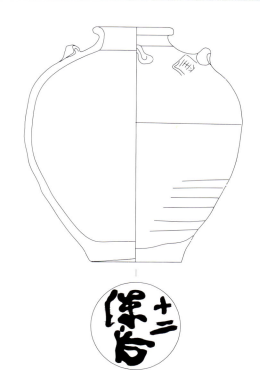

229】 T0402 ② : 43 (1/6)

夹砂较多，胎色灰黄。口部至下腹皆施酱黄釉，釉色深浅不一，中腹以上较深色，中下腹有流釉，局部釉质较差，暗淡无光，有多处脱落。颈下饰凸弦纹一道，弦外附四耳。中腹有一道波浪纹，器表有一些制作弦痕，下腹较明显。器底有墨书。口径12.9、高38.4、底径15、腹径34.7、耳宽1.5厘米。

230

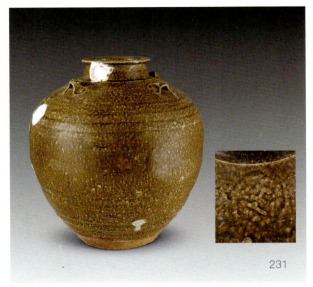

231

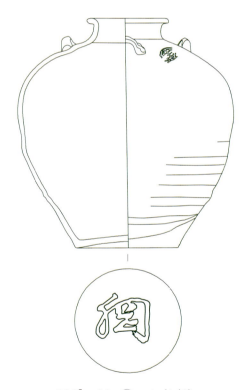

230】 C9c①：4 （1/6）

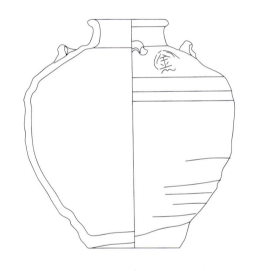

231】 T0402②：27 （1/6）

处脱落。颈下饰凸弦纹一道，弦外附四耳。器表有一些制作弦痕，下腹较明显。器底有墨书。口径12、高37.4、底径16.3、腹径34、耳宽1.5厘米。

231】 T0402②：27，酱黄釉印章四系罐，侈口，尖圆唇，卷沿状，束颈，鼓上腹，平底。肩上附四条桥状耳，四耳间盖印"王"字花形章。胎质致密坚硬，夹砂较多，胎色灰黄。口部至下腹皆施酱黄釉，釉色显黄绿，大部釉质一般，光泽较暗淡。颈下饰凸弦纹一道，弦外附四耳。器表有一些制作弦痕，下腹较明显。口径12.7、高36.9、底径15.9、腹径33.5、耳宽1.2厘米。

230】 C9c①：4，酱黄釉印章四系罐，侈口，圆唇，卷沿状，束颈，鼓上腹，平底略内凹。肩上附四条桥状耳，四耳间盖印"王"字花形章。胎质致密坚硬，夹砂较多，胎色灰黄。口部至下腹皆施酱黄釉，釉色深浅不一，中腹以上较深色，大部釉质较好，局部釉质较差，暗淡无光，有多

232

233

232】T0402①：3

233】C10a①：13

232】T0402①：3，酱釉印章四系罐，侈口，尖圆唇，卷沿状，束颈，鼓上腹，平底。肩上附四条桥状耳，四耳间盖印"□字号"花边长方形章。胎质致密坚硬，夹砂较多，胎色发红。口部至下腹皆施酱釉，上腹色深，釉质较差，黯淡无光。颈下饰凸弦纹一道，弦外附四耳。器表有一些制作弦痕，器底有划痕。口径13.1、高37.9、底径14.6、腹径32.8、耳宽1.3厘米。

233】C10a①：13，酱黄釉印章四系罐，侈口，尖圆唇，卷沿状，束颈，鼓上腹，平底。肩上附四条桥状耳，四耳间盖印"吴字号"长方形章。胎质致密坚硬，夹砂较多，胎色灰黄。口部至下腹皆施酱黄釉，上腹色深，釉质较好，较光滑光亮。颈下饰凸弦纹一道，弦外附四耳。器表有一些制作弦痕，下腹较明显。口径13.2、高39.5、底径14.6、腹径33.5、耳宽1.4厘米。

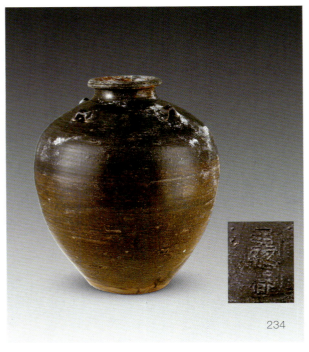

234

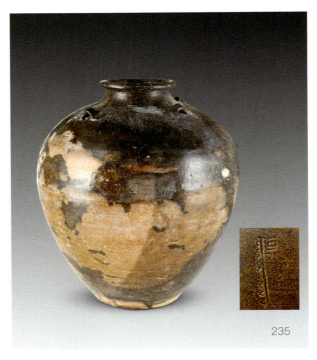

235

234】　C9c ① : 27

235】　C10a ① : 24

234】　C9c ① : 27，酱釉印章四系罐，侈口，圆唇，卷沿状，束颈，鼓上腹，内凹底，底边有一周刮痕。肩上附四条桥状耳，四耳间有盖印"玉液春"长方形章。胎质致密坚硬，胎色青灰。口部至下腹皆施酱釉，釉色较深，釉质较好，光滑发亮。颈下饰凸弦纹一道，其下另一道弦纹外附四耳。器表有一些制作弦痕。口径 13.1、高 39.1、底径 15、腹径 33.2、耳宽 1.3 厘米。

235】　C10a ① : 24，酱釉印章四系罐，侈口，圆唇，卷沿状，束颈，鼓上腹，内凹底，底边有一周刮痕。肩上附四条桥状耳，四耳间有盖印"吴字号"花边长方形章。胎质致密坚硬，胎色灰黄。口部至下腹皆施酱釉，釉色不均，釉质一般，局部光滑发亮。颈下饰凸弦纹一道，其下另一道弦纹外附四耳。器表有一些制作弦痕。口径 12.8、高 37.5、底径 15.1、腹径 33.6、耳宽 1.4 厘米。

236】　T0502 ④ : 756，酱黄釉带器耳印纹瓷片腹片。印有"酒镫"二字，外加方框。

236

236】　T0502 ④ : 756

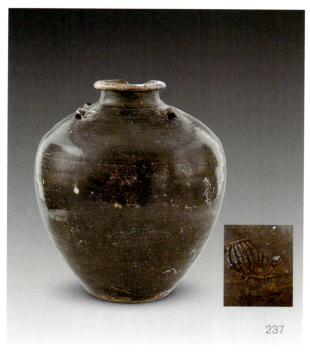

237】 C9c ① : 33

238】 T0502 ④ : 999

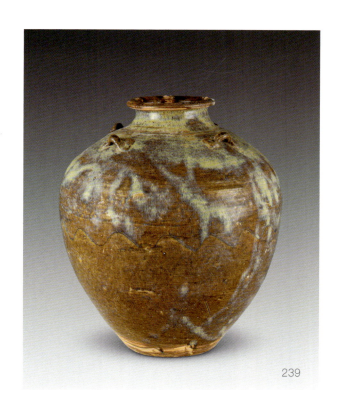

239】 C9c ① : 38

237】 C9c ① : 33，酱釉印章四系罐，侈口，圆唇，卷沿状，束颈，鼓上腹，平底略内凹，底边有一周刮痕。肩上附四条桥状耳，四耳间有盖印团蕉纹章。胎质致密坚硬，胎色青灰。口部至下腹皆施酱釉，釉色较深，釉质较好，光滑发亮。颈下饰凸弦纹一道，其下另一道弦纹外附四耳。中腹有一道波浪纹，器表有一些制作弦痕，底部抹一片酱色。口径 12.8、高 38.8、底径 15.7、腹径 34.1、耳宽 1.1 厘米。

238】 T0502 ④ : 999，酱黄釉带器耳印纹瓷片腹片，印有六断坤卦象等图案。

239】 C9c ① : 38，酱黄釉四系罐，侈口，圆唇，卷沿状，束颈，鼓上腹，内凹底，底边有一周刮痕。肩上附四条桥状耳。胎质致密坚硬，胎色灰黄。口部至下腹皆施酱黄釉，上半腹釉面还有一大片窑变白斑，釉质较好，光滑发亮。颈下饰凸弦纹一道，其下另一道弦纹外附四耳。中腹有一道波浪纹，器表有一些制作弦痕。口径 12.6、高 36.4、底径 14.7、腹径 23.1、耳宽 1 厘米。

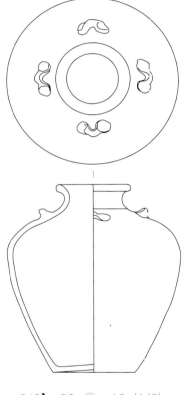

240】 C9c ① : 12 (1/6)

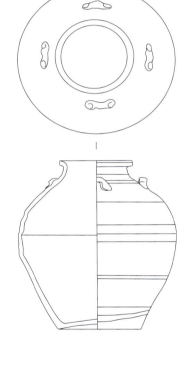

241】 T0402 ② : 279 (1/6)

240】 C9c ① : 12，酱釉四系罐，侈口，尖圆唇，卷沿状，束颈，鼓腹，内凹底，肩上附四条桥状耳。胎质致密坚硬，夹砂粒较多，胎色青灰。口内外至外壁下腹皆施酱釉，较浅处显青黄，釉质较好，稍光滑发亮，底部抹一片酱色。颈下饰凸弦纹一道，弦下附四耳。器底有划痕，外壁有些较浅的制作弦纹。口径11.8、高30.9、底径13.1、腹径27.5、耳宽1.2厘米。

241】 T0402 ② : 279，酱黄釉四系罐，侈口，尖圆唇，卷沿状，束颈，鼓腹，平底内凹，肩上附四条桥状耳。胎质致密坚硬，胎色青灰。口内外至外壁下腹皆施酱黄釉，釉色深浅不一，釉质较好，稍光滑发亮。颈下饰凸弦纹一道，弦下附四耳。中腹制作弦痕明显，器底也有刮痕。口径11.2、高28.1、底径12.7、腹径25.5、耳宽1.2厘米。

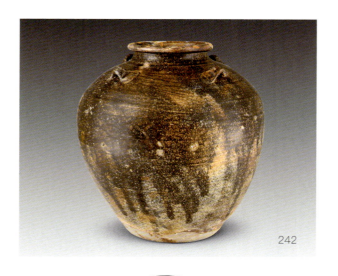

242

243

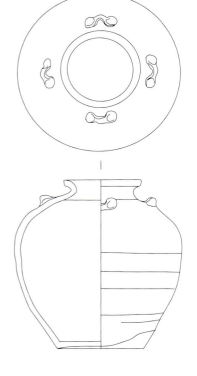

242】 T0302 ③ : 299 (1/6)

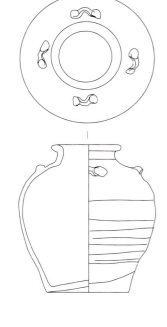

243】 C10a ① : 18 (1/6)

242】T0302 ③：299，酱釉四系罐，侈口，圆唇，卷沿状，束颈，鼓腹，内凹底，底边刮平一圈，肩上附四条桥状耳。胎质致密坚硬，夹砂粒较多，胎色青灰。口内外至外壁下腹皆施酱釉，釉色深浅不一，釉质较好，稍光滑发亮，局部有流釉。颈下饰凸弦纹一道，弦下附四耳。器底有划痕，外壁制作弦纹明显。口径 11.6、高 27.6、底径 13.9、腹径 26.4、耳宽 1.3 厘米。

243】C10a ①：18，酱黄釉四系罐，侈口，尖圆唇，卷沿状，束颈，鼓腹，平底内凹，肩上附四条桥状耳。胎质致密坚硬，夹砂粒较多，胎色灰黄。口内外至外壁下腹皆施酱黄釉，通体色青黄，麻点较多，釉质较好光滑发亮，下腹有流釉。颈下饰弦纹一道，中下腹制作弦纹明显。口径 10.9、高 24、底径 12.6、腹径 22、耳宽 1.3 厘米。

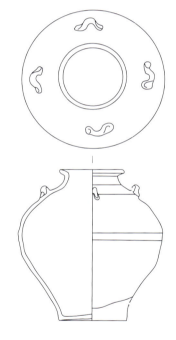

244】 T0402 ② ：248 （1/6）

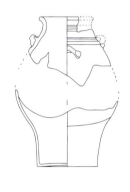

245】 T0302 ③ ：627 （1/6）

244】 T0402 ② ：248，酱釉四系罐，侈口，圆唇，卷沿状，束颈，鼓上腹，腹径较大，平底内凹，肩上附四条桥状耳。胎质致密坚硬，胎色灰黄。口部至下腹皆施酱釉，釉色深浅不一，釉质较好，稍光滑发亮。颈下饰凸弦纹两道，下一道弦上附四耳。中腹制作弦痕明显。中腹黏附有十处左右窑渣残迹。口径 10.3、高 24.9、底径 11.6、腹径 23.8、耳宽 1.1 厘米。

245】 T0302 ③ ：627，酱釉带耳罐残件，腹部残，仅存口部及底部，整体观察器形应较为瘦高。直口，大圆唇，束颈，肩上贴附条状桥耳，腹向下弧收，近底部成直壁，平底。胎质坚硬色青灰，夹杂小颗粒多，有较粗质感。除下腹以下露胎，内外皆施釉，内壁以青釉为主，较为均匀光亮，外壁为酱釉浓淡不均，但也较光亮。口径 8.5、底径 9.5 厘米。

246

247

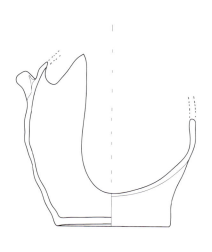

246】 T0501④c：1274 (1/2)

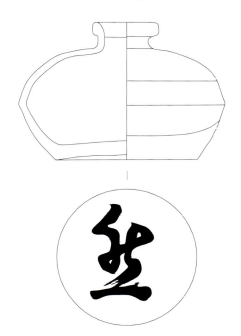

247】 C9a②：116 (1/2)

246】 T0501④c：1274，酱釉双系罐，口部残，束颈，肩上两系，弧腹，平底略内凹。胎质致密坚硬，夹杂少量颗粒，胎色青灰。口部以下至下腹施酱釉，余部露胎。内外壁修制弦痕明显。底径5.8、残高9.3厘米。

247】 C9a②：116，侈口，束颈，颈下有一周弦纹，扁腹，平底略内凹。胎质致密坚硬，夹杂少量颗粒，胎色灰黄。口部至中下腹施酱釉，余皆露胎，釉质较好，局部光滑发亮。器底有"然"字墨书。口径4.3、高9.3、底径9.2、腹径13.4厘米。

248】 C9a ③：335

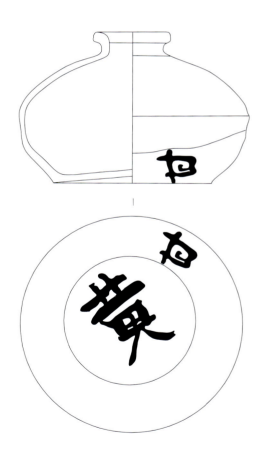

249】 C10c ①：159-1（1/2）

248】 C9a ③：335，侈口，束颈，颈下有一周弦纹，扁腹，平底略内凹。胎质致密坚硬，夹杂少量颗粒，胎色灰黄。口部至下腹施酱釉，余皆露胎，釉质较好，局部光滑发亮。器底有"然"字墨书。口径4.3、高8.7、底径8.7、腹径12.8厘米。

249】 C10c ①：159-1，侈口，束颈，颈下有一周弦纹，扁鼓腹，平底略内凹。胎质致密坚硬，夹杂少量颗粒，胎色灰黄。口部至下腹施酱釉，余皆露胎，釉质较好，局部光滑发亮。器底有"黄"字墨书，下腹也有一个草字头的墨书。口径4.1、高8.2、底径8.7、腹径12.3厘米。

250

251

250

251

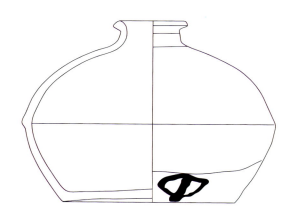

250】 C10c ① : 159-2 (1/2)

251】 C14a ① : 122 〔1/2〕

250】C10c ①：159-2，侈口，束颈，扁鼓腹，平底略内凹。胎质致密坚硬，夹杂少量颗粒，胎色灰黄。口部至下腹施酱釉，余皆露胎，釉质较好，局部光滑发亮。器底有"黄"字墨书，下腹也有一个墨书。口径 3.8、高 9.8、底径 8.9、腹径 12.8 厘米。

251】C14a ①：122，侈口，束颈，颈下有一周弦纹，扁腹，中腹也有一周折棱状弦纹，平底略内凹。胎质致密坚硬，夹杂少量颗粒，胎色灰黄。口部至下腹施酱釉，余皆露胎，釉质较好，局部光滑发亮。器底有"黄"字墨书。口径 4.1、高 8、底径 9.9、腹径 13.4 厘米。

252】 C14a ① ： 1310 （1/2）   253】 C14a ① ： 1030 （1/2）

252】 C14a ① ：1310，侈口、束颈，颈下有一周弦纹，扁腹，平底略内凹。胎质致密坚硬，夹杂少量颗粒，胎色灰黄。口部至下腹施酱釉，余皆露胎，颈部也局部露胎，釉质较好，局部光滑发亮。器底有"黄"字墨书。口径4、高8.5、底径9.4、腹径12.7厘米。

253】 C14a ① ：1030，侈口、束颈，颈下有一周弦纹，扁腹，平底略内凹。胎质致密坚硬，夹杂少量颗粒，胎色灰黄。颈部至下腹施酱釉，口部不全施釉，余皆露胎，釉质较好，局部光滑发亮。器底有"蔡"字墨书。口径4.3、高8、底径9、腹径12.7厘米。

254

255

254

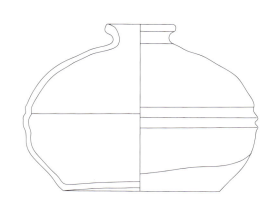

255】 T0302 ③：359（1/2）

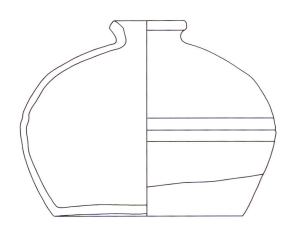

254】 T0102 ②：21（1/2）

254】 T0102 ②：21，侈口，束颈，颈下有一周弦纹，鼓腹，器体较高，平底略内凹。胎质致密坚硬，夹杂少量颗粒，胎色灰黄。颈部至下腹施酱釉，口部不全施釉，余皆露胎，釉质较好。下腹制痕约成数周瓦棱纹。器底有墨书，未可辨。口径4、高10.3、底径9.7、腹径13厘米。

255】 T0302 ③：359，侈口，束颈，颈下有一周弦纹，扁腹，平底略内凹。胎质致密坚硬，夹杂少量颗粒，胎色灰黄。口部至下腹施酱釉，余皆露胎，颈部也局部露胎，釉质较好，但器表发红，受铁锈等侵蚀较严重。口径3.9、高9.2、底径8.7、腹径12.9厘米。

256】 C10c ①：163（1/2）   257】 T0501 ④：104（1/2）

256】C10c ①：163，侈口，束颈，颈下有一周弦纹，扁腹，器腹扁小，平底略内凹。胎质致密坚硬，夹杂少量粒，胎色青灰。口部至下腹施酱釉，余皆露胎，釉质较好。器底有"然"字墨书。口径 3.5、高 6、底径 7.3、腹径 10.3 厘米。

257】T0501 ④：104，侈口，束颈，颈下有一周弦纹，扁腹，器腹扁小，平底略内凹。胎质致密坚硬，夹杂少量颗粒，胎色青灰。口部至下腹施酱釉，余皆露胎，釉质较好，釉面有窑变白斑。器底有"林口"字墨书。口径 2.8、高 5.6、底径 7.5、腹径 10 厘米。

258

259

259】　T0302 ③：68

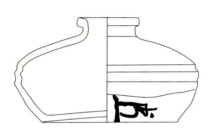

258】　C10c ①：342-1（1/2）

260

260

260】　T0502 ④：1163

258】　C10c ①：342-1，侈口、束颈、扁腹，器腹扁小，平底略内凹。胎质致密坚硬，夹杂少量颗粒，胎色青灰。口部至下腹施酱釉，余皆露胎，釉质较好。下腹有墨书，未可辨识。口径 3.5、高 5.7、底径 7.6、腹径 10 厘米。

259】　T0302 ③：68，侈口、束颈，颈下有一周弦纹，扁腹，器腹扁小，平底略内凹。胎质致密坚硬，夹杂少量颗粒，胎色灰黄。口部至下腹施酱釉，余皆露胎，釉质较好。口径 3、高 5.4、底径 7.5、腹径 10.1 厘米。

260】　T0502 ④：1163，应为瓷罐器底。胎质致密坚硬，夹细砂，胎色灰白夹青灰。下腹施有酱釉。器底内凹，写有疑似外文墨书。

261

262

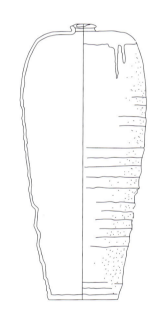

261】 T0402②：52（1/4）

262】 T0402②：280（1/4）

（二）梅瓶

皆口部边沿略施酱釉，其余大部露胎，器形简单，但数量众多。

261】 T0402②：52，酱釉梅瓶，小口、鼓肩、腹斜收、平底。胎质坚硬致密，夹杂小颗较多，面较粗，胎色青灰。肩部以上施酱釉，局部流釉，釉质较差，色暗淡无光。器身密布制作弦纹，局部还有手抓痕。口径3、高30.3、底径7.3、腹径12.7厘米。

262】 T0402②：280，酱釉梅瓶，小口、鼓肩、腹斜收、平底。胎质坚硬致密，夹杂小颗较多，面较粗，胎色青灰。肩部以上施酱釉，釉质较差，色暗淡无光。器身密布制作弦纹，局部还有手抓痕。口径2.8、高20.2、底径5.3、腹径8.8厘米。

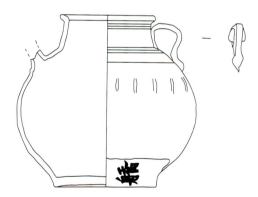

263】　T0502④：35（1/4）

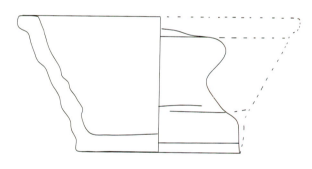

264】　T0301③：200（1/4）

（三）执壶

263】T0502④：35，酱黄釉瓜棱执壶，侈口，方圆唇，束颈，扁鼓腹，平底内凹，肩上有壶嘴，已残，另一侧有颈部到肩部的扁条执手。胎质致密坚硬，夹砂粒较多，胎色灰黄。口内外至外壁下腹皆施酱黄釉，下腹还有流釉，内底抹有釉痕，釉质较差，麻点较多。颈部及颈下饰弦纹数圈，中腹多处竖条纹显瓜棱意。下腹及器底饰墨书，器底字不能识别，下腹露胎处书"觿前公用"。口径9.9、高18.7、底径10.5、腹径18.5厘米。

（四）盆

264】T0301③：200，酱釉折沿盆，平折沿，斜腹，束底，内凹底。胎质致密坚硬，夹杂少量颗粒，胎色青灰。口部至内底施酱黄釉，外壁及外底露胎。内壁布满一圈圈的瓦棱纹，外壁修制弦痕明显。器底有墨书。口径27.8、高14.7、底径16.5厘米。

265

266

266

265】 T0502 ④：121 (1/2)

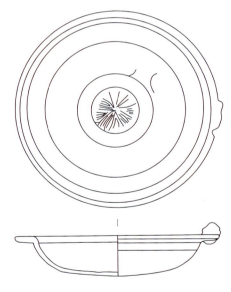

266】 T0402 ④：19 (1/2)

（五）器盖

265】 T0502 ④：121，酱黄釉平折沿花卉纹盖，平折沿，折腹，小平底略内凹。胎质坚硬致密，夹杂一些小颗粒，致局部釉面不平，胎色青灰。除外壁下腹以下基本通体施酱黄釉，釉色光亮，多有细小开片，外底露胎地方有墨书。沿面上施两周凹弦纹，内底中心主体纹为菊花，菊瓣尖有一周浅凹弦纹，外围一周较浅的卷云状花瓣纹，再向外折腹处有一圈凹弦纹。外壁露胎处制作弦纹等明显。直径 10.6、高 2.1、底径 3.4 厘米。

266】 T0402 ④：19，酱黄釉平折沿花卉纹盖，平折沿，折腹，小平底略内凹。胎质坚硬致密，夹杂一些小颗粒，致局部釉面不平，胎色青灰。除外壁下腹以下基本通体施酱黄釉，釉色较淡，

外底露胎地方有墨书。沿面上施两周凹弦纹，内底中心主体纹为简化成线的表意菊花，菊瓣尖有一周凹弦纹，外围一周很浅的卷云状花瓣纹，几乎看不到。再向外折腹处有一圈凹弦纹。外壁露胎处制作弦纹等明显。直径 10.4、高 2.2、底径 3.1 厘米。

267

267】 T0302 ③：438 （1/2）

268

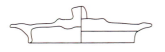

268】 C9c ①：49 （1/2）

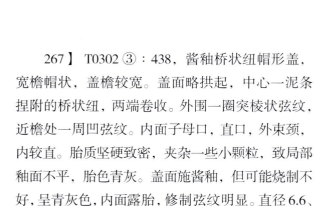

269

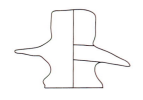

269】 T0502 ④：1104 （1/1）

267】 T0302 ③：438，酱釉桥状纽帽形盖，宽檐帽状，盖檐较宽。盖面略拱起，中心一泥条捏附的桥状纽，两端卷收。外围一圈突棱状弦纹，近檐处一周凹弦纹。内面子母口，直口，外束颈，内较直。胎质坚硬致密，夹杂一些小颗粒，致局部釉面不平，胎色青灰。盖面施酱釉，但可能烧制不好，呈青灰色，内面露胎，修制弦纹明显。直径6.6、高2.2、底径5.4厘米。

268】 C9c ①：49，酱釉柱状纽帽形盖，宽檐帽状，盖檐较宽。盖面较平，中部略突起，中心突起小柱状抓手，外围一圈突棱状弦纹，近檐处一周凹弦纹。内面子母口，直口，外微束颈，内较直。内底中心约起一道凸弦纹。胎质坚硬致密，夹杂一些小颗粒，致局部釉面不平，胎色发黄。盖面施酱釉，内面露胎。直径6.9、高2、底径5.3厘米。

269】 T0502 ④：1104，酱釉塞形盖，螺帽状，盖面中部为柱状抓手，盖檐宽平，内面中部一饼状足。胎质坚硬，夹杂一些小颗粒，致局部釉面不平，胎色青灰。盖面以上通体施酱釉，内面除檐边有粘釉，余部皆露胎。直径3.3、高2.2、底径1.7厘米。

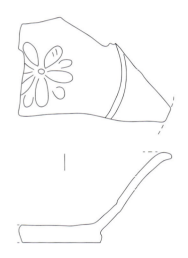

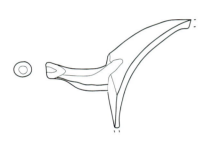

270】　T0502④：964（1/2）

271】　T0402④：1202（1/2）

（六）盘

目前仅见一件。

270】　T0502④：964，酱釉印花折腹盘，敞口，折腹，折腹处内壁呈一周凹弦纹，圈足，内底中心一朵菊花瓣，外底中心起尖。胎质坚硬致密，胎色土黄。除外壁口沿以下全部施酱黄釉，釉质较差。外壁露胎处制作弦纹等明显。高4.9厘米。

（七）流嘴残件

271】　T0402④：1202，酱釉流嘴残件，仅存壶嘴及附近腹片。壶嘴口细向根部渐粗，整体呈弯曲下垂状，壶嘴还有切痕。粘贴腹片断面上可见根部接痕，壶嘴下方的腹片有一道折棱。外壁通体施酱黄釉，内壁露胎，胎质坚硬致密，夹杂一些小颗粒，致局部釉面不平，胎色青灰。酱釉色泽深浅不一，多有开裂，流长3.3厘米。

272

272】 T0102 ② : 126

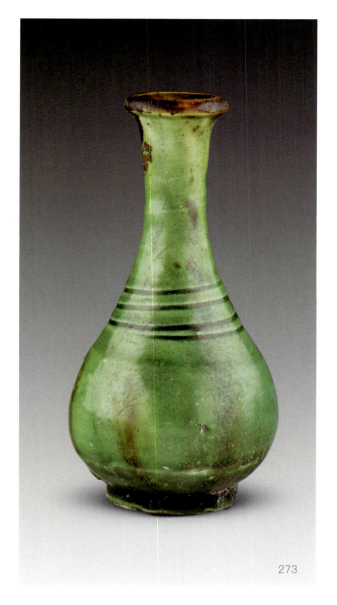

273

二 绿釉器

主要器形有罐、瓶、粉盒、碟、碗、熏炉、器盖及流嘴残件等。其中，瓶的种类较多，有玉壶春瓶、喇叭口瓶、葫芦瓶、长颈瓶、方瓶等。

（一）罐

272】 T0102 ② : 126，绿釉大陶罐残件，仅存口部和肩部残片。侈口，圆唇，束颈，高领，鼓肩。胎质致密坚硬，砂质胎，胎色灰黑。外壁残存部皆施绿釉，内壁大部露胎。外壁肩上附有桥状耳，耳下有兽首，颈部以下施连续垂帘纹。

（二）瓶

1. 玉壶春瓶。

273】 T0302 ③ : 354，绿釉玉壶春瓶，侈口，尖圆唇，唇外约成一道棱，口部多了一道刮修，略起两道棱，长颈，垂腹，饼足内凹约成圈足。胎质坚硬致密，夹杂一些小颗粒，致局部釉面不平，胎色青灰。口部内壁和外壁通体施绿釉，外底中部露胎。釉质上好，色泽光亮。颈腹间施弦纹数圈，口部和腹部点数组褐彩图案。口径2.1、高8.7、足径2.7、腹径4.3厘米。

273】 T0302 ③ : 354 （1/2）

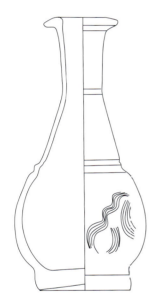

274】 C10c ① : 114 (1/2)

275】 T0501 ④ : 507 (1/2)

274】 C10c ①：114，绿釉玉壶春瓶，侈口，卷沿，长颈，垂腹，饼足内凹约成圈足。胎质坚硬致密，夹杂一些小颗粒，致局部釉面不平，胎色灰黄。口部内壁和外壁通体施绿釉，外底中部露胎，釉质不等，施釉不均，局部返铅严重。颈腹间施弦纹数圈，腹部施一些复线刻划图案，器表受腐蚀和黏附一些杂物，纹饰模糊不清。口径3.9、高15、足径5.2、腹径7.2厘米。

275】 T0501 ④：507，绿釉玉壶春瓶，侈口，尖圆唇，长颈，垂腹，饼足内凹约成圈足。胎质坚硬致密，夹杂少量小颗粒，胎色青灰。口部内壁和外壁通体施绿釉，外底露胎，露胎处应是烧造时三支钉把釉粘脱所致，釉质大部保存较好较为光亮，局部受腐蚀质量较差，黯淡无光，局部黏附异物，腹部点三组褐彩竖条图案。口径2.4、高8.4、足径3.1、腹径4.7厘米。

276

277

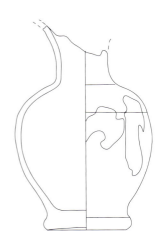

276】 C9c ①：61 （1/2）

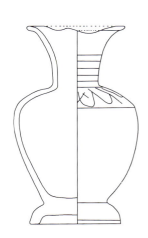

277】 T0501 ④c：619 （1/2）

2. 喇叭口瓶。

276】 C9c ①：61，绿釉褐彩喇叭口瓶，颈以上残，鼓腹，圈足。胎质致密坚硬，夹杂少量小颗粒，胎色灰黄。外壁通体施绿釉，圈足内底露胎，釉质较差较淡，大部返铅或受腐蚀严重。肩部一道弦纹，腹部点三组褐彩图案。残高11.1、足径4.9、腹径7.7厘米。

277】 T0501 ④c：619，绿釉喇叭口瓶，喇

叭口，颈部向下略为斜收，肩部略平，鼓腹，圈足。胎质致密坚硬，夹杂少量小颗粒，胎色青灰。口部及外壁通体施绿釉，圈足内底露胎，釉质较差较淡，局部返铅或受腐蚀，局部保存好的地方略显彩光。颈部饰螺旋弦纹数圈，颈根部向肩部展开两重莲花瓣，莲花瓣外一圈弦纹。口径5.4、高10.9、足径4.9、腹径6.8厘米。

278

279

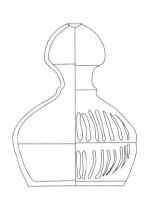

278】 T0302 ② : 33 (1/2)

279】 T0501 ④ c : 902 (1/2)

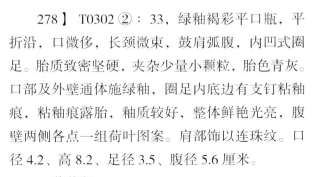

278】 T0302 ②：33，绿釉褐彩平口瓶，平折沿，口微侈，长颈微束，鼓肩弧腹，内凹式圈足。胎质致密坚硬，夹杂少量小颗粒，胎色青灰。口部及外壁通体施绿釉，圈足内底边有支钉粘釉痕，粘釉痕露胎，釉质较好，整体鲜艳光亮，腹壁两侧各点一组荷叶图案。肩部饰以连珠纹。口径4.2、高8.2、足径3.5、腹径5.6厘米。

3. 葫芦瓶。

279】 T0501 ④ c：902，绿釉竖条纹葫芦瓶，整体葫芦形。小敛口，鼓上腹，束颈，垂下腹近半球形，内凹式圈足。胎质致密坚硬，胎色土黄。口部及外壁通体施绿釉，圈足内底大部露胎，边有支钉粘釉痕，釉质局部保存较好，色泽光亮，但大部返铅或受腐蚀严重，黏附有异物。肩部饰以连珠纹，下饰两周竖条纹间以凸弦纹。口径0.7、高8.8、底径5.1、上腹径3.2、下腹径6.5厘米。

280

281

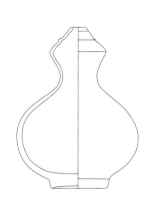

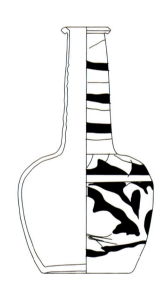

280】 T0502④：890（1/2）

281】 T0402②：80（1/4）

280】T0502④：890，整体葫芦形。小敛口，鼓上腹，束颈，垂下腹近半球形，内凹式圈足。胎质致密坚硬，胎色青灰。口部及外壁通体施绿釉，基本通体铅化，局部可见绿釉。口径0.9、腹径6.3、高8.7、足径3.3厘米。

4. 长颈瓶。

281】T0402②：80，绿釉褐彩长颈瓶，侈口，口部卷唇，唇部上部外部都有起棱，直颈，鼓腹，

平底略内凹。胎质坚硬致密，夹杂一些小颗粒，致局部釉面不平，胎色青灰。成胎后在颈部外壁刻划有螺旋纹，器身外壁刻划写意花卉纹，完成后再上绿釉，最后颈部刷螺旋褐彩纹带，器身肩部及腹部分别填一周褐彩写意花卉纹图案。器底露胎。绿釉显得清淡无光，反而褐彩色浓亮泽。口径5.3、高26.8、底径9.6、腹径14.5厘米。

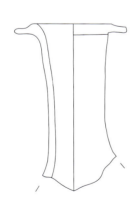

282】T0102 ② : 66（1/2）

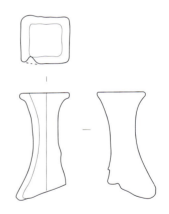

283】T0502 ④ : 1210（1/2）

282】T0102 ② : 66，绿釉长颈瓶残件，仅存口部。直口，略侈，宽平沿，直颈微束，颈根处有黏附突起结构，作用不明。口径6.2、残高9厘米。

5.方瓶。

283】T0502 ④ : 1210，绿釉方口瓶残件，仅存口部颈部。喇叭状平方口，四角以下颈部出竖棱，颈部有两圈突棱。胎质致密较硬，胎色青灰。口部内壁及外壁皆施绿釉，但釉质较差。内壁有些制作痕迹。口径2.8、残高5.9厘米。

284

284

285

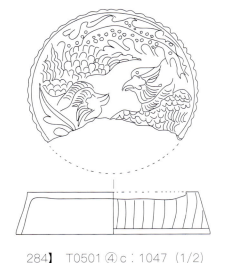

284】　T0501 ④ c：1047 （1/2）

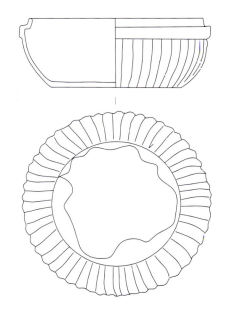

285】　C10c ① : 65 （1/2）

（三）粉盒

皆圆形，侧边施竖条纹。器身和器盖皆分开，未见成套器物。

284】 T0501 ④ c：1047，绿釉印花凤鸟纹粉盒器盖，子母口，口下一道凸弦纹，弦下密集竖条纹直至底部，内凹底，底部印有一对展翅对飞的凤鸟。胎质坚硬致密，夹杂一些小颗粒，致局部釉面不平，胎色青灰。通体施绿釉，釉色绿而发亮，局部应受腐蚀影响，釉质较差，多发白。口径

10.2、高 2.3、面径 9 厘米。

285】 C10c ① : 65，绿釉竖条纹粉盒器身，子母口，口下一道凸弦纹，弦下密集竖条纹直至底部，内凹底，底部有三个支钉痕。胎质坚硬致密，夹杂一些小颗粒，致局部釉面不平，胎色发黄。除外底外，通体施绿釉，釉应受腐蚀影响，釉质较差，多发白或发黑。口径 9.3、高 3.6、底径 7、腹径 10.3 厘米。

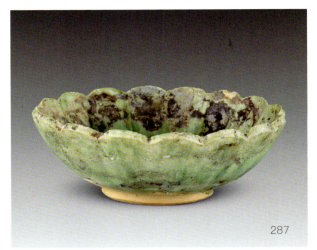

286

287

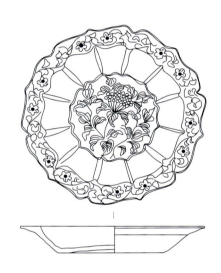

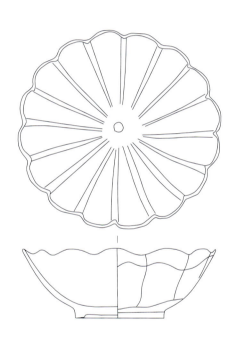

286】 T0302 ③：33（1/2）

287】 T0501 ④ c：449 （1/2）

（四）碟

286】 T0302 ③：33，绿釉菱口碟，模印六瓣
菱口，平折沿，弧腹，内底对应连接口沿的菱花
接合处皆压印出筋，菱角处压出槽，平底略内凹。
胎质致密坚硬，夹杂少量小颗粒，胎色灰黄。通
体施绿釉，内壁施釉较重色较深，釉质较好，光
滑发亮，内壁施三叶草花卉纹，有花卉一枝居中，
两侧各环绕一枝。口径 10.3、高 1.5、底径 5.7、
胎厚 0.3~0.5 厘米。

（五）碗

287】 T0501 ④ c：449，菊瓣形碗，器身压
印成菊瓣，花口，尖唇，弧腹，内壁由底向口部
出筋，内底突起一个小圆点，碗底圈足。胎质细
腻坚硬，胎色灰黄。除外底下腹以下通体施绿釉，
但施釉不均，内壁局部较浓丽，色深光亮，余部
皆较浅淡，几无光泽，局被腐蚀和黏附异物。器
底有制作弦痕。口径 10.5、高 3.7、足径 4.8 厘米。

288

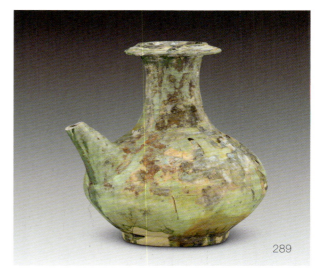

289

288】 T0302 ③：343 （1/4）

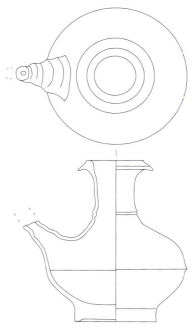

289】 T0402 ④：50 （1/3）

（六）熏炉

288】 T0302 ③：343，绿釉熏炉，分盖与身两部分。器盖为挠首卧狮纽，狮子制作粗糙表意性强，盖身盔状，平顶，顶部中心穿一大圆孔，壁弧斜，壁上穿三孔，宽平沿。狮纽胎质较硬，夹杂小颗粒多，胎色灰黄发白，外壁通体施绿釉，内壁部分有釉，釉质较差，很不均匀。盖身胎质坚硬，夹杂大量细小颗粒，胎色灰黄，外壁也是通体施绿釉，内壁部分施釉。炉身为盘口，口部外侧贴附两竖耳，束颈，腹部为六瓣瓜棱状，下腹斜收成平底略内凹，下腹接三个兽足。炉身胎质坚硬，夹杂大量细小颗粒，胎色灰黄，内壁与外壁下腹

以下及足下露胎，外壁大部施绿釉，釉质较差，很不均匀。口径 11.3、高 18.2、底径 6.1 厘米。

（七）军持

289】 T0402 ④：50，军持，口部略侈，口边起棱，宽平沿，沿面略下垂，略束颈，颈部两道弦纹，根部也一道弦纹，扁鼓腹，腹中有一锥状流，较肥短，中腹约几道瓦棱纹，圈足，浅内凹。胎质致密坚硬，胎色青灰。釉质较差，釉色不均，中腹两侧还各有一组褐彩图案。口径 6、高 12.9、足径 6.6、腹径 11.4 厘米。

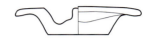

290】 T0502 ④：844 （1/2）

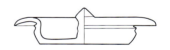

291】 T0501 ④：144 （1/2）

（八）器盖

290】 T0502 ④：844，绿釉宽沿尖纽盖，宽平沿，沿面穿两小孔，微斜腹，平底，内底贴制柱状抓手，残断。胎质较软，胎色灰黄。盖面除内底抓手周边外基本全体施绿釉，内面除沿下粘有一点绿釉外基本露胎。直径 6.5、高 1.5、底径 3.2 厘米。

291】 T0501 ④：144，绿釉宽沿尖纽盖，宽平沿，微斜腹，平底，内底贴制锥形柱状抓手。胎质较软，胎色灰黄。盖面基本全体施绿釉，釉质较差，内面除沿下有一小片绿釉外基本露胎。直径 7.1、高 1.9、底径 4.8 厘米。

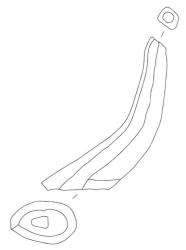

292】 T0501 ④：29 (1/2)

（九）流嘴残件

292】 T0501 ④：29，绿釉流嘴残件，仅存壶嘴。壶嘴口细向根部渐粗，整体呈弯曲下垂状，壶嘴还有切痕。外壁通体施绿釉，内壁露胎，胎质坚硬致密，胎色青灰，流长 9.5 厘米。

三 青釉器

（一）罐

293】 C10a ①：2，青釉四系罐，侈口，尖圆唇，卷沿状，束颈，鼓腹，内凹底，底边刮平一圈，

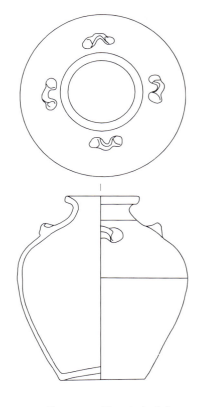

293】 C10a ①：2 (1/6)

肩上附四条桥状耳。胎质致密坚硬，夹砂粒较多，胎色发红。口内外至外壁下腹皆施青釉，釉色暗绿，釉质较粗，但较为均匀。颈下饰凸弦纹一道，弦下附四耳。中腹有几道制作弦纹。口径 11.5、高 29.7、底径 12.8、腹径 26.3、耳宽 1.3 厘米。

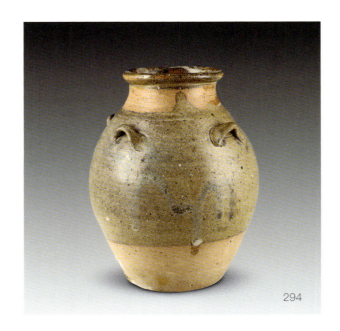

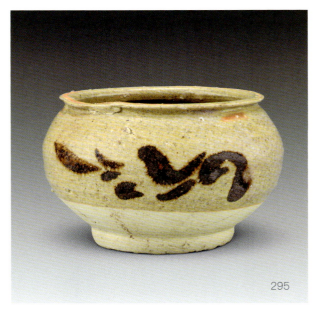

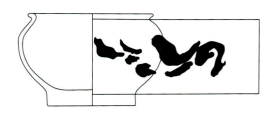

294】　C9c ① ：26（1/6）

295】　T0302 ③ ：432（1/2）

294】　C9c ① ：26，青釉四系罐，器体较瘦高。侈口，圆唇，束颈，略鼓腹，平底内凹，肩上附四条桥状耳。胎质致密坚硬，夹砂粒较多，胎色灰黄。口内外至外壁下腹皆施青釉，颈部局部露胎，釉质有半部较好光滑发亮，半部粗糙暗淡无光。肩部饰一周凹弦纹，弦上附四系。器底有墨书。外壁制作弦痕明显。口径8.8、高19.6、底径9、

腹径15.3、耳宽0.9厘米。

295】　T0302 ③ ：432，青釉褐彩平卷沿小罐，平卷沿，尖唇，束颈，鼓腹，假圈足底内凹。胎质坚硬致密，夹杂一些小颗粒，致局部釉面不平，胎色灰黄。除外壁下腹以下基本通体施青釉，腹部两侧有两组褐彩写意图案。口径6.7、高5.1、足径4.6厘米。

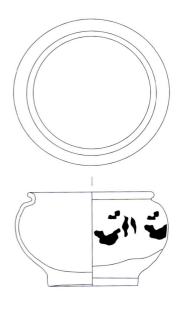

296】　C9c ① : 72 （1/2）

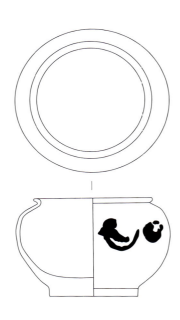

297】　T0302 ③ : 700 （1/2）

　　296】　C9c ①：72，青釉褐彩平卷沿小罐，平卷沿，尖唇，束颈，鼓腹，假圈足底内凹。胎质坚硬致密，夹杂大量小颗粒，致局部釉面不平，胎色青灰。除外壁下腹以下基本通体施青釉，肩部饰3组褐彩写意图案。口径6.7、高5、足径4.6、腹径8厘米。

　　297】　T0302 ③：700，青釉褐彩平折沿小罐，平折沿束颈，鼓腹，假圈足底内凹。胎质坚硬致密，夹杂一些小颗粒，致局部釉面不平，胎色青灰。除外壁下腹以下基本通体施青釉，腹部两侧有两组褐彩写意图案。口径6.2、高5.2、足径4.6、腹径8厘米。

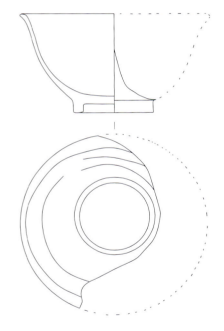

298】 C10c ①：202 (1/2)

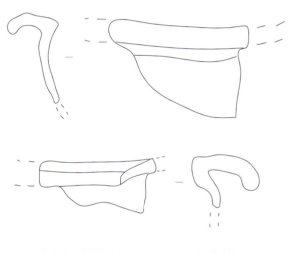

299】 T0502 ④：1150 -1、2 (1/4)

（二）碗

298】 C10c ①：202，青釉侈口卷草纹圈足碗，侈口，弧腹，圈足。胎质坚硬致密，夹杂一些小颗粒，致局部釉面不平，胎色青灰。除外壁下腹以下基本通体施釉，釉色主体呈青黑色，内壁有了了两笔的表意卷草刻划纹，内底外围一圈凹弦纹。外壁露胎处制作弦纹等痕迹明显。口径9.8、高5.3、足径4.3厘米。

（三）盆

299-1】 T0502 ④：1150-1，青釉平折沿盆口沿，平折沿，沿外下卷，沿面有两道深浅不一的凹弦纹。胎质坚硬，夹粗砂粒较多，胎色青灰。内壁施青釉，釉面平滑光亮，外壁施酱釉，釉面粗糙，色呈红褐，残长9.5、残高4.7厘米。**299-2】** T0502 ④：1150-2，青釉平折沿盆口沿，平折沿，沿外下卷，沿面较平滑。胎质坚硬，夹粗砂粒较多，胎色灰黄。内壁施青釉，釉面平滑光亮，外壁施酱釉，釉面粗糙，色呈黄褐。残长10.9，残高7.5厘米。

300】 T0502④：831（1/4）

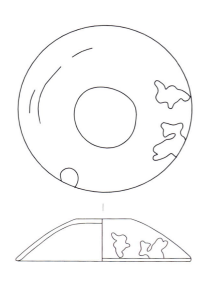

301】 C10c①：225（1/2）

300】 T0502④：831，青釉褐彩卷沿盆，卷沿，束颈，弧腹，平底。胎质坚硬，夹砂粒较多，胎色青灰。内壁施青釉，薄而平滑，腹部及内底都施褐彩图案。外壁喷洒了麻点状的薄釉，青灰色，几近于无，外底露胎。高8.8、残长11.4厘米。

（四）器盖

301】 C10c①：225，青黄釉敞口盖，敞口，斜腹，小平底略内凹。胎质坚硬致密，夹杂一些小颗粒，致局部釉面不平，胎色青灰。外壁局部粘釉，内壁基本通体施釉，釉色主体呈青黄色，内底成片黄白色窑变。外壁露胎处制作弦纹等痕迹明显。直径9.8、高2.3、底径2.9厘米。

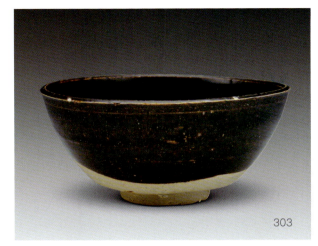

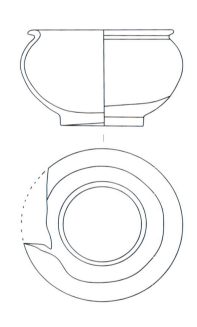

302】 C10c ①：288-2（1/2）

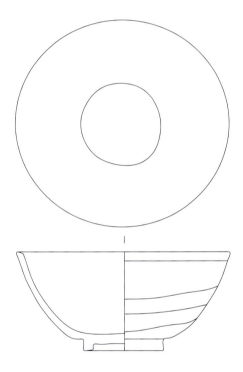

303】 T0302 ③：503（1/2）

四　黑釉器

（一）罐

302】 C10c ①：288-2，黑釉平折沿小罐，平折沿束颈，鼓腹，假圈足底内凹。胎质坚硬致密，夹杂一些小颗粒，致局部釉面不平，胎色青灰。除外壁下腹以下基本通体施黑釉。口径8、高5、底径4.3、腹径8.3厘米。

（二）碗

303】 T0302 ③：503，黑釉敞口弦纹圈足碗，敞口，斜腹略弧，圈足。胎质坚硬致密，夹杂一些小颗粒，致局部釉面不平，胎色青灰。除外壁下腹以下基本通体施釉，釉色主体呈黑色，内壁遍布银色兔毫斑。内底有一圈凹弦纹，外壁露胎处制作弦纹等痕迹明显。口径11.2、高5.4、足径4.15厘米。

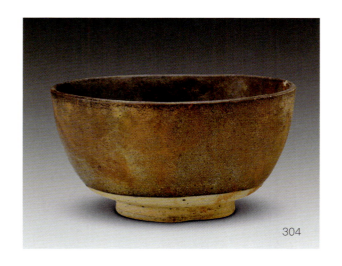

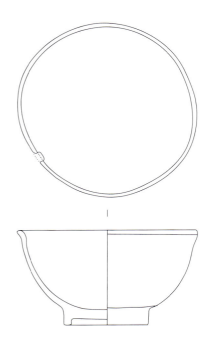

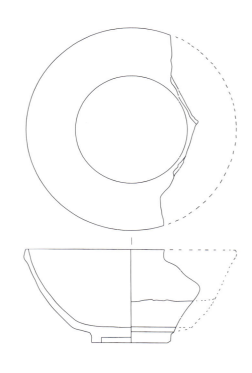

304】 T0302③：25-1 (1/2)

305】 T0501④：195 (1/2)

304】 T0302③：25-1，黑釉直口圈足碗，直口，弧腹，圈足。胎质坚硬致密，夹杂一些小颗粒，致局部釉面不平，底部胎色青灰，器壁灰黄，应是没烧好。除外壁下腹以下基本通体施釉，釉色主体呈黑色。外壁露胎处制作弦纹等痕迹明显。口径 9.7、高 5.2、足径 4.7 厘米。

305】 T0501④：195，黑釉直口圈足碗，直口，尖唇，唇外一突棱，弧腹，圈足。胎质坚硬致密，胎色青灰。除外壁下腹以下基本通体施黑釉，但呈酱黑色，外壁受铁锈影响发黄，釉面整体较平滑，但细摸粗糙刮手。外壁露胎处制作弦纹等明显。口径 10.8、高 5.2、足径 4.2 厘米。

306

307

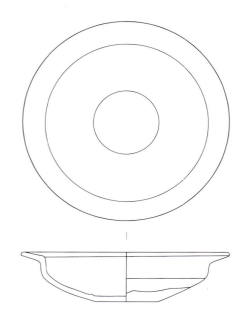

306】 T0402 ② ：81 （1/2）

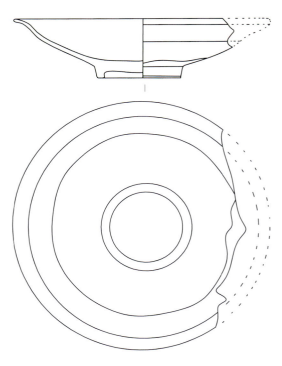

307】 T0402 ② ：246 （1/2）

（三）器盖

306】T0402 ② ：81，黑釉平折沿弦纹盖，平折沿，束颈，斜腹略弧，小平底略内凹。胎质坚硬致密，夹杂颗粒较多，个别还影响内底致釉面不平，胎色灰黄，外底烧结，下腹也烧成砖红色。除外壁腹部以下基本通体施釉，釉色主体呈黑色，遍布黄色斑点。颈部有一道弦纹，内底有一道不明显的凹弦纹，外壁露胎处制作弦纹等痕迹明显。直径 10.9、高 2.7、底径 3.2 厘米。

（四）盏

307】T0402 ② ：246，黑釉侈口盏，侈口，斜腹略弧，小圈足。胎质坚硬致密，夹有一些白色细小颗粒，胎色灰白。除外壁下腹以下基本通体施釉，釉色主体呈黑色，遍布黄色斑点。颈部有一道深凹槽弦纹，内腹还有几道不明显的凹弦纹，外壁露胎处制作弦纹等痕迹明显。口径 13.7、高 3.3、足径 4.3 厘米。

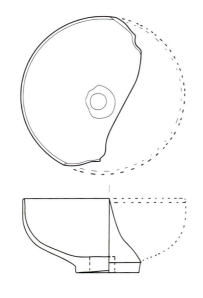

308〗 T0502④：263 (1/2)

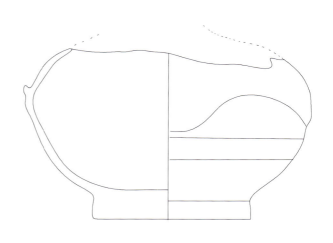

309〗 T0101③：16 (1/2)

（五）漏斗

目前仅见一件。

308〗 T0502④：263，黑釉直口假圈足碗形漏斗，直口，尖圆唇，弧腹，假圈足，器底有一小圆孔。胎质坚硬致密，致局部釉面不平，胎色青灰。除外壁下腹以下和内底穿孔周边基本通体施黑釉，釉面遍布黄褐斑，尤其以口部内底外壁下腹为甚。外壁露胎处制作弦纹等明显。口径8.5、高4、足径3.1厘米。

五 其他

309〗 T0101③：16，半生烧鼓腹罐残件，口部残，器身黏结凝结物。鼓腹，饼足。应是未烧熟，胎质不够硬，但还比较细腻，胎色近淡红。肩上刻划两道弦纹，外又一周大波浪纹，中腹有三道凹弦纹。外壁肩及下腹大部皆施釉，但未知什么釉。内壁及下腹以下露胎。残高9.5、足径9、腹径16.5厘米。

310】 T0501 ④ c ： 1275

310】 T0501 ④ c ： 1275，三片有烟熏痕迹的夹砂陶片，其中两片口沿残片，一片腹片。